U0581651

学术近知丛书·教育与心理系列

改革开放以来大学英语教材的价值取向研究

A Study on the Value Orientation of College English Textbooks Since Reform and Opening Up

张新颖 著

人民出版社

序　言

　　教材是国家意志的体现,是学校教育的核心内容和教育教学开展的基本依据。教材关系到解决培养什么人、怎么培养人、为谁培养人这一根本问题,也直接关系到党和国家教育方针政策的贯彻落实以及教育目标的实现。作为学校教育的重要文本,教材不仅能够传播文化知识,是知识和技能传承的载体,也是意识形态、价值取向、政治思想的重要载体,承担着传播社会主流价值观的重任,是社会主流价值观传承的工具。大学英语是高等教育阶段开设最为广泛的公共基础课之一,大学英语教材是大学英语教学和课堂学习的最重要、最基本的文本,是师生开展课堂教学活动的主要依据,在大学英语教学和学习中具有非常重要的地位。大学英语教材蕴含古今中外各个领域的知识信息和思想文化,在传授知识和培养技能的同时,也承载着文化和价值观念。

　　本书中的大学英语教材是指高等院校非英语专业大学生英语课程所使用的核心教学材料。根据外语教学的客观规律、大学英语教学的发展历史和大学英语教学大纲的优化调整历程,结合前人的研究成果和研究开展的实际,本书研究的内容包括了改革开放以来大学英语教育的三个发展阶段,即 1978 年至 1984 年大学英语教学恢复阶段、1985 年至 2003 年大学英语教学稳定发展阶段、2004 年至今大学英语教学改革发展阶段。与前述三个阶段相对应,大学英语教材也经历了三代的发展历程。

　　本研究通过对改革开放以来的 16 套共计 74 册大学英语教材进行文本分析,发现大学英语教材的价值取向鲜明地体现了我国改革开放以来各个历史阶段的时代特征和教育政策变化,展现出明显的演变脉络:选文主题从关注自然发展到关注人;语篇配置上展示英美文化选文篇目占比高,中国本土文化选文篇目收录不足;人物形象塑造方面体现出以男性人物为中心和职业的多样性。大学英语教材的价值取向具有价值变迁与社会发展同频共振、主导价值与多重价值共存发展、工具理性与本体价值对立统一等主要特点。作为大学英语教学组织开展的基本依据和主要遵循,大学英语教材服务于教育教学,教材所涉及的价值问题必须引起高度重视。因此,大学英语教材应当坚持价值引领,明确教材的基本追求和育人目标;充分把握教材的内在逻辑,实现思想性和知识性的统一;不断丰富文化内涵,培养学生的民族文化自信;秉承以人为本的理念,促进学生全面而有个性地发展。

目　录

绪　　论

教材作为知识和文化的载体,从来都不是价值中立或价值无涉的。教材的内容是从一定的文化里精选出来的精华,只有那些被认为是"值得学习的""值得传授给下一代的",乃至"合法的"知识,才会被组织和编写进教材。国家对于教材编写有相关的规定,教材的编写者也持有一定的价值观,代表一定团体的利益。作为学校教育的重要文本,教材不但传播文化知识,是知识和技能传播的载体,同时也是意识形态、价值观念、政治思想的重要载体,承担着传播社会主流价值观的重任,是社会主流价值观传承的工具。大学英语是高等教育阶段开设最为广泛的公共基础课之一,大学英语教材是大学英语教学和课堂学习最重要、最基本的文本,是师生开展课堂教学活动的主要依据,在大学英语教学和学习中具有非常重要的地位。因此,对大学英语教材所蕴含的价值取向进行分析和研究具有十分重要的意义。

一、研究缘起

教材是根据国家教育纲领性文件要求编制的能够反映学科内容的教学用书。一般认为,教材的主要任务是传承和传播客观、中立的知识。但教材不仅是知识的载体,也是文化的载体,是文化传承和传播的工具。教材中的内容选择与编排也受到社会文化的影响,从而带有一定的倾向性和态度。教材在教学使用过程中,这些倾向性与态度则会传递给学生,从而对学生如何看待世界、看待社会产生影响。大学英语教材作为高等教育阶段普遍使用的教学材料,如果能对大学英语教材的价值取向以及体现这些价值取向的方式进行分析,将能促进教材使用者批判性地使用和评价大学英语教材,最终实现人才培养目标。

（一）大学英语教材价值取向研究的现实诉求

教材是国家意志的体现,是学校教育的核心内容和教育教学开展的基础。

教材关系到解决培养什么人、怎样培养人、为谁培养人这一根本问题,也直接关系党和国家教育方针政策的贯彻落实和教育目标的实现。2016 年,中共中央办公厅、国务院办公厅印发了《关于加强和改进新形势下大中小学教材建设的意见》这一文件,其指导思想就是要求我国大中小学教材的内容全面贯彻党的教育方针,始终坚持正确政治方向和价值导向,加强社会主义核心价值观教育,确立和实现新发展理念,提升和促进教材的思想性和科学性、民族性与时代性,推进大中小学教材作为一个整体系统建设,努力培育全面发展和德才兼备的各类人才,使之成长为中国特色社会主义事业的合格建设者和接班人。2017 年,国务院成立国家教材委员会,指导和统筹全国教材工作,审查国家课程设置和课程标准制定,审查意识形态属性较强的国家规划教材,进一步加强教材管理。①

外语教育是国家政治大事,改革开放四十多年来外语教育的兴旺发达与新中国发展腾飞息息相关。② 教材编写是外语教学的重要环节。大学英语是高校广泛开展的公共必修课,大学英语教材面向的则是全国数百万的大学生。作为师生开展课堂教学活动的基本依据和主要凭借,大学英语教材是课程的重要组成部分,在大学英语教学体系中处于中枢地位,发挥着举足轻重的作用。大学英语教材蕴含古今中外各个领域的知识信息和思想文化,在传授知识和发展技能的同时,也承载着母语国家的文化和价值观念。大学英语课程授课时间长,覆盖面广,课程和教材教授什么内容,倡导什么价值,关乎着高校大学生的学习和信仰问题,关乎实现中华民族伟大复兴的中国梦和"两个一百年"的奋斗目标,关系到中国特色社会主义事业的巩固和发展,以及国家能否实现长治久安。

党的十一届三中全会作出了实行改革开放的重大决策,1978 年至今,改革开放已走过四十多年的光辉历程。改革开放为高校大学外语教育提供了前所未有的发展机遇,外语教育可以说是这四十多年中最为蓬勃发展的教育领域之一。改革开放大大推动了社会对于外语优秀的各类人才的需求,从而也加速推进了整个外语教育的发展。这四十多年来,高校外语专业以及高等外

---

① 范国睿:《2017 中国教育政策蓝皮书》,上海教育出版社 2018 年版,第 26 页。

② 姜锋:《我与中国改革开放后外语教育的 40 年不解之缘》,《外国语(上海外国语大学学报)》2018 年第 6 期。

语院校的录取分数线一直非常高,吸引了大批优秀中学毕业生。大学英语专业的就业情况也非常好,这无疑也持续不断地激发了高校大学生的英语学习热情。现在,全社会的英语水平有了很大的提高,人们的英语意识和英语能力不断增强,尤其是青年人群体的英语水平突出,这也直接或间接地增强了我国的国际竞争力和影响力。大学英语课程作为一门兼具工具性和人文性的语言类和文化类课程,在传授英语基本知识,训练学生英语语言应用能力,培养学生的语言表达和思辨能力的同时,也应该注重培养和塑造学生的文化思维、思想观念和价值理念,帮助学生形成健康向上的价值观。

　　进入 21 世纪以来,大学英语在教学理念、内容方法、教材开发以及评价测试等方面,都进行了多次广泛而深入的改革。长期以来我国大学英语教学注重学生英语知识和技能的掌握以及英语应试能力的发展,在设定教学目标中更重视学生对教材中语言知识点的理解和掌握,却忽略了对学生思想道德素质、意志品格、社会交往能力等非智力因素的培养,缺失了思想政治教育内容。当前大学英语教师普遍认为,大学生思想政治教育是思想政治教育工作者、高校辅导员等专业人员的工作,和他们的英语教学活动及教学内容无关。不论是学校、教师还是学生自身,对于挖掘大学英语课程的思想政治教育功能的重要性的认识都是非常不到位的。[①] 课堂是教学开展的主阵地,教材是教学与学习的重要载体。因此,教材的选材、内容和编排能够直接影响大学生的学习内容和学习情况。目前,大部分英语教材选用的几乎都是英美国家的文章,谈论的是英美国家的人、事、物,尽管在语言表达上更具真实性和准确性,更能反映英语母语的实际,但也不可避免地传承了西方的价值观念和意识形态。众多研究指出,一些教材以英美文化为主,有关中国文化的内容过少,传播了西方价值取向,导致学生的母语文化意识薄弱。[②] 特别是大学生喜欢英语,热衷英语学习,对西方文化和知识颇感兴趣。在对待西方思潮和西方价值观念的认知上,大学生的感性认识强,理性认识弱,他们对于西方价值观的感知大多来自英语电影、英语电视剧、英语原版小说以及社交网络等,缺乏真实的经历与亲身的体验,因此大多数大学生对于西方思潮和价值观念的认识比较肤浅

---

① 柯应根:《大学英语教学融入思想政治教育探析》,《思想理论教育导刊》2015 年第 8 期。
② 刘艳红、Lawrence Jun Zhang、Stephen May:《基于国家级规划大学英语教材语料库的教材文化研究》,《外语界》2015 年第 6 期。

和表面。如果不能及时给大学生打思想上的"预防针"，引导他们树立正确而坚定的社会主义核心价值观，那么将会影响他们在未来成长为社会主义事业合格的建设者和接班人。

语言承载着思想文化、意识形态和价值观念。单纯重视语言知识与技能，忽视价值观念引导和思想政治教育的大学英语教学更容易使西方主流意识形态和价值观念潜移默化地影响大学生的思想价值体系。针对高等教育的发展，国家明确提出了"双一流"的建设目标。实现建设世界一流大学和一流学科的关键在于高校要培养出一流的学生。在高等教育受到国际化巨大影响的背景下，我国高校未来的教育方向应当是培养具有国际意识、能够熟练掌握并使用外语、兼具中西文化视角的优秀国际化人才。培养"大批具有国际视野、通晓国际规则、能够参与国际事务和国际竞争的国际化人才"①是《国家中长期教育改革和发展规划纲要（2010—2020 年）》中提出的人才培养目标。而我国要想成功实现"四个自信"，立足于世界舞台的中央，在要求当代大学生能力和素质与世界接轨的同时，还要使他们保持思想政治上的正确性与清醒意识。党和国家历来对大学生的思想政治教育工作高度重视，尤其一直注重发挥好课堂教学中的教育引导作用，要求各个学科都要把思想政治教育贯穿到教育教学全过程。习近平总书记曾指出，"各门课都要守好一段渠、种好责任田，使各类课程与思想政治理论课同向同行，形成协同效应"②，就是强调和要求发挥好课堂教学的思想政治教育主渠道作用。各门学科都应该在开展教育教学的过程中，注重和加强对学生的思想教育，引导大学生树立正确的价值观念。大学生是民族的希望和国家的未来，中华民族伟大复兴的重任必然要落在青年大学生的身上。但是，一方面大学生正处于世界观、人生观和价值观发展成熟的关键时期，性格比较单纯，乐于接纳新事物新思想；另一方面，大学生群体的批判能力、辨别能力、分析能力等正处在养成时期，他们没有较高的政治觉悟，对于西方外来文化也缺乏鉴别意识和判断能力，因而极易受到资本主义消极思想如拜金主义、享乐主义等不良意识形态的影响。大学英语教学应该发挥好传授知识培养技能和思想政治教育的双重功能，发挥协同作用，在教

---

① 《国家中长期教育改革和发展规划纲要（2010—2020 年）》，人民出版社 2010 年版，第49 页。

② 《习近平谈治国理政》第二卷，外文出版社 2017 年版，第 378 页。

学中充分挖掘大学英语课程的思想政治教育资源,在传授专业知识过程中加强思想政治教育的引导,不仅让学生学习和掌握好英语语言和文化知识,也能够在学习过程中自觉提升思想道德修养,提高思想觉悟,坚持正确的价值判断和行为准则。大学英语教学在帮助学生开拓视野、理解西方文明的同时,更应当教会学生以批判性的眼光看待西方核心价值观。通过大学英语教学的开展,一方面加强当代大学生们对西方道德、伦理、价值观的了解,另一方面要引导大学生树立起对国家、民族、社会的责任感与使命感。

在大学英语教学中,教材是师生教与学的中心内容,学生在课堂学习大学英语教材从而获得相关外语知识、技能和学习策略。教材不仅是知识与文化的载体,也是时代风貌的特征反映。教材的指导思想、教学目标、内容编排等方面都能够体现出社会形势、国家教育方针的发展变化,也能反映出教学、科研和文化水平。不同社会、不同时期,对教材的思想性要求不是完全一致的。不同时期的教材各自具有不同的教育重点,传递着不同时代的教育理念和思想。改革开放以来,我国的大学英语教学走过了三个发展阶段,1978年至1984年是大学英语教学的恢复阶段,1985年至2003年是大学英语教学的稳定发展阶段,2004年至今是大学英语教学的改革发展阶段。那么,作为育人育才重要依托的大学英语教材,改革开放以来的三个阶段教材本身是如何演变的? 大学英语教材蕴含着哪些价值取向? 这些价值取向在大学英语教材中是如何呈现的? 不同阶段的大学英语教材的价值取向有什么发展变化? 如何更好地发挥大学英语教材的价值观引导作用,以及如何发挥教材在高校立德树人的根本任务中的关键作用? 这些问题是本研究关注的重点,需要分阶段、按内容对大学英语教材所蕴含的价值取向进行细致的分析和研究,以期更好地实现大学英语教材在育人育才过程中的作用。挖掘如何潜移默化地把思想政治教育融汇贯穿于英语知识的传授和各种语言技能的培养之中,使学生在学习英语的同时,接受爱国主义、社会主义、马克思主义、社会道德、法律规范等的教育和熏陶,从而更好地发挥大学英语教材在实现高校立德树人根本任务中的作用。

(二)大学英语教材价值取向研究的理论需要

大学英语教材是主流价值观的体现是本研究的基本预设之一,大学英语教材反映和支撑社会规范和主流价值观的方式是大学英语教材价值取向研究的关键问题。从文献综述的结果来看,相关研究认为教材建设与当时的社会背景、文化传统、经济发展、政治制度等因素关系密切,而且这些因素通过教育纲领影响教材的价值取向。但是对大学英语教材体现所处时期的社会背景、文化传统、经济发展、政治制度等的具体方式,目前还比较缺少系统的研究和论述。因此确定改革开放以来大学英语教材所体现的价值取向、再造社会主流价值观的方式等问题,需要详细而深入的研究。

系统地梳理改革开放四十多年来我国大学英语教材价值取向的变化轨迹,透视大学英语教材价值取向发展变化的一般规律及历史经验,提出大学英语教材价值取向的优化路径,为新时代大学英语教材的编写、审查和使用,以及为大学英语课程的改革发展提供借鉴,是十分必要和重要的。本书也希望能够唤起大学英语教师关注教材价值取向内容,激发大学英语教师加强课堂价值观引导和教学的意识,使他们能够更加主动地和充分地挖掘大学英语教学的价值观教育以及思想政治教育功能。作为一名从事大学生思想政治教育工作近十年的专职辅导员,笔者一直持续不断地关注和关心大学生价值观的培育和养成,英语本科和外国语言学研究生的教育背景以及积累的英语教学经验,也使笔者更加关注英语教学隐性的、间接的思想政治教育功能的发挥,对大学英语教材的价值取向进行研究也是个人的研究兴趣所在。

二、研究意义

任何研究都要基于一定的理论准备和实践基础,也是为了进一步回应理论方面的困惑和实践中的问题。大学英语在高等教育中占有举足轻重的地位,大学英语教材在教学中的作用至关重要,将改革开放以来的三代大学英语教材的价值取向内容置于历史研究的视角下进行审视和分析,具有理论和现实上的双重意义。

(一)理论意义

第一,从价值论视角研究大学英语教材的价值取向,有助于丰富"课程思政"理论,能够进一步丰富思想政治教育的理论研究。一直以来,我国大学生的思想政治教育在课堂教学中主要通过两条途径来实现:一是以专门的思想政治理论课作为教育的主渠道;二是在其他学科的课堂教学中渗透思想政治教育。我国的思想政治教育学科经过三十多年的发展,已经取得了丰硕的研究成果,对其专门的、直接的研究比较多,但是对于在其他学科的教育教学中如何渗透和开展思想政治教育的相关研究和分析还相对较少,并且缺乏系统的、专项的研究。本研究将聚焦大学英语教材的价值取向分析,以期为思想政治教育理论研究提供一个全新的视角。

第二,从价值论角度研究教学与教材,有助于突破对教材研究的固有角度,从事实与价值来分析教材的本质与特征,建立教材价值研究新的理论框架。一直以来,关于教材价值取向的研究主要是从社会学、课程教学论等角度进行研究,尝试构建相应的理论分析框架。本研究从思想政治教育理论出发,通过文献综述,参考教育学、社会学、语言学等相关学科理论和知识,结合对改革开放以来三代 16 套共计 74 册大学英语教材进行文本分析,构建大学英语教材价值取向的理论分析框架,以丰富大学英语教材研究和教材价值取向研究的思路。

第三,从马克思主义价值论出发分析和研究大学英语教材,有助于为大学英语教材在立德树人根本任务中发挥价值引领作用提供理论依据。本研究系统地梳理改革开放以来我国大学英语教材价值取向的演变历程,总结其发展演变的特征,分析现存的问题并提出优化路径,期望为当前大学英语教材坚持正确的价值取向,全面贯彻党的教育方针,实现立德树人,提供一定的理论参考和借鉴。

(二)现实意义

第一,有助于了解大学英语教材所蕴含的价值取向。价值取向本身是极其复杂的概念体系,具有外显和内隐双重特征。外显的价值内容对于学生来说比较容易理解,内隐的价值内容则难于挖掘和把握。本研究通过对大学英语教材进行分析,揭示教材中所蕴含的价值取向内容,包括显性的、隐性的价值取向,分析教材所传递的价值取向内容及其分布、呈现方式和发展变化,以及其中是否出现偏离党和国家教育政策的现象,有助于教师和学生在课堂教学和学习过程中认识和把握大学英语教材传递的价值取向。

第二,有助于为大学英语的"课程思政"教学实践提供参考。部分大学英语教师在教学中重视教材中语言知识点的理解和掌握,忽视了对语言文本所蕴含的价值问题进行教育和引导。本研究希望引起大学英语教师对自己教学所使用的教材的价值取向的关注,提升大学英语教师价值观教育和思想政治教育的意识,增加其对教材中文化和价值取向的敏感性,尽可能挖掘用好教材所蕴含的丰富思想政治教育元素,进而在课堂教学中加强对学生文化鉴别及价值观的教育和引导。

第三,有助于改进大学英语教材的规划和编写等工作。近年来,"一纲多本"的教材政策掀起了多轮国内大学英语教材编写和出版的热潮,大学英语教材可谓是五花八门,教材市场的过度开放与无序竞争,导致大学英语教材的出版过于商业化,教材大战愈演愈烈,不仅滋生了腐败,更严重影响了教学质量。教材出版中的大量促销活动也影响了教师或教育行政部门对教材的评价和选择。① 同时,相关研究指出,一些教材以英美文化为主,有关中国文化的内容过少,传播了西方价值取向,导致学生的母语文化意识薄弱等。这些都是我国在教材政策、教材规划和编写出版等方面需要关注和规范的地方。对大学英语教材价值取向进行探究和分析,有利于改进大学英语教材的编写及出版工作。

第四,有助于加强对大学生的思想政治教育,引导和培养大学生树立正确的世界观、人生观、价值观。价值观教育关系着大学生的理想、信念、目标和人生方向,价值观一旦形成就具有一定的持久性和稳定性。青年人的价值观不仅关系到他们的健康成长,也关系着整个社会价值的方向。大学生正处于价值观逐步形成、确立和发展的关键时期,培养大学生正确的价值观念是十分重要的。因此,应当充分挖掘大学英语教材的价值观教育和思想政治教育功能,引导学生把个人的理想追求融入国家和民族事业发展中,成长为全面发展的社会主义建设者和接班人。

三、相关界定

"英语教材"是指英语课程中使用的核心教学材料。本书将英语课程限定为高等教育中的"大学英语"课程,即为非英语专业大学本科生开设的英语课程。1949 年至 1985 年间,其一直被称为公共英语。1985 年 11 月,大学外语教材编审委员会设立,并代替了原有的理工科公共外语教材编审委员会开展工作。1986 年 11 月,公共外语教学研究会的名字正式变更为大学外语教学研究会,"大学英语"开始取代"公共英语"在学界使用。② 据此,"大学英语

---

① 蔡基刚:《试论影响我国大学英语教材健康发展的外部因素》,《中国大学教学》2006 年第 6 期。

② 李良佑、张日升:《中国英语教学史》,上海外语教育出版社 1988 年版,第 480 页。

教材"即根据教育部颁布的课程标准(教学大纲)为我国高等院校非英语专业大学生修读大学英语课而统一编写和使用的核心教学材料。

(一)大学英语教材的基本涵义

"教材"和"教科书"这两个概念在日常使用中经常被人们通用或者等同，但其实这两者在概念和范畴上还是有一定的区别的。对教材的基本涵义，大多数学者都从它的媒介功能来进行定义。"教材既是社会人才需求和学校之间的中介，也是教师和学生之间的中介。"①在现代社会，教材有广义与狭义之分，已经不再仅限于教师和学生在课堂使用的教科书。教材的范围比教科书要广泛得多。教科书一定是教材，而教材不一定是教科书，甚至不一定非得是书。程晓堂认为，广义的教材是"教学材料"的简称，不仅包括教师和学生在课堂教学中使用的课本、练习册、视频音频材料、电脑光盘、幻灯片、期刊报纸、图片卡片和教学实物等，也包括教师为了方便教学自行设计和编写的一些相关教学材料，以及互联网上丰富的相关电子学习资源。② 大学英语教材在改革开放以来经过四十多年的发展，内容不断丰富，分类更加细致，总册数不断增加，教材也突破了传统纸质媒体的局限，除课本和光盘外，还有配套网络教学平台、习题试题库、多媒体课件等基于网络多媒体技术的教学资源，正在逐渐朝着网络化和立体化的方向发展。而狭义的教材一般就是指课本或者教科书，通常是一门课程教学的核心材料和教材的主要组成。为了明确本书的研究对象，结合上述教材的广义和狭义概念区分，本书中的大学英语教材意指大学英语课程的核心教科书，不包含教师用书、试题集、补充材料等；并且仅限于正式出版的纸质书籍，不包含教师自编讲义、多媒体光盘、电子版教材等其他材料。

由此可以看出，大学英语教材涵盖的内容其实是非常丰富的。但实际上，被称为《精读》《综合教程》《读写教程》的课本通常是每套大学英语教材的最核心的部分。教师和学生一般在这些课本的学习中花费较多的时间和精力。这类教材一般都涉及英语听力、口语、阅读、写作和翻译等多种技能的教学，能够比较综合、全面地展现某一时期大学英语教材编写的相关理念和特点。因

① 王进军：《英语教材发展概论》，中山大学出版社 2010 年版，第 5 页。
② 程晓堂、孙晓慧：《英语教材分析与设计(修订版)》，外语教学与研究出版社 2011 年版，第 1 页。

此,本研究将选取教材的《精读》《综合教程》等主干部分进行分析和研究。同时,鉴于当前大学英语教学仍然主要实施传统教学模式,本研究只选择考察纸质版教材的全部课文文本,不包括个别教材的网络内容。

教材往往是根据课程大纲或者教学指南一类指导性文件进行编写,是一种自上而下的推动过程。而教材研究则是通过分析教材的内容和设计,检验其是否达到指导文件的标准,对于课堂教学也有重大意义。从教材编写的实践经历中,也可以吸取经验教训,对教材选择和教材修订有一定的指导意义。教材的变化和发展是历史、社会、经济、文化和政治等方面共同的作用结果和直观反映。本书探讨教材中的价值取向正是这种变化的一个观察角度,如果能从其中发现并分析出一些规律和经验,总结过去、关注现在、展望未来,必定会对我国大学英语的改革和发展产生一定的参考意义。

（二）大学英语教材的代际划分

中华人民共和国成立七十多年来,我国大学英语教育几经波折,课程内容形式都有了翻天覆地的变化。教材作为教学内容的重要载体,也经历了几次大范围的改革变动。受到时代变迁、教材功能、出版商和使用对象等因素的影响,教材的种类和版本可以说是五花八门。大学英语作为一门外语学科,教材迭代更新频繁,版本数量更是数不胜数。本书对改革开放以来的大学英语教材所蕴含的价值取向进行研究,分析特点,总结规律,属于历时性研究,因此梳理大学英语教材发展的历史,整合划分教材的代际就显得尤为重要。

大学英语教学的改革发展是一个系统工程,包括教学大纲设计、教材编写、教学方法和手段选择、教学管理、师资队伍建设和测试评估等多个环节和内容。其中,教学大纲是龙头,在课程教学中发挥统领作用。教学大纲对大学英语的发展和改革起到至关重要的作用。"贯彻执行《大纲》的过程就是大学英语教学改革不断深化的过程。"①而教材是贯彻和执行教学大纲的重要手段。因此大学英语教材的编写、出版要以教学大纲为基本遵循。教材在使用、修订、再使用、再修订的不断循环过程中,逐步贴近教学大纲的思想和要求,从而不断得到发展和完善。

---

① 韩其顺、陆慈、董亚芬:《全面贯彻教学大纲,努力提高教学质量》,《外语界》1995 年第 1 期。

　　目前外语学界对我国大学英语教材的代际划分还不一致,但主要都是根据教学大纲的颁布和调整来对教材进行分期的。董亚芬在《〈大学英语(文理科本科用)〉试用教材的编写原则与指导思想》中将 20 世纪 60 年代初至 90 年代间编写的教材大致分为三代:1976 年前为第一代;1977 年至 1985 年为第二代;1986 年至 90 年代中期为第三代。① 由于历史的原因,董亚芬未将 1966 至 1979 年间的教材单独归类。柳华妮则扩大梳理范围,从晚清开始回顾 150 年来国内英语教材发展历程,将中华人民共和国成立以来的教材发展也大致分了四个阶段。② 王守仁把大学英语教育自改革开放以来划分成了三个发展阶段,并介绍了大学英语教材在这三个阶段的建设发展情况。其中,1978—1984 年为大学英语教学的恢复阶段,1985—2003 年为大学英语教学的稳定发展阶段,2004 年至今为大学英语教学改革阶段。③ 蔡基刚根据董亚芬对大学英语教材的分类,详细阐述了 1961—2002 年我国大学英语教材的历史,把大学英语教材划分为四代,并把第五代教材定义为 2004 年以后根据教育部《大学英语课程教学要求》编写的教材。④ 蔡基刚撰文表达了对第五代教材的憧憬,也论述了第五代教材的概念和编写原则:教材必须体现实用性、主题化、重内容、立体化、任务型、以学生为中心等原则。⑤ 陈坚林基于对大学英语教材的现状分析,提出了第五代教材的编写框架和发展设想,认为第五代教材应该融听、说、读、写、译为一体,是一个综合性的外语教学系统。⑥ 从蔡基刚和陈坚林的研究中不难看出,第五代教材是基于计算机网络技术和以创新教学模式为内容的大学英语教学改革工程试点而修订的教材,是基于计算机网络技术和创新性教学的立体化、系统性的教材。也有学者对当前的大学英语教材提出质疑,如柳华妮指出,多位学者表示经过二十多年的发展,大学英语教材越编越厚,从单册发展到系列教材,同时增加了海量的自主学习网络课程,令

----

　　① 　董亚芬:《〈大学英语(文理科本科用)〉试用教材的编写原则与指导思想》,《外语界》1986 年第 4 期。
　　② 　柳华妮:《国内英语教材发展 150 年:回顾与启示》,《山东外语教学》2011 年第 6 期。
　　③ 　王守仁:《高校大学外语教育发展报告:1978—2008》,上海外语教育出版社 2008 年版。
　　④ 　蔡基刚:《大学英语教学:回顾、反思和研究》,复旦大学出版社 2006 年版。
　　⑤ 　蔡基刚、唐敏:《新一代大学英语教材的编写原则》,《中国大学教学》2008 年第 4 期。
　　⑥ 　陈坚林:《大学英语教材的现状与改革——第五代教材研发构想》,《外语教学与研究》2007 年第 5 期。

广大师生感到无所适从,教材利用率也比较低,造成了大量的资源浪费。① 很多教材并没有实质性的变化,只是把纸质的教材学习内容搬到了网络上。

本书综合王守仁、董亚芬以及其他学者的划分方式,根据外语教学的客观规律和大学英语教学大纲的发展变化,结合研究开展的实际,将改革开放以来我国大学英语教育的发展历程分为大学英语教学恢复阶段(1978 年至 1984年)、大学英语教学稳定发展阶段(1985 年至 2003 年)和大学英语教学改革发展阶段(2004 年至今)三个阶段。

第一阶段是 1978 年至 1984 年的大学英语教学恢复阶段。邓小平亲自指导教材建设工作,在谈到这一时期的教育问题时邓小平同志曾指出:"关键是教材。教材要反映出现代科学文化的先进水平,同时要符合我国的实际情况。"②这一时期,教育部出台了一系列政策法规,推动了公共英语教学的发展。1980 年教育部颁布的《理工科公共英语教学大纲》将公共英语教学定位在为学生专业学习服务的科技英语上,规定基础阶段的英语教学是"为学生阅读英语科技书刊打下较扎实的语言基础"③。

第二阶段是 1985 年至 2003 年大学英语教学稳定发展阶段。1980 年以来,国家和相关政府部门越来越重视大学英语教学的发展,也出台了相关的政策文件支持大学英语教学,教材的编写工作有条不紊地展开。1985 年和 1986年分别适用于理工科、文科的《大学英语教学大纲》由教育部先后颁布,为这一阶段大学英语教材建设提供了指导和依据。1998 年审定通过的《大学英语教学大纲(修订本)》中详细解释了大学英语教材在教学中的作用,并阐述了大学英语教材编写的指导思想和标准。

第三阶段是 2004 年至今的大学英语教学改革发展阶段。进入 21 世纪以来,高等教育不断扩大招生规模,随着整个社会对英语教育的重视,大学英语成为高校的一门基础学科,大学英语教材的出版数量也呈几何式增长。2003 年和2007 年,《大学英语课程教学要求(试行)》及其修订版由教育部分别下发,指导大学英语课程进行改革创新。这一时期,大学英语教学的语言学习重点、教材

---

① 柳华妮:《大学英语教材研究二十年:分析与展望》,《外语电化教学》2013 年第 2 期。

② 《邓小平文选》第二卷,人民出版社 1994 年版,第 55 页。

③ 蔡基刚:《对公共英语(大学英语)再认识:论公共英语的专业化属性》,《外语电化教学》2018 年第 6 期。

内容和教材形式都有较大发展。语言学习的重点从语言和知识发展为语篇和文化;教材内容从综合课本发展为听说读写成套教材;教材的形式也从平面、单一的纸质版教材逐渐发展为充分利用网络和多媒体等新兴技术优势的立体化教材。

综上所述,1978 年我国开始实行改革开放政策,1979 年修订了文、理科英语教学大纲,在此基础上编写出版了改革开放以来的第一代公共英语教材。1985 年《大学英语教学大纲(理工科本科用)》制定并颁布,紧接着《大学英语教学大纲(文理科本科用)》在 1986 年正式出台。为了推动新的大纲的落实,根据新大纲的目的和要求而编写产生了第二代大学英语教材。2004 年,《大学英语课程教学要求(试行)》由教育部出台颁布,提出了"培养学生的英语综合应用能力"的教学目标要求。为了满足新时期国家和社会对人才培养的需要,涌现了第三代大学英语教材,也有之前出版的优秀教材更新和修定的再版教材。本书研究的改革开放以来的大学英语教材,包括了 1978 年至 1984 年大学英语恢复阶段、1985 年至 2003 年大学英语稳定发展阶段、2004 年至今大学英语改革发展阶段,以及与这三个阶段相对应的,改革开放以来的第一代、第二代和第三代大学英语教材。

进入 21 世纪以来大学英语教材呈现出百花齐放、异常繁荣的局面,一些优秀教材自出版以来,多次再版,一直沿用至今。同时,由于从中华人民共和国成立以来算起的第五代教材仍处于初步构想、试点阶段,学界对于第五代教材的划分与认定、理解和认识等还没有达成一致性的意见和看法。

中华人民共和国成立以来,我国大学英语教材的发展经历了几个不同的阶段,在迂回曲折中发展。由于社会和教育发展的环境背景有所不同,各个阶段对大学英语教材编写的要求不同,而且不同时期的编者对于大学英语教育的认识也有相应的差异,所以这些教材也体现出不同的特点,需要分阶段、按内容对改革开放以来不同时期和不同代际的大学英语教材的价值取向内容进行细致的分析和研究。

(三)本书选取的大学英语教材

在"一纲多本"的教材政策下,我国大学英语教材市场空前繁荣,教材种类繁多。具体而言,有由正规出版社正式出版的教材,有从国外引进的原版教材,也有各高校自编使用而未正式出版的教材。本研究无意于、也不可能对不同时期全部的大学英语教材进行分析和研究,选择哪些大学英语教材作为研究对象,决定了本研究得到的结果是否真实可靠、具有代表性和科学性,也决定本研究的研究结果是否具备广泛性和现实意义。为此,本研究首先确定选取由我国知名出版社出版的、高质量的、具有一定普遍适用性的、师生认可度高以及受欢迎程度高的主流大学英语教材进行研究。选择不同时期的主流大学英语教材进行研究,有以下几个优势:第一,避免以往在教材的研究和选择中出现主观判断过多或目的不明确的问题,应该以教材的实际使用情况为标准。第二,避免个别研究因只选择一到两本教材进行研究而导致选取教材过窄的问题,也避免随意选择教材进行研究的倾向。第三,研究的结果可为各高校今后的教学实践提供参考,在教学中具有一定的实用价值。①

为更加全面、系统地分析我国改革开放以来的大学英语教材,精确筛选、汇总出改革开放以来广泛使用的主流教材,本研究主要采取的研究方法是文献法和访谈法。本书在查阅国内外大学英语教材相关的文献资料的基础上,通过整理和提炼,掌握目前研究现状,并以此作为本研究的重要基础。本研究梳理国内相关专家学者对于大学英语教材的研究(如董亚芬,1986;唐洁元、张骁勇,2006;陈坚林,2007;王守仁,2008;柳华妮,2011、2013),参考大学英语教材发展相关回忆录、英语教学史等相关史料内容(如李良佑等,1988;李传松、许宝发,2006;李传松,2009)。同时,多次对外研社、高教社等出版社编辑以及相关高校的大学英语教师进行访谈,全面了解出版社相关教材的出版情况和相关高校的大学英语教材使用情况。依据相关调查和研究的结果,梳理了国内研究最多、使用较为广泛、最具代表性的大学英语教材的情况。

根据综合研究和调查的结果,可以得出以下结论:一是虽然市场上有很多大学英语教材,但是经过长时间的市场淘汰和教学实践淘汰,最后能在各大高校广泛使用的教材并不多。二是少数几套教材的使用率也不太均衡,如《全新版大学英语》《新视野大学英语》《21世纪大学英语》等教材的使用率都远远超过其他一些教材。三是从教材研究的角度来看,不同学者从不同学科视角进行研究时所选取的研究对象也呈现出高度的一致性。根据对前人研究的梳理和调研访谈的结果汇总,本研究最终确定选取了改革开放以来使用最为

---

① 周骞:《基于语料库的当代中国大学英语教材词汇研究》,博士学位论文,上海师范大学,2012年,第70页。

广泛、影响最大的三代共 16 套 74 册大学英语教材进行研究。各套教材的中文名称、出版社、出版时间、总册数和教材主编等主要相关信息如表 1 所示。

表 1　所选大学英语教材信息表

教材代际	教材中文名称	册数	出版社及出版时间	主编
大学英语教学恢复阶段：第一代 5 套	基础英语	2	人民教育出版社 1981 年版	大连海运学院英语教研室
	英语（理工科通用）	4	高等教育出版社 1981 年版	吴银庚
	英语（文科非英语专业用）	4	商务印书馆 1981—1983 年版	复旦大学外语系 王慧玲、李荫华等
	英语教程（理工科用）	4	人民教育出版社 1981 年版	清华大学　陆慈
	北京大学试用教材《英语（文科）》	5	北京大学出版社 1983—1984 年版	北京大学公共英语教研室　陈瑞兰、沈一鸣等
大学英语稳定发展阶段：第二代 5 套	大学英语（文理科本科用）	6	上海外语教育出版社 1986—1990 年版	翟象俊
	大学核心英语	6	高等教育出版社 1987—1989 年版	上海交通大学　杨惠中、张彦彬
	新英语教程	6	清华大学出版社 1987—1993 年版	清华大学科技外语系
	现代英语	4	麦克米伦出版公司高等教育出版社 1986—1987 年版	S. Lake，G. R. Evans 和 D.Watson
	大学英语	4	辽宁大学出版社 1986 年版	杨美楣
大学英语改革发展阶段：第三代 6 套	新编大学英语	5	外语教学与研究出版社 2004 年版	浙江大学　应惠兰
	21 世纪大学英语	4	复旦大学出版社高等教育出版社 2008 年版	翟象俊、郑树棠、张增健
	大学英语（全新版）	6	上海外语教育出版社 2002—2007 年版	李荫华
	新视野大学英语（第三版）	4	上海外语教学与研究出版社 2015 年版	郑树棠
	大学体验英语（综合教程）第三版	4	高等教育出版社 2012 年版	孔庆炎、李宵翔、贾国栋
	大学英语（第三版）	6	外语教学与研究出版社 2005 年版	董亚芬

其中,前两代教材涵盖了当时各高校流通的主要教材,第三代教材由于数量庞杂,且受人力、物力限制,只从众多大学英语教材样本中选取了 6 套教材作为研究对象。选择标准如下:第一,首先通过查阅相关文献,汇总得到 12 套被广泛选为研究对象的教材,包括:《新编大学英语》《21 世纪大学英语》《新核心大学英语》《当代大学英语》《大学英语(第三版)》《大学英语(全新版)》《新标准大学英语》《新视野大学英语》《大学英语教程》《大学体验英语》《新时代交互英语》《新世纪大学英语》。第二,相关研究在全国范围内的调研结果显示在高校教学中使用率最高的教材有:《大学英语(全新版)》《大学体验英语》《21 世纪大学英语》《新视野大学英语》《新编大学英语》。第三,对照第二批(2014 年)"十二五"普通高等教育本科国家级规划教材书目。其中,选出《新编大学英语》《大学体验英语》《大学英语(第三版)》。综合以上三条标准,最终确定被广泛选为研究对象、使用率高且入选第二批"十二五"规划书目的 6 套教材作为第三代大学英语教材,包括:《新编大学英语》《21 世纪大学英语》《大学英语(全新版)》《新视野大学英语》《大学体验英语(综合教程)(第三版)》《大学英语(第三版)》。同时,选取的第三代大学英语教材在数量上与前两代基本一致,便于三代教材比较研究。

四、研究现状

本研究的具体问题是大学英语教材的价值取向,有必要对前人的相关研究成果进行梳理、掌握和分析,在此基础上明确相关的研究进展和趋势,从而为接下来可能的研究提供一定的依据和参考。因此,在研究"大学英语教材的价值取向"这一主题之前,应该对与大学英语教材、课程与教材的价值取向这两个方面有关的研究做简要的梳理,以期为后续的研究工作奠定基础。

(一)关于大学英语教材的研究

本研究是关于大学英语教材价值取向的研究,大学英语教材是研究的最为核心的关键词之一。以下将着重介绍国内外有关教材研究、教材评价、大学英语教材编写与使用等方面相关的理论及实践探索情况。

1. 国外教材研究的发展

国外学者对教材的研究可以追溯到 20 世纪 50—60 年代,当时关于教材的研究很少,主要关注对教材内容的价值分析,探讨教材反映的社会内容(如政治、性别、阶级、种族、文化等），揭示统治阶层对教材内容的制约，即避开一切不利于国家的社会冲突与矛盾，企图构建国家"理想"社会，"控制"学生的价值观。① 自 1970 年新课程改革运动兴起以来，人们开始越来越重视对教材质量和内容等问题的关注。教材的文化、政治及经济特征成为课程研究的重要领域。杨（M.F.Young）、伯恩斯坦（Basil Bernstein）、阿普尔（Michael Apple）等提出了教材中意识形态分析的经典理论，对教材的价值、内容和社会意义进行深度挖掘。② 20 世纪 70—80 年代，对教材文化内容呈现方式的研究开始逐渐兴盛。早期针对教材文化内容的分析角度较为单一，最常见的是以"英语国家文化—本土文化—其他国家文化"三分法来探讨教材中国别文化所占的比例。③ 后来，开始有学者根据文化类型进行细致划分。其中，诺斯特兰（Nostrand,H.L.）是语言教学领域较早系统地讨论文化内容的学者，他在著作中将文化的 30 多个项目分别归入文化、社会、生态和技术、个人 4 个门类。④ 到 80 年代，随着对跨文化交际意识的讨论增多，文化教学被部分政府和当时的教育权威机构列入教学大纲，联合国教科文组织在 1980 年的"世界文化十年"活动中提倡进行跨文化教育实践，此时，学者们的研究动态聚焦教材中本族文化和目的语文化存在的关系上，知名学者 Samovar、Porter 和 Margana 等都强调母语文化的重要性。⑤

20 世纪 80—90 年代，研究的重点从教材内容转向通过教材评价促进教学质量提升。人们开始关注如何通过教学内容的组织和设计，以及采取适当的方法来满足师生的需求。Hutchinson 和 Waters 指出对教材进行评估的过程实质上是一个对照（matching）的过程，是"自身需要分析"和"客观对象分析"相互对照和评估的过程。⑥ 关注教材内容，比较完整和实用的三个教材评价体系分别由 Cunningsworth（1984）、McDonough & Shaw（1993）、Breen & Candlin

---

① 黄育馥：《人与社会：社会化问题在美国》，辽宁人民出版社 1988 年版，第 156 页。

② 傅建明：《我国小学语文教科书价值取向研究》，博士学位论文，华东师范大学，2002 年，第 19—23 页。

③ 张虹、于睿：《大学英语教材中华文化呈现研究》，《外语教育研究前沿》2020 年第 3 期。

④ Nostrand, H.L., "Empathy for a Second Culture: Motivations and Techniques", in *Responding to New Realities* [C], G.A.Jarvis, Skokie: National Textbook, 1974, pp.263-327.

⑤ 沈月：《〈牛津高中英语（译林版）〉教材中的文化内容研究》，硕士学位论文，湖南师范大学，2019 年，第 9 页。

⑥ 钱瑗：《介绍一份教材评估一览表》，《外语界》1995 年第 1 期。

(1987)提出。Cunningsworth(1984)提出了教材评价的一些重要原则,但是没有详细介绍评价步骤。Breen & Candlin(1987)将学生的学习方法、技能训练和课堂学习等要素结合到教材评估中,将教材评价的主体从教师扩展到学生。1993年McDonough & Shaw提出了新的教材评价标准,该标准在语言教学的实际应用中仍然非常广泛。① Cunningsworth进一步提出了英语教材评价的方法、类型、指导原则和内容等,并给出了整体印象评价(impressionistic overview)和深度评价(in-depth evaluation)两种方法。② 20世纪90年代起,二语习得领域对各种教学法的讨论日益激烈,国外学者对教材内容的研究开始聚焦在对教材文本语言知识和任务设计的分析上。这个阶段的相关研究从方法到视角都呈现多样化特点,如,认知主义理论、活动理论、多元智能理论等研究视角被广泛采用。比如,Spiro(1988)从认知主义学习理论出发,认为教材语言内容的选择要符合现实情况的变化发展,要提供真实、可行的学习情境,并保留原始情境中的难点,以便学习者进一步发掘情境背后的理念和信息;还要将语言知识置于复杂的问题情境中,使学习者对语言知识形成丰富的、多角度的理解,以便在遇到实际问题时激活并合理运用这些知识。很多学者也开始针对如何设计语法练习以最大化地促进二语学习者的语言习得这一问题展开热烈讨论,对此问题的争议大致分为两个思路:一些学者认为教材应先呈现语言现象、讲解语言规则、解释语言运用,然后设置大量练习;③其他学者则对此表示怀疑,持有不同观点:在教材中应编入大量的语言实践任务,这样学生就能够大量地使用英语,在用的过程中去接触、理解、掌握语言,这样会使学生的习得程度获得提高。④

21世纪以后,对语言教材内容的相关研究逐渐系统化、多元化。对于教材文化内容的分析,不少学者倾向于跨国比较教材中文化内容的呈现差异。

① 赵勇、郑树棠:《几个国外英语教材评估体系的理论分析——兼谈对中国大学英语教材评估的启示》,《外语教学》2006年第3期。

② Cunningsworth,A. Choosing Your Coursebooks, Shanghai Foreign Language Educaiton Press(Original work published 1995),2002.

③ Dekeyser,R.,"Beyond Focus on form:Cognitive Perspectives on Learning and Practicing Second Language Grammar",in Focus on form in Classroom Second Language Acquisition[C],C.Doughty & J.Williams(ed),Cambridge,England:Cambridge University Press,1998,pp.42-63.

④ 转引自程晓堂:《中小学英语教材编写的若干问题探讨》,《课程·教材·教法》2009年第3期。

例如,Risager(2018)以国家研究、公民教育研究、文化研究、后殖民主义研究和跨国研究为理论框架,对 6 个语种(英语、德语、法语、西班牙语、丹麦语和世界语)教材中的文化呈现进行研究,并关注教材如何影响学习者的自我理解及其跨文化能力;①从批评话语分析、社会语言学的角度分析教材的文化内容也是近十年来的热点,如:Muzna(2015)从批评话语分析角度对以色列高中使用的六本英语教材进行分析,探讨其文化内容是否适合巴勒斯坦阿拉伯语学习者,结果发现以色列的英语教材将巴勒斯坦阿拉伯少数民族及其文化和共同传统边缘化,为学生创造一种消极的学习体验;Setyono 等(2019)也从批评话语分析角度调查了印尼高中英语教材中的文化内容,发现其多元文化价值观主要体现在四个方面:尊重不同种族和宗教群体的文化,尊重土著人民的文化,避免冲突并与万物和平共处,欣赏创意的文化产品;②Tu Cam Thi Dang 等(2018)从社会语言学角度探讨如何将社会语言和文化内容纳入越南现行的小学英语教材,主要评估了教学方法、双语、语言变异和跨文化交际四个方面,结果表明教材设计遵循交际教学法,但英语变体和跨文化知识仍然有限。③

　　21 世纪以来,在教材的语言内容研究方面,一部分专家学者在回顾语言教材发展历史、总结经验和探索规律的基础上,将本国语言教材与他国语言教材进行比较,思考促进学生学习的教材语言内容编排特点;随着语料库语言学的快速发展,也有一些学者使用大型参照库(语料库),研究教材中词汇用法的真实性,发现有些英语教材没有充分呈现出某些词汇最常见的用法(Römer,2003、2004、2005;Coniam,2004);④由于内容语言融合教学法(Content and Language Integrated Learning,简称 CLIL)成为近年来外语教育与教学改革研究的热点,对内容语言融合教材的分析也逐渐增多,比如,Moore 等(2007)

　　①　Risager,K.,*Representation of the World in Language Textbooks*,Bristol:Multilinguial Matters,2018.

　　②　Setyono,B & Widodo,H.P.,*The Representation of Multicultural Values in the Indonesian Ministry of Educationand Culture-Endorsed EFL Textbook:a Critical di Scourse Analysis*,Ințercultural Education,2019,30(4),pp.383-397.

　　③　Tu Cam Thi Dang & Corinne,S.,*An Evaluation of Primary English Textbooks in Vietnam:A Sociolinguistic Perspective*,TESOL Journal,2018,9(1),pp.93-113.

　　④　孔蕾、秦洪武:《语料库在词汇教学中的应用:词汇分层和教学设计》,《外语教学理论与实践》2013 年第 4 期。

在研究教材的语言内容后指出,对 CLIL 教材编写者来说,最大的挑战是要把握好教材的难度,即所编写教材语言内容要保证学习者的可及性,使教材中的语言内容可理解、可接受。[1] Banegas(2018)的研究表明,教材中的语言内容必须围绕学科课程大纲设定,以保证学科知识的系统性,同时也要利于学习者认知能力的发展。但国外针对 CLIL 教材中语言内容的研究仍处于起步阶段,还需更多学者对其进行科学分析。[2]

随着信息技术的发展,教材中的插图越来越丰富多彩,成为教科书中非常重要的一部分,对教材内容的分析也不再拘泥于教材的文本内容。多模态话语分析的研究范式将语言文本与其他形式的图像、音频、视频等多种表意手段结合,适用于结合插图的教学分析。很多学者采用多模态话语分析的范式,探讨图像对教材文本的辅助作用以及图片中所反映出的文化现象,如人们的刻板印象等。[3] R.Barthes 是多模态话语分析最早的研究者之一,他在论文《图像的修辞(Rhetoric of the Image)》中讨论了图像在表意上与语言的相互作用;O'Halloran,K.L(2004)不仅研究多模态的理论建构,还专门研究了数学语篇中的多模态现象;Royce,T.(2002)研究了不同符号在多模态话语中的互补性以及在第二语言课堂教学中多模态的协同性。针对多模态表意形式中的图像分析的视觉语言理论也是教材分析的常用框架。基于韩礼德的系统功能语法理论,Kress 和 Van Leeuwen 于 1996 年在著作 *Reading Images:The Grammar of Visual Design* 中提出了视觉语法理论。系统功能语法理论认为,语言具有三大元功能,分别是概念功能、人际功能和语篇功能。Kress 和 Van Leeuwen 把图像也视为社会符号,将韩礼德的系统功能语法理论延伸到视觉模式。视觉语法理论以图像作为主要的分析对象,认为它们是除了语言之外另一种表情达意的方式,研究图像中的各个部分的组合规则,探讨其用什么方式来反映社会交往和行为。该语法体系由再现意义、互动意义和构图意义三个部分组成。视觉语法理论的系统与完整,对于分析教材中图像意义的构建有很

① Moore,P. & Lorenzo,F., *Adapting Authentic Materials for CLIL Classrooms:An Empirical Study*,Vienna English Working Papers,2007,16(3),pp.28-36.

② Banegas,D. L. "Evaluating Language and Content in Coursebooks"[A], in *Issues in Coursebook Evaluation*[C], Azarnoosh,M.,Zeraatpishe,M.,Faravani,A.& Kargozari,H.R.(eds.),Leiden:Brill,2018.

③ 张德禄:《多模态话语分析综合理论框架探索》,《中国外语》2009 年第 1 期。

好的指导作用,如教材中的插图、配图、标题等。由于教材图像资源分析理论的不断发展,如 Kress 和 Van Leeuwen(2006)提出的视觉设计语法分析框架①,以及二语教学领域对培养学生多元识读能力(也称"多模态读写能力")的日渐重视,探讨教材图像等多模态资源的使用问题也逐渐成为学界的研究热点之一。②

回顾教材内容研究历史,最早由关注教材内容的价值分析,逐渐聚焦教材中本族文化和目的语文化存在的关系上,教材文化内容的呈现方式研究成为热点。之后随着对各种教学法的争论逐渐激烈,学者开始从不同理论视角探讨教材文本语言内容和任务设计及其对学习者语言习得的影响。近 20 年来,对语言教材内容的相关研究逐渐多元化、系统化。很多学者开始跨国比较教材中文化内容的呈现差异,社会学角度、批评话语分析范式都是常用的研究框架;同时,随着技术进步,教材的语言内容依旧是研究热点。还有一些新产生的研究话题仍待继续讨论,如何借助语料库研制教材的语言内容选择标准,如何分析内容语言融合教材的语言内容特点和制定其内容选择的标准,如何合理融合教材文本的语言知识和文化知识进行教学;除此之外,探讨教材图像等多模态资源的使用问题也是学界目前需要关注的问题,有关图像资源设计与利用的理论和实践研究仍需加强,从而为教材编写工作提供帮助和指导,提高教材中图像资源的设计水平。综合来看,语言教材研究应用的理论框架呈现出种类多、来源广的特点,这与语言教材本身教学材料与语言教学的作用息息相关。首先,语言教材的主要内容组成为语言本身,因此就教材语言内容分析的框架多来自于语言学与应用与语言学,而语言学习过程受到学生心理和认知的影响,因此相关领域的理论框架也被应用于语言教材研究。而语言教材的主要部分为教学文本,文本意义转达出的价值观取向也是语言教学的一大重点,不管是教师的有意引导或是学生学习过程中的潜移默化,文本所传达出的价值取向对学生有不可忽略的影响,因此社会文化相关的理论被引入教材研究当中。

---

① Kress,G.&Van Leeuwen,T.,*Reading Images:the Grammar of Visual Design*,New York:Routledge,1996.

② 程晓堂、丛琳:《英语教材编写中图像资源的设计与使用》,《课程·教材·教法》2020 年第 8 期。

2. 国内对大学英语教材的研究历史与现状

中国是全世界学习英语人数最多的国家,英语学习的内容主要来源于教材。国内对英语教材的研究在早期主要引入和借鉴国外的相关研究成果。20世纪80年代初期,中国台湾学者开始翻译国外相关的研究文献,对意识形态与课程、意识形态与教科书的社会学等问题进行讨论,其中陈伯璋、欧用生等贡献较大。自20世纪90年代中后期,打破传统的"一纲一本"教材制度以来,越来越多的内地学者开始对教材展开研究,例如钱瑗详细介绍并评价了Hutchinson和Waters的教材评估一览表,为国内教材研究开了先例。[①] 进入21世纪以来,陈坚林、庄智象、蔡基刚、何安平等人对中小学英语教材的编写和建设的研究取得较大成果,国内关于教材的实证研究也越来越多。我国对大学英语教材的研究主要集中在教材评估、教材编写和教材使用三大方面,下面将从这三个方面分别进行综述。

国内关于教材评估的相关研究,除了上文提到的借鉴国外理论外,国内学者也独创了自己的评估体系。例如,周雪林构建的外语教材评价体系可概括为以下六点:①根据一定的教学理论;②符合教学大纲的要求;③反映学习者的需求;④真实、有趣、实用的语言材料,题材广泛且难度适当;⑤各项练习之间相互关联,紧扣课文、形式多样;⑥有一定的配套辅助材料。但她所设计的体系只体现了对教材语言知识层面的考察,即教师如何完成"教学"任务。[②] 何安平认为,教材评估要涉及目标、内容、形式和制作水平等多个方面,并指出教材评价应从知识与科学的维度、思想文化内涵的维度、心理与发展规律的维度、编制水平的维度、可行性的维度等五个维度来进行。[③] 这个评价体系将周雪林提出的评估体系概括为"知识与科学维度"一个角度,并且关注到了教材的思想内涵、心理发展等其他方面,对教材的要求进一步提高。

教材编写研究中最具影响力的主要有蔡基刚、陈坚林和庄智象等人。蔡基刚针对教材难度、词汇范围和语料的选择提出了一些观点与建议。[④] 2006

---

① 钱瑗:《介绍一份教材评估一览表》,《外语界》1995年第1期。
② 周雪林:《浅谈外语教材评估标准》,《外语界》1996年第2期。
③ 何安平:《外语教学大纲·教材·课堂教学:设计与评估》,广东教育出版社2002年版。
④ 蔡基刚:《浅谈21世纪大学英语教材编写中有关选材的几个问题》,《外语界》1997年第1期。

年,他回顾并总结了改革开放以来大学英语教材发展的历程与特点,同时提出了"第五代教材"的概念。① 他在之后的研究中提出,新一代大学英语教材应遵循"实用性、主题化、重内容、立体化、多样化、任务型、以学生为中心"等原则。② 他对现有的教材进行批评,指出当前的大学英语教材存在难度太低、应试性强、语言失真、纯语言性、过于突出人文题材内容以及对自主学习概念理解不当等一些共性问题,③建议结合学生的学科专业来开发不同专业的大学英语教材,增加科普知识的内容,从而培养学生的学术英语能力。④ 庄智象等从语言教学理论和信息技术的发展出发,阐述了大学英语教材立体化建设的理论基础和可行性,并结合实例探讨了教材的内容、形式与服务等方面的立体式发展建设。⑤ 他指出我国在外语教材建设方面存在重理论、轻实践,盲目照搬一些国外的模型和方法,缺乏系统科学的评价体系等问题,应该构建一个科学、系统、完整、具有中国特色的外语教材编写理论和评价体系。为此他提出了教材编写的五个原则:①把学生的需求和教学大纲要求作为出发点;②以学习者为根本,实现塑造人格、培养素质、发展智力;③坚持科学而有针对性、完整而有系统性;④培养健康进取的人文精神,服务和促进人的发展;⑤坚持稳定性、共同性原则,兼顾特殊性和可选择性。⑥ 陈坚林在回顾大学英语教材的发展历史和分析现有大学英语教材的基础上,提出了第五代大学英语教材的编写构想:理论、结构和方法相结合的三位一体教材框架。他认为新一代教材的发展应该顺应时代的发展,融合外语课程和计算机网络,利用经典理论和现代科技的各自优势,通过纸质教材、多媒体光盘和计算机网络学习平台构建立体式的学习空间,创建一个综合性外语教学系统,而在实际使用时则要注意系统的辅助特性,提倡自主化、个性化、情景化和协作化的教与学的方法。⑦

① 蔡基刚:《试论影响我国大学英语教材健康发展的外部因素》,《中国大学教学》2006 年第 6 期。

② 蔡基刚、唐敏:《新一代大学英语教材的编写原则》,《中国大学教学》2008 年第 4 期。

③ 蔡基刚:《传统大学英语教材编写理念的一次新突破》,《外语电化教学》2011 年第 5 期。

④ 蔡基刚:《转型时期的大学英语教材编写理念问题研究》,《外语研究》2011 年第 5 期。

⑤ 庄智象、黄卫:《试论大学英语教材立体化建设的理论与实践》,《外语界》2003 年第 6 期。

⑥ 庄智象:《关于英语专业本科生教材建设的一点思考》,《外语界》2005 年第 3 期。

⑦ 陈坚林:《大学英语教材的现状与改革——第五代教材研发构想》,《外语教学与研究》2007 年第 5 期。

对大学英语教材使用的研究主要分为两类:一类是主观评价使用的感受,并给出建议。这一类研究通常可信度不高,观点不够集中;另一类则采取实验或调查的方法进行验证,但控制变量和调查范围都容易出现问题,结论往往牵强附会,难以令人信服。教师和学生是教材使用者,由此教材使用的对象也可以分为教师和学生两类。从教师的角度看,教材是不断磨练教学技能,提升自我水平的桥梁。夏纪梅认为"教师的职业生涯和专业发展离不开教材"①。谢丽通过具体例子论证了"创造性地使用教材有利于教师职业发展",并就如何利用教材促进教师发展提出了三点具体建议。② 余渭深等对近 200 名高校教师进行调查研究,发现教材的使用促进了教师教学观念和方法的更新,也促进了师生关系、教师的职业能力等方面的提升和发展,特别是教师的自主学习能力、反思能力。然而从学生的角度研究教材的使用则较为困难,需要对变量进行严格地控制,研究的时间也更长。③ 王晓军在某高校开展了为期一学期的大学英语教学实验,比较了三组学生(全部使用传统教材、部分使用计算机网络辅助教材及全部使用计算机网络辅助教材)的测试结果,发现计算机网络辅助模式在外语教学中具有优越性。④

(二)关于课程和教材价值取向的研究

自 20 世纪 60 年代,国外的一些学者已经开始对课程、教材和意识形态、价值取向等问题进行研究。在我国,20 世纪 80 年代以来中国台湾学者开始关注教材中的价值取向问题,通过翻译和编纂相关的西方国家研究文献,进而分析和研究了教材的价值取向内容。这些研究主要从教育社会学和课程社会学的角度出发,针对教材中的意识形态和性别刻板印象等进行研究。有关国内外的相关研究,笔者将对西方学者、中国台湾和香港学者、中国内地学者关于教材价值取向的研究进行探讨。

---

① 夏纪梅:《教材、学材、用材、研材——教师专业发展的宝贵资源》,《外语界》2008 年第 1 期。

② 谢丽:《大学英语教材与教师职业发展》,《疯狂英语(教师版)》2011 年第 2 期。

③ 余渭深、韩萍:《〈大学体验英语〉对大学英语教师职业发展作用的问卷研究》,《中国外语》2009 年第 6 期。

④ 王晓军:《中国石油大学使用计算机/网络辅助外语教材的调查报告》,《现代教育技术》2007 年第 7 期。

1. 西方学者对教材价值取向的研究

对于教材所传达出的意识形态的分析主要使用结合社会、文化因素的理论框架实现。初期的研究框架主要以国家、社会的价值取向为主导。谢弗是美国最早对教科书进行分析的人之一。20 世纪 60 年代中叶,他在《学校研究》发表的《反省、价值标准和社会学科教科书》一文中,运用了频率统计法和内容分析法,结合包括爱国主义、国家至上、热爱国旗、忠诚、利他、国家制度等分析指标,对 93 本美国教科书的内容进行分析。结果发现教科书的价值取向有两大特点,一是强化国家认同的价值取向,二是回避对国家社会有害的冲突和矛盾。谢弗的研究揭示了统治阶级对教科书内容的限制和制约,试图通过教科书来构建国家的理想社会,避免一切看似不利于国家的社会冲突和矛盾,并试图通过教材来"控制"和影响学生价值观的形成。他的研究所采用的频率差异分析方法,对分析我国教科书的社会维度价值取向具有积极的意义。[①]

70 年代以后,课程社会学成为课程研究领域的新焦点,课程社会学研究"知识"与"控制"的问题,主要代表人物有杨(M.F.Young)和巴塞尔·伯恩斯坦(Basil Bernstein)等。[②] 杨与巴塞尔·伯恩斯坦从课程知识的社会学角度,揭示了教育机构的知识和符号结构与整体性社会文化约束原则有着密切关系,认为学校在社会文化活动中受到权利支配的主导和干预,统治阶级通过对学校的知识选择、分类、分配、传递和评价进行干预,从而形成了课程知识的各种阶层性与差异性。统治阶级试图通过学校中的课程来实现控制社会,从本质上讲,课程被视为社会控制的中介。而教材作为课堂教学中一个不可或缺的成分,是知识、情感和价值观的重要载体。[③] 教材承载着时下的主流意识形态,其中被选入的内容与未被选入的内容是在价值观指导下进行的,因此教材是课程社会学分析的重要材料。[④] 他们对教材内容的选择和教育知识分布的研究吸引了人们对国家政治、阶级对教材的影响问题的关注,为教材价值分析

① 转引自傅建明:《我国小学语文教科书价值取向研究》,博士学位论文,华东师范大学,2002 年,第 19 页。

② 李宝庆、李静:《简·安杨的课程社会学思想及其启示》,《外国教育研究》2015 年第 3 期。

③ 张艳丽:《空无课程资源在教材中的缺失——基于课程社会学的视角》,《教学与管理》2013 年第 30 期。

④ Young,& Michael,F.D.,*Knowledge and Control*,Toronto:Collier-Macmillan,1971.

奠定了一定的理论基础。①

　　课程价值研究领域中备受关注的学者是英国的斯宾塞(Spencer)，在他的著作《什么知识最有价值?》一书中，对最有价值的知识进行了回答："一致的答案就是科学。"②在斯宾塞看来，科学是在学校教育中对学生最有价值的知识。自此，知识的相对价值就与课程的价值联系了起来，对知识的价值认识的不同导致了不同课程观的出现。而美国的著名教育家杜威的观点则认为人的一生是一个完整的持续不断的生长过程，人在这一过程中获得的"经验"则最有价值。③

　　阿普尔是批判教育学派的代表人物，在他2004年出版的著作《意识形态与课程》中，他提出课程教学作为一种社会存在，必然受到政治、经济以及文化的影响，同时政治、经济、文化也会受到课程教学的反作用，因此，课程教学的研究要放在社会的大背景下进行。④ 同样地，对教材的研究也应该结合社会背景。阿普尔将教科书与知识控制联系起来，他认为课程的知识选择、分配都并非是技术性问题，而是阶级、权力、文化霸权之间相互制约和作用的结果，是价值冲突的产物。课程从本质上讲，不仅是教育范畴的问题，而是政治和意识形态的结果。⑤ 他力图证明课程内容的价值性和意识形态特性，但却过分夸大了课程的意识形态属性，从而忽略了知识的客观存在和真理性。⑥ 批判教育学的另一位代表学者是简·安杨(Jean Anyon)，她也对教科书和意识形态的问题进行了充分的研究。在1979年发表的论文《意识形态与美国历史教科书(Ideology and United States History Textbooks)》中，她用五个指标对教科书进行了分析，分别是经济发展、社会变革、经济团体、工会和课程与社会利益。⑦

　　托什·艾美达(Toshie Imada)在其研究中考察了美国和日本教科书中的

---

① 吴康宁:《教育社会学》，人民教育出版社1998年版，第308页。

② [英]斯宾塞:《教育论》，胡毅译，人民教育出版社1997年版，第43页。

③ [美]约翰·杜威:《民主主义与教育》，王承绪译，人民教育出版社2001年版，第87页。

④ 戴薇薇:《阿普尔批判课程观及对我国高校思政教育课程改革的启示》，《教育现代化》2020年第21期。

⑤ [美]阿普尔:《意识形态与课程》，黄忠敬译，华东师范大学出版社2001年版，"序言"。

⑥ 黄忠敬:《意识形态与课程——论阿普尔的课程文化观》，《外国教育研究》2003年第5期。

⑦ Anyon, J., *Ideology and United States History Textbooks*, Harvard Educational Review, 1979, 49(3), pp.361-386.

故事的文化价值和特点,发现美国教科书中的故事突出了自我导向和成就等个人主义主题,而日本教科书中的故事突出了一致性以及群体和谐等集体主义主题。研究还发现,故事特征(如叙述者、结果归因、图片内容)的文化差异也与个人主义和集体主义有关。

而随着少数群体的利益越来越受到大众的关注以及大家对于个人取向的重视,对于教科书所传达出的相关方向价值观研究的理论框架也随之产生。佛兰兹和萨德克(N.Frazier & M.Sadker)提出了六个维度的教科书价值取向分析框架,包括"忽略不计(invisibility)"、"成见(stereotyping)"、"选择与失衡(selectivity and imbalance)"、"失实(unreality)"、"片段与孤立(fragmentation and isolation)"以及"语言(language)",这六个维度涉及教学书中体现出的价值观层面的各种问题,包括忽略少数群体、刻板印象、不符合事实与现实生活等,其中语言(language)并不指某种特定的语言,即日常认知的语言的分类,这里的语言由使用它的群体分类以及场景分类,比如是官方语言还是民间语言、是男性语言还是女性语言等。[①] 斯利特(Christine E.Sleeter)与格兰特(Carl A.Grant)对美国1980年到1988年使用的47本教材进行了分析,这些教材涉及社会学习、语言、科学等。斯利特和格兰特也从6个角度对教科书进行了分析,包括插图分析、选文分析、人物分析、语言分析、故事主线分析以及综合分析,通过分析,获取教材对于种族、阶级、性别和残障者的态度。[②] 在对教材促进个人发展的研究当中,施瓦茨的价值取向框架被予以应用,他将19个基本价值取向归为四个维度,包括"自我保护—成长""自我增强—自我超越""关注个人—关注社会"以及"保守—开放"。[③] Gray,J(2013)在其Critical Perspectives on Language Teaching Materials中将语言教材视为"文化产品",分析重点为教材所体现的价值观。[④] 具体包括教师在选择教材中对学生身份的

　① 　傅建明:《我国小学语文教科书价值取向研究》,博士学位论文,Doctoral dissertation,华东师范大学,2002年,第25—26页。

　② 　傅建明:《我国小学语文教科书价值取向研究》,博士学位论文,Doctoral dissertation,华东师范大学,2002年,第29—30页。

　③ 　Schwartz,S.H.,Cieciuch,J.,Vecchione,M.,Davidov,E.,Fischer,R.,& Beierlein,C.,et al,*Refining the Theory of Basic Individual Values*,J Pers Soc Psychol,2012,103(4),pp.663–688.

　④ 　Gray,J.,*Critical Perspectives on Language Teaching Materials*,New York:Palgrave Macmillan,2013.

思考、语言教材对性少数群体的忽略、新自由主义思潮在教材中的体现、批判性思维在教材中的体现、内容与语言融合式学习教学材料中政治体现与身份认同。

可以看出,西方学者通过对课程和教材的价值取向进行研究发现,各国教材内容深受统治阶级的制约,教材传递着国家和社会认可以及预设的知识和价值观。虽然各个国家都提出了民主,但霸权政治控制了教材中知识与价值观的选择。为了维护政权的美好形象,教材不惜歪曲社会现状,从而试图影响进而控制学生的思想与价值观。这些研究对后来的研究者探索教材中的价值取向内容具有积极的意义与影响。

2. 中国台湾、香港学者对教材价值取向的研究

中国台湾学者在翻译西方教材的价值取向研究的有关文献后,一些学者也开始关注教育与意识形态相关的问题。陈伯璋在《意识形态与教育》一书中从社会分工体系、政权运行与分配、文化资本的观点三个方面论证了教材的意识形态性质。他认为,学校知识的选择与分配、传递与评价都与社会、政治、经济、文化等相关,也说明学校知识价值并不一定是完全客观的和价值中立的。[1]

黄政杰分析了中国台湾小学《生活与伦理》教材的教学内容,发现教材中各单元的价值观教育是以道德内容为基础的。分析结果表明,教材中的内容存在一些价值偏差现象,其中包括女性现代角色意识淡薄、崇尚单一的成就模式、忽视传统价值观的现代化,以及过分强调领导者至上的理念。研究结果说明教材在发挥文化知识传承和价值传递作用的同时,更应该注重内容的全面性、多元化、现代化和生活化。[2]

冯德正在《英语教学中的人文道德教育:正面价值观的多模态语篇建构》一文中探讨了如何在英语教学中利用多模态资源实施人文道德教育。文章分析了正向积极价值观在多模态教学材料中的建构,为教师深入理解教材中的人文价值观提供了元语言框架;并设计使学生理解、认同并践行正确价值观的教学原则,对教师如何在英语教学的课堂中使用不同的任务引导学生构建正确价值观,培养学生的批判性思维具有借鉴意义。在他的另外一部著作中,通

---

① 转引自傅建明:《我国小学语文教科书价值取向研究》,博士学位论文,华东师范大学,2002 年,第 31—32 页。

② 黄政杰:《教育理想的追求》,心理出版社 1988 年版。

过对小学一年级至中四至中六年级 19 部教材的分析发现,教材中引导和培养学生的社会价值观包括从个人领域(如良好的卫生习惯和健康的生活方式)到人际领域(如礼貌和尊重),再到对全人类的利他主义关怀。结果还表明,教材更关心的是对好公民的说教教育,而不是培养孩子的批判性思维。①

综上所述,中国台湾和中国香港的学者及专家对教材中的价值观内容从纵向、横向维度进行了分析,揭示了教材中的知识与价值并非是中立的,而是处在社会政治阶层的控制之下,总结出学校教材中所选择、分配、传授和评价的知识与文化等,都与政治、经济、文化和社会等因素密切相关。这些研究当中,深入分析教材内容的价值取向的研究对今后探讨教材的价值取向研究起到了一定的指导作用。

3. 中国内地学者对课程与教材价值取向的研究

相比较而言,中国内地学者对课程和教材价值取向的研究起步较晚,系统性研究较少,主要见于期刊论文和少量专著。在《中国大陆、香港九年义务教育初中语文教科书价值取向的比较研究》一文中,吴永军比较和分析了小学语文课本的价值取向,揭示了课程内容体现的意识形态,认为统治阶级通过合法化的课程内容来控制社会,从而教育人民、制约人民的观念立场、言语行为等。②

曾天山在《论教材文化中的性别偏见》一文中,通过对中国内地、中国香港、中国台湾和海外的一些教材的插图和故事文本中的职业角色、人物形象和性别数量等进行分析,认为从古到今不论是哪个国家的教材,都存在性别角色的偏见,比如重男轻女、男尊女卑、男主女从等。这种性别偏见现象十分普遍,是教材编写者需要尤为关注的问题之一。③

刘旭东在《课程的价值取向研究》一书中对学校课程的历史演进以及 20 世纪以来课程价值取向的嬗变进行了详细的分析,对现代课程的价值取向进

①　William Dezheng Feng, *Infusing Moral Education into English Language Teaching:an Ontogenetic Analysis of Social Values in EFL Textbooks in Hong Kong*, Discourse:Studies in the Cultural Politics of Education, DOI:10. 1080/01596306. 2017. 1356806.

②　吴永军:《中国大陆、香港九年义务教育初中语文教科书价值取向的比较研究》,《教育理论与实践》1999 年第 11 期。

③　曾天山:《论教材文化中的性别偏见》,《西北师范大学学报(社会科学版)》1995 年第 4 期。

行了诠释,并分析了课程所面临的时代挑战以及各国的应对措施,从课程理论、教师成长、学校文化重建等方面分析了课程改革的方向。①

朱志勇从"个体我价值取向""社会我价值取向"和"自然环境价值取向"三个维度出发,对我国小学和初中语文教科书的价值取向进行了研究和分析,发现教科书在个体我价值取向方面相关内容的呈现上与语文教学大纲所要求渗透的价值取向存在某种程度的偏差。教科书更多地对个体我价值取向的适应性进行突出和强调,而超越性则随着社会进步进而逐渐得到加强。②

课程与教材的价值取向问题不仅是教育社会学、课程教学论等方向的研究特点,也发展成为了博士生论文研究的热门选题。如华东师范大学傅建明(2002)的《我国小学语文教科书价值取向研究》,复旦大学时丽娜(2013)的《意识形态、价值取向与大学英语教科书选材—— 一种教育社会学分析》,华中师范大学陈银心(2012)的《马来西亚国民中学初中华文教材中的价值观研究》。另外,傅建明对教材价值取向进行了进一步研究,在《内地香港小学语文教科书价值取向比较研究》一书中,对中国内地和中国香港的小学语文教科书的价值取向从课文选择的标准、教科书的结构和呈现、选文人物的塑造等方面进行了对比研究;《教科书价值取向研究》一书从分析教科书本质特性入手,阐述了教科书承载着社会主流价值观,对教科书中包含的价值取向进行分类,并指出了教科书价值取向的主要内容。

综上所述,中国内地学者从纵向维度与横向维度等探讨研究了课程和教材的价值取向,有的分析对比了不同历史时期的学科教材,有的对不同国家或地区特定某一学科的教材进行分析,还有的就某个国家或者地区不同时期的某一学科教材进行对比和研究。专家学者们不仅提供了研究思路,还建构了分析框架,这些都成为今后开展相关研究的重要参照。

4. 对已有研究的评述

总体来说,目前课程、教材价值取向研究及关于大学英语教材的研究,为本研究提供了一定借鉴。就教材的价值取向研究而言,已有研究多从社会学、教学论视角分析教材中的意识形态力量和价值取向,为本书提供了一定的理

---

① 刘旭东:《课程的价值取向研究》,甘肃教育出版社 2002 年版。

② 朱志勇:《适应抑或超越? ——我国小学、初中语文教科书内容个体我价值取向的分析》,《上海教育科研》2000 年第 5 期。

论支撑。相关研究的教材价值取向分析框架也为本书提供了分析思路。但已有研究在研究对象、教材样本选取、研究视角等方面仍存在一些不足。第一，在研究对象方面，研究小学与初高中教科书的论文占大多数，研究大学教材的几乎没有。而本研究将大学英语教材作为研究对象，区别于以往的研究所选取的小学或初高中教材。第二，研究学科多为历史、语文学科等中文教材，少有对英文教材的研究，尤其是大学英语教材。作为一门外语教材，大学英语教材在承载语言知识和技能教育的同时，也承载着英语国家的文化和价值观念，因此大学英语教材有一定的特殊性和代表性，对大学英语教材的价值取向进行研究具有重要的价值和意义。第三，研究样本选取方面，以往研究多选取一两套或者个别几套教材进行研究，缺乏纵向的、历时性的研究。本研究选取改革开放以来的三代大学英语教材（16 套共计 74 册）进行研究，旨在梳理改革开放以来我国大学英语教材价值取向的发展轨迹，样本较多且有一定的系统性。第四，对于研究视角，以往大多数研究运用社会学、课程文化学或者教学论的理论研究教科书的价值取向，鲜有从马克思主义价值论和思想政治教育的角度出发进行教材价值取向的研究，本书将是从一个新的视角出发开展研究。

五、研究思路、方法与创新之处

（一）研究思路

本研究将改革开放以来三代大学英语教材（共计 16 套 74 册）的价值取向作为研究对象，采取文本分析法和历史研究相结合的方式，对教材文本所蕴含的价值取向进行分析，旨在研究我国通用的大学英语教材蕴含了哪些价值取向以及这些价值取向在教材中是如何呈现的，从而探讨教材价值取向演变的规律和特征。并在此基础上，探讨如何通过大学英语教学、大学英语教材对学生加强教育和引导，以及如何发挥大学英语教材在高校立德树人根本任务中的关键作用。

本书以马克思主义价值论和思想政治教育理论的基本立场、观点和方法为统领，以对改革开放以来的大学英语教材的价值取向分析为主线，按照"问题提出—问题分析—问题解决"的思路开展研究。首先，由对大学英语教材发展历史的梳理，对大学英语教材以及课程和教材价值取向相关研究的述评，引出大学英语教材到底蕴含哪些价值取向的议题；其次，对大学英语教材价值取向的定义、范畴等基本概念进行辨析,从教材选文的文本主题、文化内容、形象塑造三个方面构建教材价值取向的分析框架,并分析大学英语教材价值取向的影响因素;再次,从选取的大学英语教材的文本内容入手,分析、概括和总结三代大学英语教材价值取向的变化特点,梳理演变脉络,分析现实启示。

本书一共分为六个部分,总体布局为"总—分—总"结构,绪论部分是对研究背景与意义、相关界定、研究现状、研究思路方法以及创新点的论述;第一章主要是对大学英语教材价值取向的内涵界定、教材价值取向分析框架的搭建和相关影响因素分析,第二章至第四章从改革开放以来的三代大学英语教材的文本内容入手,通过文本分析,总结和概括改革开放以来的三代大学英语教材价值取向特点;第五章概括三代大学英语教材价值取向演变脉络、总结其特点变化,并提出大学英语教材坚持正确的价值向度的思考。结语部分对全文的主要观点进行了概括,对本书可能的创新和存在的不足进行了阐释,并对未来可能的研究方向进行展望。

(二)研究方法

研究方法决定了研究者以哪些方式、采用什么样的手段和程序来获取资料,也决定了研究者如何对资料进行有效的分析,以及如何推导和证明结论。确定合理的研究方案、选择恰当的研究方法对于课题研究来说至关重要。本书的研究对象是改革开放以来的大学英语教材的价值取向,一方面是基于文本内容的研究,一方面属于历时性研究,因此本研究拟采用内容分析法、历史研究法和比较分析法等具体方法。

1. 内容分析法

内容分析法源于传播学领域,研究对象一般是文献资料等先于研究而存在的文本,研究者运用客观和系统的量化方法和记录手段,对文本中具有特别意义的内容进行统计、描述和分析,从而揭示文本内容的本质、观点和发展变化趋势的研究方法。[①] 由于内容分析方法能够对文本内容进行客观、系统和定量的描述,因此在传播学、社会学、历史学和政治学的研究中被广泛应用。内容分析法可以用来描述某一特定时间段存在的文本内容的表现特征和发展趋势,或者比较同一时期不同文本内容之间的差异特点,也可以通过对某些文

---

① 苏克军:《传播学概论》,吉林大学出版社 2017 年版,第 112 页。

本当中特定词汇出现的频率进行统计分析从而推断作者的立场和态度。

内容分析法研究结果的可靠性和有效性依赖于研究过程的系统性和严谨性。首先要确定好研究问题,并围绕研究问题进行资料收集,对文本总体进行选取和抽样,选择最有利于分析且内容总量基本一致的文本资料进行研究。其次要确定好切合研究目标的分析单位,并建立分析类目和制定编码系统。通过编码统计实现文本资料的量化,进而进行相关统计分析,例如描述分析和相关分析等,以实现研究目标。本研究将采用内容分析法对我国改革开放以来的16套共计74册大学英语教材的文本内容进行分析,通过定量和定性研究相结合的方法来分析教材文本,可以更好地剖析教材文本所蕴含的价值观念和价值取向结构。量的分析主要采用频数分析,通过频数和百分比统计各个价值类目在教材中出现的次数和占比。质的分析则是通过文本分析对文本所蕴含的意义尝试具体解释和说明。

2. 历史研究法

历史研究法是遵循研究对象的发展规律和演绎逻辑来开展研究的方法。从历史的角度,对研究对象所处的特定历史背景、相关政策、经济发展水平、社会环境等紧密相关的因素和背景进行分析,对研究对象的发生发展过程和脉络进行梳理,从而探究研究对象内在的本质和发展规律,以期获得对现实和未来的启示。人们越是关注现实,就越要了解和重视历史。历史研究法注重对研究对象的历史考察,注重运用科学的方法搜集、检验和分析历史资料,对研究对象所处社会背景以及社会发展等影响因素进行挖掘,要求研究者能够深入到具体的社会情境中,挖掘内涵及深层次原因,进而分析和归纳研究问题的历史发展脉络和规律。① 本研究将根据历史发展的顺序、大学英语教材代际发展的顺序对我国大学英语教材的价值取向进行分析研究。具体来说,通过对我国大学英语课程和教材发展历史过程的细致梳理,从时间维度上对历史时代背景、对党和国家对大学英语的政策要求进行梳理,结合对不同时期大学英语教材的文本内容的分析,力争科学、辩证、客观地对改革开放以来的三代大学英语教材所蕴含的价值取向以及相关因素进行深度理解和全面研究,以

① 刘家顺、王永青:《政策科学研究(第二卷)政策研究方法》,人民出版社 2000 年版,第113 页。

期发现大学英语教材价值取向发展变化特点,并获得对现实和未来的启示。

3. 比较分析法

比较分析法是研究事物的一种常用的、普遍的逻辑方法。在具体研究中,根据时空的不同,比较研究可分为纵向比较和横向比较,也就是对同一事物的不同发展阶段的纵向比较或者对同一时期的不同事物的横向比较,从而对事物的共性和个性进行对比和分析,有助于更好地把握事物的内在本质和发展规律。本研究将对改革开放以来不同阶段的三代大学英语教材的价值取向进行比较分析,主要通过对研究对象进行横向、纵向对比和分析,探寻大学英语教材价值取向发展变化的内容、特点和规律。研究涉及到不同时期和不同阶段的社会背景、不同社会发展水平下出版发行的教学大纲及大学英语教材,可以通过对比分析,得出大学英语教材的价值取向的异同和变化,进一步认识和把握各个时期大学英语教材价值取向的基本特征,从而描绘出改革开放以来大学英语教材价值取向的发展轨迹。

(三)创新之处

第一,研究视角的创新。从价值论角度研究大学英语教材,有助于突破教材研究的固有角度。研究从历史维度、文化维度与比较维度三个方面对我国大学英语教材的价值取向进行分析和归纳,以形成多维、立体的研究视角。

第二,研究内容的创新。本研究将思想政治教育与大学英语教材研究结合起来,聚焦大学英语教材中蕴含的价值取向的内容和特点,并在此基础上探讨如何发挥大学英语教学和教材育人育才的关键作用,为思想政治教育理论研究提供新的领域。

第三,论文观点的创新。本书明确了大学英语教材价值取向的基本内涵,提出了改革开放以来大学英语教材的代际分期,总结了大学英语教材价值取向的演变脉络以及基本特点,并提出大学英语教材价值取向的优化发展方向。

第一章　大学英语教材价值取向的基本内涵、分析框架和影响因素

大学英语是我国高等教育的一个重要组成部分,教材是大学英语教育教学开展的主要依据和基本遵循,因此确保教材坚持正确的价值取向至关重要。分析和探讨改革开放以来三代大学英语教材的价值取向,需要首先明确大学英语教材价值取向的概念内涵,然后确定教材价值取向的具体分析框架。大学英语教材价值取向的变化是社会发展的必然产物,一个社会群体学习何种外语,一个国家允许哪些内容进入外语教材之中,各项内容占有多大比例,取决于社会或国家对外语的需要而形成的价值关系,本章也将对影响大学英语教材价值取向的各方面因素进行分析。

第一节　大学英语教材价值取向的基本内涵

本书的核心概念是"大学英语教材"和"价值取向"。首先要明确和界定"价值取向"的基本含义,这就需要先对"价值"一词进行分析和说明,进而对课程价值取向与教材价值取向进行界定。由此,本书的"大学英语教材价值取向"的概念和范围才可能会有更加清晰的认识和界定。

一、价值取向释义

人的活动都是有目的的,人类的价值追求是人类实践活动的目的和动力。价值是人们每天日常生活都要面对的基本问题,其重要性不言而喻。价值是人们行为背后的推动力,人们选择做或者不做一件事情的原因就是在判断这件事是否有价值。价值其实就是一种信念。而对"价值"一词进行认识本身就是一个价值问题。① 价值取向问题则属于价值的作用或者价值的意义问题

① 李鹏:《数学教学价值取向研究》,学苑出版社 2017 年版,第 6 页。

的范畴。① 对价值取向的界定则必须在其前提条件,即价值的本质下讨论。

(一)价值的本质

1. 词源学上的考察

从汉语词源上来看,作为单独的两个汉字,价、值的分别含义都是作为一个数量值,"价"指的是货币的数量值的多少,"值"指的是数字的高低。而古汉语中,"价值"二字的合用早已出现,清代文学家李渔在《闲情偶寄·声容·薰陶》中写道:"香皂以江南六合县出者为第一,但价值稍昂。"清代平步青的《霞外攟屑·掌故·碎石治河》中写道:"因度山石远近价值,与土木船载远近多寡,计需银止十四万两。"梁启超《变法通议·论变法不知本原之害》写道:"中人之游欧洲者,寻某厂船炮之利,某厂价值之廉,购而用之。强弱之源,其在此乎?"不难看出,这里的"价值"一词皆为数量值概念,即为价格之意。

"价值"一词作为一个词组,它可以看成两种结构,即并列结构和偏正结构。并列结构是价、值两个并列表达,价和值分别有自己的含义,合在一起和它们分开表述含义其实是一致的,都是表达一个数字、数量值;"价值"作为偏正结构,含义是"价的值",这个表述的根本表示是一个数字,说的是价格的数值,数字数量值,它的数字值、数字意义更明确了。由此可见,作为语言中的一个价值概念,它的字面意义来源于经济学术语,价值的含义是货币一般等价物的一个数量和数值。这是价值作为一个经济学词汇在词源学上的本义。

在现代汉语词典中,"价值"一词有两个基本含义。"价值"一词的基本含义之一是"数值"和"价格"。它是商品中货币一般等价物的数量值,反映在商品的社会必要劳动中。价值量的大小是由生产这种商品所需要的社会必要劳动时间的多少决定的。没有经过人类劳动加工的东西,比如空气,即使对人有使用价值也不具有价值。价值的基本含义之二是指积极的、正面的作用,凡有助于促进道德上的善,便是价值。如以真、善、美为追求的理想,且持此以为衡量的准绳,则视为价值。

2. 价值的马克思主义哲学内涵

价值作为人类生存与实践的永恒主题,常见于哲学、经济学、社会学、伦理学、美学等多个学科,不同学科对它的理解也不尽相同,关于价值的本质有多

---

① 袁贵仁:《价值学引论》,北京师范大学出版社 1991 年版,第 3 页。

种认识。在各种定义中,以马克思主义实践哲学为基础的"关系说"逐渐成为一种被广泛接受的观点。一般来说,"关系说"的实质是把价值视为主客体之间的某种特定关系。主体和客体两个方面相互作用是价值产生的条件,这两个方面是必须具备并且缺一不可的。也就是说在谈论价值和价值观念时,一定要明白这个价值是谁的价值以及是谁的价值观念体系。弄清楚主体之后,就要用这个主体的社会存在和社会实践来说明,而不能用其他的、随便的什么别的人的主观意愿来替代。马克思主义哲学认为,价值是人特有的一种社会现象,来源于客体,取决于主体,产生于实践。它不单指客体的属性,也不单纯是主体的需要,它存在于主客体的关系中,是主体需要与客体属性之间的现实关联。当人们对某一事物产生某种需要时,而这一事物又刚好能满足人们的这种需要,我们就可以说这一事物是有价值的,而价值也就是主体需要和客体的属性的现实联系。从马克思主义哲学出发,对"价值"的理解需要从客体及其属性与主体需要的关系上把握。价值来自于主体对客体的实际作用,而不是客体及其属性本身的存在。价值的实质是客体属性和主体需要之间的一种特定关系。①

（二）价值取向的内涵

价值取向是价值哲学的一个重要方面,体现了一定主体对客体的认识、态度和思想倾向性。对价值取向概念的界定一直以来众说纷纭。付安权在研究课程价值时将其定义为"主体在价值选择、目标指向或行动决策中对认识和行为的把握"②,同时他将价值取向界定为"关系说"③,强调价值取向是价值主体与价值客体之间作用的结果;而"方向说"认为价值取向反映主体价值观念变化的趋势;"倾向说"则强调价值取向是一种趋向④;"统一说"认为价值取向是主体价值追求与活动的统一。归结起来,价值取向大致有以下几个特点:一是强调价值主体的主导地位。一般来说,人就是价值的主体,价值取向反映了人对自身需求和客观事物的认识,反映了人的主观意识。二是选择性

---

① 张菁:《教学过程设计的价值取向研究》,北京师范大学出版社2017年版,第159页。

② 付安权:《论课程价值取向研究的传统与变革》,《西北师大学报（社会科学版）》2013年第2期。

③ 谢维和、裴娣娜:《走向明天的基础教育》,四川教育出版社1997年版,第191页。

④ 王焕勋:《实用教育大词典》,北京师范大学出版社1995年版,第199页。

和预期性。价值取向是价值主体基于现实和当下的特定情境,对未来事物变化和发展的方向做出的预测和选择。三是价值观系统的组成部分。价值取向是价值观内化后的行为导向。价值取向符合价值观的所有特征,即价值主体需要的,对其有益的,同时也是价值主体与外界客观现实的联系。

顾明远主编的《教育大辞典》中认为价值取向具有评价事物、唤起态度、指引和调节行为的定向功能。① 价值取向是价值主体选择价值标准的方向,也就是某种价值倾向性。具体来说,是指主体在处理关系或者矛盾冲突时,将某种价值作为基本立场、行为准则和目标意向。价值取向是人们实际生活中追求价值的方向,是个体的活动或者意识中所渗透的价值指向。② 人们生活在各类组织、单位和社会之中,所处的环境与相关因素都会影响人们的价值取向。人的价值取向是在生活和工作环境中学习、经历和体验的产物,因此会有各种截然不同的价值取向。价值取向实际就是价值的指向性,朝着价值取向的合理化发展是人类进步的信念。张建云认为要确定价值取向的内容,价值主体是核心。无主体就无价值取向。③ 以上对价值取向的认识,都确定了人作为价值主体的主体性,探讨的是主体对客体属性的理解和主体需要之间的价值关系。主体的价值取向是基于有意识地对客体的物质进行改造的结果,具体表现为人类的态度、情感和理想等。马克思主义认为在实践基础上主体和客体同时产生,相互规定,相互制约。主体和客体有着统一的物质基础和实践前提。主体对自然界、社会改造的同时,也改造主体自身。因此,以人的意志为主体的价值取向,应当包含对人与自然,人与社会,以及人与自我三方面的关系。张建云从马克思主义"价值观"范畴,将价值观内容分为四类:一是人与自然层面的价值观。其中包括劳动观、知识观和财富观。二是人与社会层面的价值观。包括个人对社会的责任和义务、社会对个人的责任和义务。三是人与自身关系层面的价值观。包括人生观和审美观。四是理想层面的价值观。理想层面的价值观超越了前三层的分类,在人与自然关系中表现为天人合一的思想,人与社会关系中体现为对平等、公正的追求,在自我层面则表

---

① 顾明远:《教育大辞典(增订合编本)》,上海教育出版社 1998 年版,第 674 页。

② 邓如辛:《以人为本:科学发展观的价值取向研究》,吉林大学出版社 2011 年版,第 153 页。

③ 张建云:《马克思主义"价值观"范畴的深层解读》,《学术论坛》2017 年第 1 期。

现为人个体的自由全面发展。该框架从主客体关系出发,强调了价值观中必不可少的价值主体即人类,同时客体层面包含了自然和社会,反映了主体与客体的相互作用和辩证关系。① 郑晓红结合 Nostrand 提出的"文化主题",将美国人类学家 Kluckhohn 与 Strodtbeck 的价值取向按主题细分为更多维度:一是人类的本性:友谊观、爱情婚姻观、法制观、道德观;二是人类与自然的关系:和谐观、自然观、人本观、时空观、发展观;三是人际关系:人权观、平等观、发展观、教育观、职业观、个体观、群体观、宗教观、区域性和多元文化。Kluckhohn 与 Strodtbeck 的分类充分考虑了人类作为价值主体的主体性,同时反映了价值主体与客体的关系。该分类系统性和理论性更强,不仅适用于直接探究价值主体的价值观,也可用于探究主体价值观的间接反映,例如本研究的研究对象,教材中体现的价值主体的价值取向。②

价值取向不仅是一个抽象的概念,更重要的是一个有层次、有结构的系统,是一个动态的协同过程。价值取向具有目的取向和工具取向两个层次。同时,价值取向具有协同性,任何主体的价值取向都是由需要、价值观念、情境等多种因素协同作用的。价值取向是一个过程,体现在对行为方向的选择与把握,以及作为需要与价值观念在特定情境中的差异协同,因此价值取向又具有社会历史性,这归结于人的需要以及价值观念的社会历史性。③

二、课程价值和教材价值的意义澄明

价值体现主客体关系,最高的人类价值是真、善、美,这也是人类价值的最高追求。人的行为受价值支配,生命的意义也来源于价值,价值构成了个人和社会的生活目标。作为社会不可或缺的实践活动,教育是培养人、塑造人的社会实践活动。价值则是教育的中心内容。而如何培养人,如何塑造人,都是价值问题。课程和教材是教育教学领域至关重要的环节,对课程和教材的价值认识必然和价值概念的界定密切相关,对价值本质的不同理解也投射到课程和教材价值的意义追寻过程中。

----

① 张建云:《马克思主义"价值观"范畴的深层解读》,《学术论坛》2017 年第 1 期。

② 郑晓红:《论文化价值取向在大学英语教材中的呈现——以〈大学英语综合教程〉(全新版)为例》,《外语界》2009 年第 2 期。

③ 邓如辛:《以人为本:科学发展观的价值取向研究》,吉林大学出版社 2011 年版,第 153—154 页。

（一）课程价值取向

课程价值取向是学校课程体现出来的显性或隐性的某种价值倾向。课程价值取向有广义和狭义之分。广义的课程价值就是人们所持有的一定的课程观，也就是人们在认识、理解和实施课程时的价值观念。从狭义上看，课程价值取向是课程主体在实际课程教学活动时进行选择的价值标准。

课程价值取向会随着社会和时代的发展而变化调整。对于课程价值取向的概念，不同学者的认识也不尽相同。有学者认为，课程价值取向是人们根据对课程的总体看法和认识，在设计、制定进而选择、实施课程计划和课程方案时所表现出来的一种倾向性。课程价值取向影响课程设计规划和组织实施的各个环节，并对这些环节进行约束和规范。① 课程价值取向不仅会影响人们对课程的整体认识，而且对具体的课程目标的确定、课程内容的选择、组织实施和评估评价等各个环节都有所影响和制约。② 也有学者从价值哲学理论出发，认为课程价值取向是"作为一种关系存在的"，是"客体属性、主体需要，主体客观化、客体主观化相统一的过程"。③ 个体和社会是课程的主体形态，其中个体既包括教师又包括学生，社会包括社会政治、经济、文化等各个方面。课程对个体和社会的意义就是学校课程的价值体现。实现课程个体价值和社会价值的和谐统一是课程价值的终极目标。课程主体对课程本质和属性的认识理解以及课程主体所处时代的条件背景，都制约和影响着课程价值取向。④ 不同的观点代表着不同的视角和思想，"关系说"则最为符合前述对价值和价值取向内涵的分析。

基于课程价值取向的关系性定义和特征，大学英语课程的价值取向可以归结为三个基本问题：即大学英语课程应该具有什么价值？ 大学英语课程应该代表谁的价值？ 大学英语课程的价值取向应当怎样呈现？ 课程价值问题是一个复杂的问题，涉及诸多因素之间的相互作用。从各个因素和不同角度出发，都可以形成不同的价值倾向。从一般意义来讲，由于课程价值具有多元性

① 刘旭东：《课程的价值取向研究》，甘肃教育出版社 2002 年版，第 72 页。

② 刘志军：《课程价值取向的时代走向》，《教育理论与实践》2004 年第 19 期。

③ 李广、马云鹏：《课程价值取向：含义、特征及其文化解析》，《东北师大学报（哲学社会科学版）》2010 年第 5 期。

④ 刘旭东：《课程的价值取向研究》，甘肃教育出版社 2002 年版，第 74—75 页。

和复杂性的特点,人们很难判定一种或几种课程价值取向到底是正确还是错误。不同时代、不同历史条件和社会环境下,对课程要素的看法、选择和组织不同,便形成了不同的课程价值取向。一些课程价值取向在某种历史条件下是合理的,但随着时代和条件的变化,课程价值取向也应相应地进行调整和发生变化。

（二）大学英语教材价值取向

教材内容是一种观念载体,虽然任何教材内容都可以成为这样的载体,但是文科教材内容的观念载体的表现尤为明显。作为语言文化类课程,大学英语教材更是鲜明地表现出特定的价值结构和观念倾向。因此,本研究讨论的大学英语教材的内容,不是从广义的课程观的角度,而是从狭义的课程层面去讨论教材的价值取向,也就是说,教材的总体价值结构就表现为教材的价值取向。教材价值取向概括为在编写教材时,教材编写主体在依照国家主流价值观念和国家制定颁发的课程标准（教学大纲）基础上,基于自己的价值观念在选择和组织教材文本内容时所持有的基本价值态度、立场和倾向。因此,大学英语教材的价值取向是指大学英语教材所选择的知识内容总体呈现的价值结构及其承载的价值倾向。大学英语教材价值取向研究就是基于对我国大学英语教材所呈现的价值立场、态度,对其价值结构和价值倾向的一种研究。

作为教育教学开展过程中一个关键要素,教材能够传承人类的文化知识,其所承载的知识总是经过精心挑选和组织的。教材具有一定的社会制约性,反映社会发展的时代特征,教材的内容一般是那些被认为应该传递给学生的最有价值和最有必要的知识和文化,因此教材反映的是不同时代发展的印记和记忆,是一个时代发展的历史缩影。教材内容的选择也并非完全客观或者价值中立的,而是具有一定的价值导向性。大学英语教材作为语言和文化的载体更是如此。我国大学英语教材的发展历史和价值取向变迁从某种意义上看就是中国社会变迁的缩影。大学英语课程作为高校英语教育的重要组成部分,其教材的内容选择也必然受到社会发展变化、高等教育方针政策、我国的外语教育政策以及大学英语课程改革的影响和制约。对大学英语教材所蕴含的价值取向进行分析,不仅可以印证教材中有关社会历史变迁、我国的语言战略、外语政策以及外语教育发展的内在变化规律,还能够总结和把握改革开放以来大学英语教材价值取向的经验和教训,从而更有效地丰富和发展当今的大学英语教材建设事业,乃至外语战略和外语教育的有关理论和实践。

第二节 大学英语教材价值取向的分析框架

本研究试图对改革开放以来的三代具有代表性的大学英语教材的价值取向进行分析。诚然教材价值取向与课程性质、教学目标、课程内容以及组织、教学方法等维度密切相关,然而大学英语教材的选文是价值取向最直接、最具体的体现维度,因此研究将从选文入手,对教材选文文本主题选取、文化内容选择、人物形象塑造等方面进行多层面的统计和分析。

一、文本主题层面

通常人们认为教材内容是纯"知识性"的,但事实上,教材内容不仅包含事实性知识,还包含思想、观念、情感、方法、态度等。教材的思想、态度和价值观念等在很大程度上体现在教材选文的文本主题选择。"主题"一般指的是文章的中心思想,它体现了作者写作的主要意图,贯穿文章的"全部内容",包含作者对文章所反映的客观事物的基本认识、理解和评价。主题不仅体现的是选文的中心思想,也能透露出作者的一种情感、态度和意向。本研究参考国内外有关教材价值取向研究的相关文献,结合张建云对马克思主义价值观内涵的解读和分类,以及 Kluckhohn 与 Strodtbeck 对价值观的分类,提出了以下基于文本主题内容的大学英语教材价值取向分析的三级类目,主要包括:个人层面、社会层面和自然层面三个一级类目,其中各一级类目下包含若干二级、三级类目(见表 2)。

表 2　基于文本主题内容的大学英语教材价值取向分析的三级类目

一级类目	二级类目	三级类目
个人层面	人与自我	个人品质 个人技能 职业发展
	人与人	家庭亲情 婚恋爱情 其他社会关系

续表

一级类目	二级类目	三级类目
社会层面	政治	国家 国际
	经济	经济
	社会	教育 社会规范
	文化	文化
	人文社科	文学 哲学 历史 艺术
自然层面	自然科学	世界地理 宇宙天体 自然生态 科学技术 生命科学 物理化学

个人层面价值取向主要探讨个人对自我和他人的价值标准,具体分为"人与自我"和"人与人"两个二级类目。"人与自我"主要探讨个人对自我的看法,正确认识自我,评价自我,实现自我价值,以及对人生问题的看法的观念系统,人生目的与意义,也包括通过职业选择、职业发展等实现人的成长与发展等;在"人与人"层面,人也是一个社会"人",需要正确地认识个人与他人的关系,正确处理爱情、友情和亲情等人际关系等。社会层面价值取向主要探讨人与社会的价值标准。马克思主义认为人的本质是一切社会关系的总和,教育的过程是逐步实现受教育者社会化的过程。社会层面的价值取向主要包括政治、经济、文化、社会、人文社科等多方面,探讨正确处理人与国家、世界的价值标准,爱国主义、民族意识、公民责任、国际理解、不同民族间的相互依存等。自然层面的价值取向内容主要探讨人与自然的价值标准。这一层面的价值取向主要反映人对自然科学、人与自然的关系以及宇宙变化的态度、看法和观点。

本书对文本主题的分类依据主要结合了前人研究成果,同时通过逐字逐句的阅读来判断教材文本"实际说了什么",从而对文本主题的内容进行分类和统计。除此之外,还参考了所选取的大学英语教材配套的参考书或者教材前言说明、课文补充解释等内容,尽量做到客观、准确。具体分析时先考察课文文本标题,然后再对课文文本的段落和句子进行细致地阅读,考察文本实际上说了什么。如果一篇文本包含的主题不止一个,则通过文本篇幅、教学重点等最后确定一个最为突出的主题,而且只统计这个最突出的主题。

二、文化内容层面

文化是伴随着人类活动而产生的,人类活动创造了文化,并使其具有价值和意义,体现出特定的价值观。文化也能满足人类的需要,将观念、意向赋予给人们,并使人们形成价值意识和价值观念。它需要人们从创造的价值和意义进行理解和领悟。文化所蕴含的价值在一个动态发展过程中,在不同的时间和空间内发展变化。随着人类社会实践活动的发展,文化世界不断流动和变化,形成了众多独特的文化环境、文化情境和文化情势。① 不同时期的文化产生出不同的价值,不同地域也滋生出不同的文化价值。教材在文化保存、继承和传递中发挥着重要的作用。大学英语教材不仅是语言知识学习的文本,也是文化传承重要的工具。

大学英语教材是师生开展课堂教学的最基本的文本和主要依据。作为文化传播的载体,可以帮助英语学习者更好地了解世界、探索世界,在编写过程中不可避免地会涉及世界各国文化内容的介绍,如政治制度、价值观念、风俗习惯等。教师在教学过程中也会详细介绍教材中涉及的世界各国的历史文化、社会规范和生活方式等,以提高学生的基本英语语言能力和语言学习兴趣。多元文化的碰撞在某种程度上给正值价值观形成和转变阶段的大学生带来思想认识上的影响及冲击,同时也给高校思想政治教育工作带来极大挑战。② 因此,有必要对改革开放以来的大学英语教材所包含的文化内容进行分析和研究。

教材就像时间容器,语篇是对不同时期语言和文化的诠释。③ 本书按照卡

① 王玉柱:《21 世纪价值哲学:从自发到自觉》,人民出版社 2006 年版,第 194—195 页。

② 宋丽华:《大学英语"课程思政"的必要性及可行性分析》,《智库时代》2019 年第 41 期。

③ Weninger C & Kiss T., "Analyzing Culture in Foreign/Second Language Textbooks: Methodological and Conceptual Issues", in *Language, Ideology and Education: The Politics of Textbooks in Language Education* [C], Curdt-Christiansen X & Weninger C (eds.), Abingdon: Routledge, 2015, pp. 50-66.

赫鲁(Kachru)的文化圈层理论,对教材中涉及的文化内容进行了分类。Kachru 根据英语在世界范围内的分布,将英语分为内圈英语、外圈英语和扩展圈英语。① 另外,参考刘艳红的分类,教材文本中呈现的文化可以分为六类:内圈文化、外圈文化、扩展圈文化、共同文化、文化对比和国别不详文化。② 内圈文化可以细分为两类:一类是英美文化,另一类是加拿大、澳大利亚和新西兰文化。外圈文化是以英语为官方语言的国家,如新加坡、印度和牙买加等国家的文化。扩展圈文化可以分为中国和其他国家的文化。文化对比是指在一个文本中对两个或者两个以上国家的文化进行讨论和比较。共同文化是指文本主题是世界范围的共同话题,比如全球变暖和互联网。国别不详文化指文本的文化来源是未知的、不明确的或者无法判定来源的。本书将通过逐字逐句的阅读,提炼和概括出改革开放以来三代大学英语教材的主要文化内容及其篇目呈现频率。

表3 大学英语教材文本中呈现的文化内容分类

教材文本文化内容	内圈文化:英美文化;加拿大、澳大利亚、新西兰等国家的文化
	外圈文化:以英语为官方语言的国家,如新加坡、印度、牙买加等国家的文化
	扩展圈文化:中国文化和其他国家的文化
	共同文化:主题是世界范围的共同话题的文化
	文化对比:对两个或两个以上国家的文化进行讨论和比较
	国别不详文化:文化来源国家无法确定的文本

本研究充分结合历史背景、教育政策和教学改革等因素,对改革开放以来的三代代表性教材进行列举、对比和评析,重现我国英语教材发展的历史画面,阐述历史对现代教材编写的启示。此外,部分大学英语教师在教学中重视教材中语言知识点的理解和掌握,而忽视了对于语言文本所蕴含的价值取向进行教育和引导,导致大学英语课堂只是单纯传授语言知识与技能,忽视了教

---

① Kachru,B.B.,*World Englishes:Approaches,Issues and Resources*,Language Teaching,1992,25(1),pp.1-14.

② 刘艳红、Lawrence Jun Zhang、Stephen May:《基于国家级规划大学英语教材语料库的教材文化研究》,《外语界》2015 年第 6 期。

材所体现的人文性和思想性,忽视了对学生价值观念的引导。本研究希望引起大学英语教师对自己教学所使用的教材的文化内容的关注,提升大学英语教师价值观教育和思想政治教育意识,增加其对教材中文化和价值取向的敏感性,进而在课堂教学中加强对学生文化鉴别和价值观的教育和引导。

三、形象塑造层面

大学英语教材中有着大量生动、鲜活的人物形象,这些人物形象的思想情感、态度行为、道德品质、人格特质、价值观念都会传递给学生,对学生具有榜样示范作用。关于"人物"一词,在《应用汉语词典》中有四种释义:小说或戏剧中被描写的人;被认为有突出或显著特征的人;讲话者,提警告、提要求、鼓励或发命令的人;有才能之人。教材中出现的人物很多,不同的人物体现出各自不同的特征,对于引导学生价值观具有重要作用。教材中会出现很多人物,一些是虚拟的、不真实存在的,例如英语教材中的约翰和杰克;一些有名有姓,享誉中外,例如毛泽东、爱迪生;一些承担明确的社会角色,例如教师、医生;一些仅突出家庭角色,例如妈妈、儿子。教材中出现的人物形象在一定程度上反映社会对不同性别、不同职业的印象,对学生的价值观引导具有重要作用,一些反复出现的职业或社会角色会引起学生们的注意,从而可能引导学生有意识地去成为类似的人,而知名人物对学生的人生观和价值观形成影响更大。通过挖掘人物形象,可以帮助我们更深入地了解教材的特点以及其背后折射出的价值取向。人物形象一般指教材文本中的人物在读者心中留下的印象,可以从性别、职业、年龄、国别以及正反面角色形象等方面进行分析。本研究主要从性别、职业、国别等方面对改革开放以来的 16 套 74 册大学英语教材中所包含的人物形象进行了统计和分析。教材中不同主题和人物数量分配不同,显示出知识量分配和价值轻重的分配差异,这是教材编者在不同的价值理念指导下主观处理的表现和结果。本书结合教材中人物的不同类型、数量和频率,发现和分析教材中人物形象的呈现结构,尝试挖掘、分析和展现其所反映出的价值观念。

第三节　大学英语教材价值取向的影响因素

价值论认为:"价值取向归根到底受主体的社会存在和根本利益所决

定……在具体的价值选择中,主体又必然受到自身能力和条件以及客体和环境的诸多因素的制约。"①大学英语教材价值取向的影响因素是多方面的。考察和分析大学英语教材价值取向的影响因素应该从大学英语教材所处的政治、经济、社会主流文化导向等社会发展因素,党和国家的教育方针政策变化,尤其是外语教育政策变化,以及外语教学改革等内在因素进行考虑。

一、社会发展因素对大学英语教材价值取向的影响

如果把社会看作一个大系统,教育则是这个大系统的一个子系统。社会的政治变革、经济发展、文化进步、科技发展必然对教育的结构、功能、方法和内容等都带来巨大的影响。作为高等教育的一个组成部分,大学英语教材的价值取向自然而然也会受到这些因素的影响和制约。

首先,社会政治方面对大学英语教材价值取向的影响是深刻的,政治因素要求大学英语教材体现国家意志。教材是根据一定价值标准精心挑选,反映统治阶级的意志和利益,具有一定意义和价值的文本表达。在每一次社会变迁中,我们总能看到鲜明的政治意识体现在大学英语教材中。中华人民共和国成立后,中国的外语教育进入全面"学苏"时期。国家各方面百废待兴、困难重重,而且缺乏社会主义建设的相关经验,而苏联已有了相当丰富的经验,同时意识形态的分歧导致以美国为首的西方国家对我国采取全面封锁的措施,这样的时代背景决定了当时中华人民共和国在所有的方面几乎一边倒地向苏联学习。党和国家领导人在各种讲话中都倡导向苏联学习、学习俄文、通过语言文字吸取苏联各方面经验等。一时间,俄文学习的热潮遍及全国,大部分英语教师转行改教俄文。在当时全面学苏的背景下,英语教学完全被边缘化。到五六十年代,教育部制定了 1956 年至 1967 年的为期 12 年的人才培养规划,决定从 1956 年秋季开始逐年扩大英语、德语、法语等语种的招生人数,各大学公共外语及中小学外语也扩大了英语教学面,上海交通大学编写的公共英语教材是供理工科学生使用的。教材的内容除了一部分的政论性和半文艺性文章外,其余多数是关于理工科专业的知识。无论在什么样的社会制度下,英语教材的编写始终以这一时期的社会政治思想要求为指导。尽管英语教材主要是传授英语语言文化,从大学英语教材的发展变化中,我们更能看到

---

① 李德顺:《价值学大词典》,中国人民大学出版社 1995 年版,第 286 页。

社会政治因素的深刻影响。

其次,社会经济发展因素对大学英语教材价值内容选择的影响。经济发展对大学英语教材发展变迁的影响也是显而易见的。教材作为教育的一个重要载体,从适应社会经济的发展来看,无论是哪一个时期的大学英语教材,都要满足社会经济发展对外语人才的需要。同时,任何时期的大学英语教材的繁荣发展总是要以经济的稳定发展为基础的,如21世纪以来大学英语教材编写和出版的繁荣,正是这一时期社会环境稳定、经济发展水平进步的结果。与此相对比,中华人民共和国成立初期的三年自然灾害时期,国家经济发展困难,高等教育包括大学英语和大学英语教材的发展都受到了经济发展情况的影响和制约。社会的发展需要提高劳动者素质,作为经济发展的重要助推力量,科学技术的每一个发展和进步都促进经济方面的前进,因而科学技术的进步就成为了经济发展的重要特征之一。科技进步对大学英语教材的影响,不仅体现在对大学英语教材内容的更新上,更为鲜明的是,进入21世纪以来我国大学英语教材的印刷、装帧等都有了明显的进步。尤其是互联网技术的发展,出现了DVD光盘教学资源以及更多的配套的教材网络内容。

再次,文化因素影响大学英语教材内容的调整与更新。教育与文化密切相关,文化影响教育目标的确立、价值导向、内容选择和教学方法。教育本身就是人类社会一种特殊的文化现象。无论哪个国家、哪种社会形态,学校课程都是文化选择的结果,课程知识有着丰富的文化内涵。作为教材内容重要来源的文化,影响着教材的文化品性。社会文化变迁对大学英语教材有着深刻的影响,从教材的属性来看,教材是社会文化的直接物质载体之一,对社会文化的传播、传承和创新发展具有重要的作用。大学英语教材承载着传播和传承人类社会语言文化知识的重要使命,大学英语教材的发展变化也是社会文化变迁的一个重要体现。

改革开放四十多年来,社会文化的传播和发展对我国大学英语教材的价值导向、内容选择和发展改革有着重要的影响。改革开放以来的第一代大学英语教材在文本内容上突出"科技兴起"的特点,虽然有少量关于政治文化内容的文本,但内容主要集中于天文地理基本常识以及科学家和科研方法介绍,总体在文化内容上突出"科学至上",与邓小平提出的"科学技术是第一生产力"以及抓科技和抓教育同时进行的理论相协调,也与当时社会文化突出科学技术密切相关。进入全面改革时期,改革开放逐渐深入,文化内容更加丰富,第二代大学英语教材内容也逐渐丰富,教材文本从政治、经济、教育、历史发展、科技进步、社会习俗等多个维度进行文化内容选取。21世纪是全球一体化的时代,是社会主义市场经济和高科技飞速发展的时代,同时也是多元文化并存的时代,第三代大学英语教材更加多元,一些争议性、辩论性的文化内容也在教材中有所体现,同时注重文化实用性,突出以人为本。例如,从大学英语教材的直接受众——大学生的角度来看,选材中与学习策略、阅读的意义、网上学习、独立生活、志愿者、如何求职、身心健康等直接和大学生生活学习以及踏入社会将要面临的现实问题息息相关的话题增多。

大学英语教材中也不乏体现文化内涵的文学作品,调动学生的情感体验,充分承担价值观教育的功能。例如文学故事、侦探小说、童话故事等注重文学性,增强学生的文化艺术体验。世界各国社会文化、社会风俗、知名人物等的介绍篇目,增强学生的阅读兴趣,扩充知识面,增强学生的人文素养。各代教材中都有对于人的自我价值、人际关系的探讨,体现了对人以及对人的发展的关注。尤其是进入21世纪以来,大学英语教材逐步发展"以人为本"的教育理念,在关注学生语言知识与技能的获得的同时,贴近学生、尊重学生、以学生的需要和个性发展作为教育的出发点,关注学生身边的事儿,包括大学生的自我探索、学习技巧、职业规划、师生关系等。

二、教育方针政策对大学英语教材价值取向的影响

政策作为一种社会行为,在人类历史的各个发展阶段和社会的各个领域都发挥着举足轻重的作用。教育政策描述了教育发展重点的方向、目标和指导方针、发展的基本原则以及为实现这些目标而采取的方法。教育政策是一个"复杂的、动态的、持续的过程,涉及到多方面的价值要素和利益调整"[①]。在现代社会里,由于政策作用的不断扩大和影响的日益突出,人们越来越关注对政策尤其是对教育政策的研究。

教育政策所体现的价值取向是我国教育领域的主导价值,关系着教育事业的发展方向,也规定着教育发展途径的选择。教育政策和语言政策都是社会公共政策的有机组成部分,而语言教育政策是教育政策和语言政策所交叉

---

① 吴遵民:《基础教育决策论》,华东师范大学出版社2006年版,第301页。

重叠的部分,既有教育的因素,又有语言的特点。语言教育政策同时受到教育政策和语言政策的影响。外语教育政策既是一个国家的语言教育政策和语言规划的组成部分,也是教育政策的一部分,是教育政策在外语教育领域的具体表现。中华人民共和国成立以来,由于时代背景不同,外语教育需求和教育利益不断发展变化,我国的外语教育政策也不断演变,体现的价值取向亦有所不同。外语教育政策具有一定的价值负载,它的制定和选择体现了复杂的利益关系、价值冲突和价值选择。而外语教育政策在价值维度上的选择和倾向,势必对外语教材的编写和内容选择产生影响,从而对外语教材的价值取向产生直接的影响。

我国的大学英语教育政策在不同的历史发展时期有着不同的价值表征,但总的看来,主要是满足社会政治、经济和文化等各方面发展的需要。大学英语教育的发展始终围绕着一条清晰的主线,那就是为民族振兴和国家之崛起而贡献不竭动力,服务国民经济发展和社会发展需要,为改革开放持续提供人才和智力支持。中国的大学英语教育始终随着中国历史的发展而不断发展变化,以为国家的外交和教育需求服务为己任。十一届三中全会前夕教育部召开了全国外语教育座谈会,会议从正反两方面总结了外语教育的经验教训,讨论了加强外语教育的方法,会议指出:"加强外语教育是提高整个中华民族科学文化水平的重要组成部分。高水平的外语教育是一个先进国家、一个先进民族所必须具备的条件之一。"①以此为起点,全国范围的外语教育得到重视和发展,也培养了上百万的社会所需要的外语人才。② 改革开放为高校大学外语教育发展提供了契机。我国通过实施改革开放政策,成功地把握住了经济全球化的重要发展机遇,积极地参与国际合作与竞争,融入世界经济发展体系。改革开放促进了国家对外经济、国际交往、文化教育、科学研究和人才交流等方面的发展,为外语教育的发展创造了非常有利的环境。1979 年以后,外语教育工作逐渐走上正常发展的轨道,外语教材建设也提上日程,有组织、有计划地进行。进入 20 世纪 90 年代,面对国际形势的发展变化,以及我国社

---

① 《提高外语教育水平,为实现四个现代化而奋斗——记全国外语教育座谈会》,《外语教学与研究》1978 年第 2 期。

② 戴炜栋:《高校外语专业教育发展报告(1978—2008)》,上海外语教育出版社 2008 年版,第 14—15 页。

会主义现代化建设的发展全局,我国的教育事业被提高到优先发展战略地位,不断深化改革,实施素质教育,全面提高劳动者的素质以满足现代化建设需要。1995 年《中华人民共和国教育法》以法律形式明确了教育的功能,即:"教育必须为社会主义现代化建设服务,必须与生产劳动相结合,培养德、智、体等方面全面发展的社会主义建设者和接班人。"教育不仅要为"社会主义服务",更要为"现代化建设服务",这充分体现了这一时期教育政策的政治价值取向和经济价值取向并行的双重要求。进入 21 世纪以来,我国教育政策和方针最显著的特点,就是强调和明确教育要"以人为本",这也是党"为人民服务"宗旨的充分体现。2002 年,党的十六大召开,在报告中确定了这一时期党的教育方针:"全面贯彻党的教育方针,坚持教育为社会主义现代化建设服务,为人民服务,与生产劳动和社会实践相结合,培养德智体美全面发展的社会主义建设者和接班人。"①改革开放以来,国家和社会都越来越重视外语教育,外语教材建设可以说是蓬勃发展,无论是种类上还是数量上都呈几何式增长,不仅设计精美,而且教材选文内容更加丰富,随着互联网技术的发展,教材建设逐步向系列化、立体化方向发展。

三、外语教学改革对大学英语教材价值取向的影响

语言教材是为语言教学服务的,教材与教学目标、教学内容和教学过程等都属于语言教学实践层面的"方法"或者"技术"的范畴,它们都是依据一定的教学组织以及教育教学理论而组织和开展的。随着时代变化,关于外语教学的理论因为语言观、学习观以及语言教学背景的不同,而产生一定的差异。教育教学理论的差异或者变化会引发教学改革,而教学改革会直接影响为之服务的教材的编写,因此语言教材的价值选择和编写方式会受到外语教学的相关理论、教学背景以及教学改革等方面的影响。

(一)外语教学理论研究对大学英语教材价值取向的影响

理论来自于实践,经过实践的检验证明后再反过来指导实践。任何一门学科的发展都离不开理论的指导,而理论也在学科的实践发展中不断探究、总结和完善。外语教学作为一门科学,有诸多应当遵循的规律和原则,外语教学理论的发展对大学英语教材的内容选择和价值导向有着重要的影响。"任何

---

① 《江泽民文选》第三卷,人民出版社 2006 年版,第 560 页。

一种教学法都体现着对语言本质、语言学习过程、如何'教'才能促进'学'的独特认识。"①教学方法体现了特定的教育和教学的价值观念，由于时代不同、社会背景和文化氛围不同，教学方法也在不断地变化发展。外语教学法是关于外语教学活动的一般理论、原则，同时包含各个外语教学流派。也可以是指一种教学境界、氛围、原则，甚至是一种具体的教学方法。② 大多数外语教学相关的理论都起源于西方，例如最早的起源于古希腊罗马时期修辞学的语法翻译法，以及后来对我国外语教育有着重要影响的基于结构主义语言学的听说教学法和基于社会语言学的以交际为目的的交际教学法等。③

作为大学英语课程内容的重要组成部分，大学英语教材的价值取向体现了课程价值取向的变化情况。如上这些外语教学法影响着大学英语课程的价值理念和设计思路，而教材的价值取向、编写思路、内容选择、结构设计等方面都反映了外语教学方法的变化。例如，20世纪80年代出版的教材，在外语教学听说法和结构法的影响下，突出了阅读技能的培养，听、写、说也占有一定的位置。这一时期的理工科教学大纲和文科大纲对读、听、写、说等教学目标和要求进行了定性和定量化的描述。此时的大学英语教材更加细化，不再像1980年以前的教材那样单一；着重强调学生阅读技能的培养，教材内部套系推出了精读、泛读和快速阅读等多种阅读教程，与此同时，各出版社还推出了听力、听说、写作、语法与练习等教材。教材不再是只有一本，而是成为了拥有更多类型和不同层次的系列教材。这一时期，结构主义语言学在外语教学中占有主导地位。主要表现为重视语言形式，轻视语言含义；强调语言结构知识的教授，忽略语言使用能力的培养。语言学家和外语教师开始怀疑他们一直所遵循的听说教学法，并开始把培养学生的交际能力作为外语教学主要目标，从而培养学生在现实生活中运用外语的能力。④

交际教学法兴盛于20世纪80年代，90年代开始广泛影响到我国。交际

---

① 束定芳、庄智象：《现代外语教学：理论、实践与方法》，外语教育出版社1996年版，第208页。

② 孟臻：《外语教育政策制定与实施研究》，复旦大学出版社2012年版，第119—120页。

③ 张绍杰：《中国外语教育传统历时调查研究：传统梳理与现实反思》，高等教育出版社2015年版，第4—5页。

④ 孟臻：《外语教育政策制定与实施研究》，上海复旦大学出版社2012年版，第145页。

教学法的核心教学思想是培养学生的外语交际能力,从而培养学生在实际学习和生活中运用语言的能力。在外语交际教学法的影响下,外语教学的重心由对语言的形式的关注转变到对语言的意义的关注,教学重点从孤立地学习语言规则转向结合社会文化语境的使用规则学习,由句子结构层面的学习发展到语篇层面的学习。对语言使用的侧重贯穿于教学大纲设计、课程设置、教材教法的选定和课堂教学的各个环节。交际教学法不仅对具体的教学方法产生影响,更在一定的时间内对我国外语教学理念和教学指导思想产生了一定的影响。此外,从交际法教学实践上看,交际法教学有明确的教学目标,注重语言的输入和真实的语境,强调语言材料和语言学习任务的真实性,因此相关教材中也十分重视语言材料和使用情景的真实性。这一阶段具有代表性的、出版时间较早、使用时间最长的教材是董亚芬主编的《大学英语》系列教材(1990—1992 年)。这套教材由"精读""泛读""听力""快速阅读""语法与练习"五个内部套系组成。这五个内部套系中"精读""泛读""快速阅读"均为阅读教程,重点是培养学生的阅读能力,其中"精读"和"泛读"向学生提供适量的材料增加学生的阅读实践,"泛读"教程中包含有关英美国家社会、历史、文化等背景知识,这体现了交际教学法所要求的语言学习和运用的"文化语境"的内容。这在此前的注重形式的大学英语教材中未能得到足够的重视。在"语法与练习"教程中,通过多样化的练习使学生能够灵活运用学到的语法规则,语法教材单列使得这套教材突破了此前教材受制于语法学习顺序的编写思路,解决了课文真实性与语法学习顺序之间的矛盾。在内容上,这套教材中的课文主要选自 60 年代至 80 年代的英美杂志原文,不再受限于语法知识讲授的需要,摆脱了语言形式的束缚而重点关注内容,使得语言材料的真实性大大提高。选材注重材料的趣味性、知识性和思想性,在注意语言规范化的同时,也包含一些口语化的英语俗语,使学生能够接触到外国人在不同场合使用的语言,以培养学生运用英语进行交际的能力。我国的大学英语教材摆脱了"语法为纲"的限制,无论是教学目标还是教材编写都从追求语言形式的准确性转为追求具体语境中的交际得体。

(二)大学英语教学大纲对大学英语教材价值取向的影响

改革开放四十余年来,大学英语教育得到了迅速蓬勃发展,也取得了显著的成绩,大学英语课程在四十余年的发展中先后经历了三次重要的改革,这三次改革都是以新的大学英语教学大纲或者教学要求的制定为标志。在我国，大学英语教学大纲是教学指南和课程标准的前身，是指导大学英语教学的指导性和纲领性文件，明确规定教学目的及目标，对教学要求、教学计划、课程设计、教学评估等作出纲领性的规定，同时也会对大学英语教学应该达到的效果作出相应的规定，或是对教学内容及教学方法进行概括和说明。不论教学大纲是哪一种，或者是包含了哪些内容，毫无疑问教学大纲都在指导课程如何组织、制定和实施，从而达成课程内容在师生之间、教师之间、教育权威与师生之间的传递与交流。教学大纲对课程的性质、目的、任务等进行规定和要求，是权威性的、规范化的取向工具，影响、指导和控制课程以及关于课程的相关决策，也是每个时期大学英语教材编写出版和如何使用的主要依据。从1962年我国颁布第一份公共英语的教学大纲开始，教学大纲就成为了大学英语教学的指导性文件，每一次教学大纲的调整和变化都掀起了大学英语课程的改革。每一次大学英语教学改革都体现了教学大纲或教学要求的变革，体现在课程目标、内容、实施和评价等的各个方面细致规定的变化和要求中，也影响了大学英语教材的内容选择、组织呈现及价值取向。

1980年诞生了国家恢复高考后的第一份高校公共外语教学大纲，由教育部组织各个层面的代表对这一时期的外语教学进行深入地研讨，这是改革开放以来我国第一次细致地研究和规划外语教育教学。但是，1980年制定的这个教学大纲针对的对象是理工科专业，大纲中提出的公共英语教学目的和课程设置等内容也是针对理工科的学生而提出的，大纲中没有涉及针对文科学生的公共英语教学的相关要求和内容。为了更好地适应新的形势，服务四个现代化建设的需要，改善当时外语教育的不足，培养又红又专的外语人才，我国于1985年制定了《大学英语教学大纲（理工科用）》，1986年又制定出台了《大学英语教学大纲（文理科用）》。在教育部的领导下，这两份文件经过多轮调研、抽样测查以及科技外语社会需求调查和研究才得以出台。中华人民共和国成立以来，这两份文件是我国比较完善的针对大学英语教学进行要求和指导的教学大纲，标志着我国大学英语教学从此进入了一个有政策专门指导、有统一纲领性文件约束和要求的稳定发展时期。教学大纲为教学改革指明了方向。这两份教学大纲均强调语言的工具性，体现的是语言是交际的工具的语言观。其共同的核心是进行分级教学，根据学生水平定性定量确定教学内容进行教学,设置必修的专业阅读课,强调打好语言基础,要求大学英语教学要帮助学生掌握良好的语言学习方法。根据大纲要求,大学英语教学分为基础和应用两个阶段,1—4 级为必修,5—6 级为选修。这两份教学大纲在相当长的一段时间内指导和规范了我国大学英语教学的方方面面。同时也催生了一大批全国性的大学英语系列教材的出版,这些教材都依据大纲进行编写,重视"语言共核"、着重培养学生良好的语言基础以及突出的专业阅读能力。1985 年和 1986 年的教学大纲,突出培养和发展以语言作为工作进行专业学习以及获取相关信息的能力,以此作为培养目标,把培养语言交际能力作为指导思想,将听、读、写、说均纳入教学环节。

　　为适应我国国民经济和社会发展,迎接 21 世纪经济发展挑战,1999 年制定了新的《大学英语教学大纲(修订本)》,提出了大学英语教学新的发展规划。经过多轮的社会需求调查、学生英语水平测试及学生掌握的词汇量等情况的调查,这份新的大纲在 1998 年审议通过,在 1999 年由教育部批准执行,除了对大学英语教学目标、方法和内容进行要求和规定,这份大纲还将大学英语四、六级考试规定为全国大学英语应该达到的等级考试。1999 年,党中央、国务院决定开始扩大高等学校招生规模,自此高等教育实现了跨越式发展,进入到了高等教育大众化发展阶段。这对我国大学英语教学的发展产生了重要的影响。这次大纲所反映出的大学英语改革的内容有两点,第一,"大学英语教学的目的是要培养学生具有较强的阅读能力和一定的听、说、写、译能力,使他们能用英语交流信息",以及"提高文化素质,以适应社会发展和经济建设的需要"。大纲中把使学生"能用英语交流信息"替换了 1985 年和 1986 年大纲中的"使学生能以英语为工具"的表述内容,并提到对于学生文化素质的培养。① 第二,《大学英语教学大纲(修订本)》是直接面向全国高校的本科生,而不再对文理科学生进行区分。一方面既重视打牢学生的语言基础,又重视学生语言的应用能力的培养,同时《大学英语教学大纲(修订本)》对于文科、理科和工科学生通用。然而,尽管《大学英语教学大纲(修订本)》较之前对学生语言能力的要求更高,对于教学任务的指导更加明确,但是仍然没有跳出语

---

① 大学英语教学大纲修订工作组:《大学英语教学大纲(高等学校本科用)(修订本)》,高等教育出版社 1999 年版,第 1 页。

言工具性价值的取向。与此同时,《大学英语教学大纲(修订本)》把通过大学英语四级考试作为对学生英语水平的量化要求。

中国于 2001 年加入世界贸易组织,并于 2008 年成为奥运会的举办国,经济全球化日益加深,各国之间的经济等各方面的交往和联系都日渐密切,国际间竞争异常激烈,21 世纪国际竞争更加突出体现在合作和交往中的竞争,而外语作为沟通、交际和交流的工具,掌握良好的外语、具有突出外语应用能力的人才,势必成为当前国际竞争的核心。进入 21 世纪,大学英语教育的改革迫在眉睫,教育观念需要转变,复合型外语人才培养模式有待探索,课程体系和教学内容有待改革和更新,更加开放式的教学方法和现代化的教育技术应用有待开发,基于数字化出版和互联网平台、新媒体以及智能学习终端的教材的出版和研发等都将成为这场改革的方向与趋势。从 2003 年 3 月起,教育部高教司成立了制订《大学英语课程教学要求》项目组,2004 年审批了 180 所高等学校成为第一批参与"大学英语教学改革试点"的院校。① 同年《大学英语课程教学要求(试行)》被正式批准颁布,这份文件对我国当时的大学英语教学目标和要求进行了全面的阐述。我国高等教育大众化的发展带来了大学英语教材的巨大的需求,《大学英语课程教学要求(试行)》颁布后,各大高校积极开发相应的教材,各级各类出版社也以其为依据,组织出版新编或是改编了多种大学英语教材。教育部也鼓励国内的外语类专业出版社积极研发大学英语教学软件和平台系统,以现代信息技术为依托的大学英语教学改革也促使平面的纸质版教材向以网络和多媒体为核心的立体化教材方向发展,立体化的教材包括了纸版教材、音视频内容、电脑网络学习系统等,这也成为了新一代大学英语教材发展的基本内容和必然趋势。另外,值得一提的是,《大学英语课程教学要求(试行)》是一份指导性的文件,仅要求"参照"执行,而不是指令性地要求各个高校都必须严格遵循,各个高校可以根据学生水平、师资力量等实际情况,制定个性化程度更高的或者较高的教学大纲,可以充分发挥高校的主动性和创造性,这充分体现了因地制宜、因材施教的教育思路。

《大学英语课程教学要求(试行)》颁布两年后,即 2006 年,教育部又组织专家根据教学改革实际对其进行了修订,2007 年正式印发。《大学英语课程

---

① 李传松、许宝发:《中国近现代外语教育史》,上海外语教育出版社 2006 年版,第 491 页。

教学要求（2007）》在对大学英语教学性质和要求中强调，大学英语教学的目标之一是要提升学生的"自主学习能力，提高综合文化素养，以适应我国社会发展和国际交流的需要"。强调教师要注重提高学生自主学习能力以及解决问题的能力，培养学生包括情感策略等在内的多种学习策略，培养学生发展良好的品格、情感和人文素养，树立正确的价值观念以及社会责任感，培养国际视野和知晓国际规则，具有跨文化的交际能力。① 2013 年，根据《国家中长期教育改革和发展规划纲要（2010—2020 年）》和教育部等相关文件要求，高等学校大学外语教学指导委员会开始着手准备制定《大学英语教学指南》。

改革开放以来，我国的大学英语教育在改革中逐步发展进步，体现出它应有的政治经济价值、教育价值、文化价值及人的价值。我国的大学英语从语种选择、大纲制定、教学目标定位到教材编写都体现出自上而下的工具性特征，大学英语教育强调的是工具化价值取向培养的实用型人才，从长远来看，其实是从根本上忽略了大学英语教育的本质，根据人本主义哲学思想，大学英语教育要培养"全人"，即大学英语不仅要培养懂专业、语言能力突出的工具型人才，而且要培养语言应用能力突出、具有和谐人格、思想道德素质高尚的人才，具有人文精神并且全面发展的人才。尽管 2004 年和 2007 年颁布的《大学英语课程教学要求》鼓励各个高校可以根据自身情况制定个性化的教学大纲，但是其实这种个性化的设计很难真正实现，教育主体即学生的需求很难真正得到关注，这与大学英语学习者个性化、针对性、全面发展的素质教育目标其实还相差很远。

_____

① 裴霜霜：《从教育哲学角度看改革时期大学英语课程目标和教学内容的设置》，《外语教学理论与实践》2015 年第 4 期。

第二章 第一代教材：“知识教育”和“工具作用”为主的价值导向

改革开放至今大学英语教育已经走过了四十多年的发展历程。回看大学英语教育走过的这些道路，仔细考察大学英语教育的发展过程，就会发现大学英语教育的发展与社会进步、时代发展息息相关。在改革开放的历史进程中，大学英语教育随着社会时代的发展变化而不断变革发展，深深地体现了时代的烙印和特征，我国大学英语教育也不断调整其培养人的价值定位，正在一步步走向它的应然状态。

课程教材是学校教育的核心内容，是教育思想、教学理念、人才培养目标以及教育内容的集中体现，是学校育人育才的重要依托。“培养什么人”“如何培养人”的核心问题，直接体现和反映在一个国家所开设的课程内容以及课程所选用的教材内容之中。教材建设关系到国家意识形态安全，关系到“为谁培养人”的关键问题，也关系到能否培养合格的中国特色社会主义事业的建设者和接班人。外语教育与国家命运、时代变迁以及社会进步紧密相连。外语教材是能够反映课程和社会价值观变化的“镜子”，必须确保外语教材把握正确的政治方向和价值导向。本章将详细探讨大学英语教学恢复发展时期所对应的第一代大学英语教材价值取向的变化脉络及其所反映的时代特征。改革开放初期，公共英语教材编写工作取得了很大的成绩，满足了培养学生将英语作为工具，通过阅读获取专业信息和翻译科技文献的需要，对于培养优秀外语人才发挥了重要的作用，教材整体上呈现了以“知识教育”和“工具作用”为主的价值导向。

第一节 大学英语教学秩序恢复的时代背景

1978 年以后，我国进入了一个新的历史发展时期，重新确立了马克思主义实事求是的思想路线,明确了进入改革开放和社会主义现代化建设的历史任务,进入到了以经济建设为中心和坚持改革开放的新时期。党的工作重心转移到实现四个现代化建设上来,工农业生产得到了恢复和发展,教育科学文化领域的工作也逐步恢复正常,以邓小平同志为核心的党中央领导集体发布了一系列关于发展教育的重要指示。随着高等教育领域的恢复和调整,外语教育也得到重视,进入了快速恢复发展时期,公共英语教学逐步恢复了正常秩序,公共英语教材的规划和建设也开始有组织、有计划地进行。

一、社会主义建设的探索与曲折发展

1976 年 10 月,教育事业在内的国家各项事业得到恢复和调整,我国进入社会主义建设的新时期。1981 年党的十一届六中全会召开,会议审议通过了《关于建国以来党的若干历史问题的决议》,在指导思想、经济生产、政治制度、教育文化、军队建设等社会生产和生活各方面,对"文化大革命"期间被干扰破坏的各个方面进行清理、整顿和纠正。

中华人民共和国成立以来的 17 年,经过成立初期的调整、整顿以及向苏联学习的教育正规化建设,我国已经基本建立起了一套正规的学校教育制度,大中小学教育都得到建设和发展。但是,由于受到以美国为首的西方国家的封锁,我国采取了向苏联"一边倒"的外交政策,在全国"学苏"的高潮中,高校片面发展俄语教育而削弱了英语教学,直到 1965 年起各个高校才逐渐开设公共英语课。

1977 年,邓小平同志在复出之后主动抓科技工作和教育工作,他提出必须尊重知识和人才:"我们国家要赶上世界先进水平……要从科学和教育着手。"[1]"发展科学技术,不抓教育不行。"[2]"不抓科学、教育,四个现代化就没有希望,就成为一句空话。"[3]党和国家高度重视教育、高度重视人才培养在实现国民经济发展中的重要性,实行了一系列促进教育发展的重要措施。邓小平同志对知识分子也予以了肯定,认为"我国的知识分子绝大多数是自愿地为社会主义服务的",中华人民共和国成立以来"绝大多数知识分

---

① 《邓小平文选》第二卷,人民出版社 1994 年版,第 48 页。

② 《邓小平文选》第二卷,人民出版社 1994 年版,第 40 页。

③ 《邓小平文选》第二卷,人民出版社 1994 年版,第 68 页。

子,不管是科学工作者还是教育工作者……辛勤劳动,努力工作,取得了很大成绩"。① 知识分子的名誉和社会认可度得以提高,积极性得到鼓励和提升,除了精神上的认可和鼓励,国家还采取措施提高知识分子的工作生活条件和物质待遇。邓小平同志极力提倡尊师重教,主张提高教师的政治地位和社会地位,恢复教师职称评定及提高教师待遇。除了教师和知识分子地位得到提高,高校的招生工作也进行了大调整。1977 年 10 月 12 日,国务院批转了教育部根据邓小平同志指示制定的《关于 1977 年高等学校招生工作的意见》,文件要求取消推荐的招生方式,恢复考试制度,通过高考选拔进行择优录取,提高大学新生质量,切实把优秀青年选拔进入高校学习。高等学校恢复考试录取制度,是教育领域拨乱反正的一个重要举措,对于提高人才培养质量,培养社会主义现代化建设所需要的合格人才具有重要的意义。② 从 1978 年起,在全国高校统一考试中,不论是文史专业还是理工专业,外语都是考试的必考科目之一,这一措施极大程度上促进了学校对外语教育的重视。

二、"以经济建设为中心"带来机遇与挑战

党的十一届三中全会后,"以经济建设为中心"的思想得以确立,成为社会主义建设新时期的指导思想。在总结过去经验的基础上,国家提出了"调整、改革、整顿、提高"的八字方针,为国民经济发展奠定了正确的方向。党的十一届三中全会提出通过改革实现四个现代化,实行对外开放的政策,引进国外先进的科学技术、外资以及先进的管理方式和经验,以促进我国经济和社会的全面发展。邓小平同志指出"全党讲大局,把国民经济搞上去"③,社会主义现代化建设代表了广大人民群众的利益,是"当前最大的政治"④,也是当前以及今后相当长的一段时间的中心任务。要解放和发展生产力,实现国家富强,改善人民生活。"实现四个现代化必须有一个正确的开放的对外政策。我们实现四个现代化主要依靠自己的努力,自己的资源,自己的基础,但是,离开了

① 《邓小平文选》第二卷,人民出版社 1994 年版,第 49 页。
② 何东昌:《中华人民共和国重要教育文献(1976—1990)》,海南出版社 1998 年版,第 1579—1582 页。
③ 《邓小平文选》第二卷,人民出版社 1994 年版,第 4 页。
④ 《邓小平文选》第二卷,人民出版社 1994 年版,第 194 页。

国际的合作是不可能的。应该充分利用世界的先进的成果,包括利用世界上可能提供的资金,来加速四个现代化的建设。"①坚持以经济建设为中心作为大局,在自力更生的基础上,大力发展对外贸易,利用国外资金和技术方面的优势。在这样的经济建设思路下,国家建设和社会发展对于英语教育和英语人才的需求大增,这就为英语教育的蓬勃发展提供了重要契机,高校的大学英语教学也得到迅速的发展。

社会主义现代化建设是这一时期全党的工作重心,邓小平同志提出要加紧经济建设,通过科学技术为经济建设服务,要把四个现代化建设作为总任务,力争在20世纪末使人民生活达到小康水平。这就要求必须发展生产力,从多个方面改变不适应经济发展要求的上层建筑和生产关系,改变一切不能够适应经济发展要求的管理方式、体制机制以及思想方式。其中,经济改革是关键,采取一系列重要的措施对于陷入失调的国民经济结构和比例进行调整,实现各个方面的综合平衡。同时积极拓展国外市场,积极发展平等互利关系,扩大经济技术交流与文化合作,吸引和利用外资,引进和采用世界先进技术设备,大胆学习外国先进的管理经验,并大力加强教育和科技工作以促进发展。在经济方面,坚持计划经济为主,同时也结合市场经济,可以借鉴和学习资本主义国家在经营管理、科学发展上的方法。

随着党的工作重心向经济建设转移,由计划经济向社会主义的市场经济转变,我国的社会生产力得到了迅速发展和提高,经济实力得到了极大增强。但是在这一时期,我国整体的国民经济水平以及科学技术发展水平与发达国家相比还有很大的差距,整体的人口素质、管理体制和水平的限制等都仍然制约着我国经济的发展。面对经济快速发展的需要,尤其是对外开放政策对学习和引进国外先进技术和经验的需要,社会和经济建设在劳动力素质和规模等方面提出了新的要求,尤其是对熟练掌握外语、外语能力突出的技术人才的需求。"加强外语教育是提高整个中华民族科学文化水平的重要组成部分。高水平的外语教育是一个先进国家、先进民族所必须具备的条件之一。"②外语教育能否适应新的形势,对促进经济建设,实现四个现代化的目标有着很大

---

① 《邓小平文选》第二卷,人民出版社1994年版,第233—234页。

② 李传松、许宝发:《中国近现代外语教育史》,上海外语教育出版社2006年版,第293—294页。

的影响。这一发展变化是改革开放初期外语教育以及大学英语教育发展最直接的驱动力。

三、和平外交政策创造良好发展条件

党的十一届三中全会确立了以经济建设为中心的政治路线,发展成为国家的首要目标并确定了其价值地位,这就为国家调整对苏政策、实现中美关系正常化提供了重要的契机。1971 年中国在联合国的合法席位得以恢复。国家在这一阶段要实现新的发展战略,更加需要稳定的安全环境尤其是和平的国际环境,在投资引进、技术引进,以及发展经济、科学技术等各方面也需要良好的国际交流环境,这就为外语教育尤其是大学英语教育的发展创造了良好的条件。

从 20 世纪 70 年代开始,美苏争霸呈僵持状态,世界越来越呈现出了多极化的发展趋势。我国开始实行对外开放政策后,不再以社会制度和意识形态为外交政策的唯一标准,更不与任何大国结盟,而是更加突出和倡导世界和平,强调外交为经济建设服务,推行独立自主的和平外交政策。① 1978 年《中日和平友好条约》签订,随后邓小平同志作为副总理对日本进行了访问。日本政府决定在 1979 年至 1984 年间向中国提供三千三百亿元的贷款,主要用于基础设施建设。1984 年日本青年分批到中国访问。② 1978 年 12 月中美达成建交协议,1979 年 1 月 1 日中美正式建立了外交关系,与此同时中苏关系也出现了改善的迹象。"我们进行了大量的外交工作,为实现四个现代化争取到了一个很好的国际环境。"③在改革开放初期的外交方面,我国同美国、日本建立正常的外交关系,党和国家领导人到欧洲、亚洲、非洲的几十个国家开展了国事和外事访问,外事出访空前增多,改善了我国所处的国际环境,提高了国家的国际威望,奠定了我国在外交上的新格局。我国开始积极引进外资,善于利用外资以及发展对外贸易促进经济发展。1980 年初,邓小平同志对国际形势作出新判断,提出"和平与发展是时代的主题",引导国家在对外政策上进行调整,这也成为 20 世纪 80 年代以来中国对外政策的指导思想。

---

① 耿向东:《图解中国外交》,人民出版社 2011 年版,第 4 页。
② 耿向东:《图解中国外交》,人民出版社 2011 年版,第 128 页。
③ 《邓小平文选》第二卷,人民出版社 1994 年版,第 160 页。

　　1979 年前后,随着对外交流的需要和发展,国家每年派出上千人到国外进行深造,到 1983 年出国学习人数增加至三千人。① 这源于邓小平同志在1978 年 6 月 23 日所作的关于扩大留学人员派遣规模的重要讲话,他在听取清华大学的工作汇报时说,"我赞成留学生数量增大""要成千成万地派,不是只派十个八个""要搞个计划,今年至少先派三千人出去"。② 1981 年 1 月 14日,国务院批转教育部等七单位《关于自费出国留学的请示》和《国务院关于自费出国留学的暂行规定》(国务院〔1981〕13 号)。③ 把自费出国留学作为培养人才的途径,对自费出国留学人员的条件、费用审批和相关待遇作了规定,并对出国留学人员的政治思想工作和管理教育工作等作出了明确要求。1983年,中共中央、国务院发布《关于引进国外智力以利四化建设的决定》(中发〔1983〕30 号),提出要充分利用外资、外国先进技术,并有步骤和有计划地引进国外人才,以促进社会主义现代化建设。④ 国家开始扩大每年出国留学进修人员的规模之后,英语学习在学校里和社会上都进入了一个前所未有的发展阶段,社会上涌现出英语学习的热潮。一时间,大家都开始苦练英语,背单词、学语法,希望迅速掌握英语,成为一名好翻译,一方面是由于工作上的需要,一方面是由于当时社会对外语人才的大量需求,外语人才很吃香。大学校园里的"英语角"就是在这个时期开始出现的。据统计,当时有 40 万名学生和 10 万名成年人都在学习外语。⑤ 一些学校也开始自己录制英语原声带提供给学生学习。电视台也开始转播一些英语课程,当时最受欢迎和最广为人知的课程是 1982 年胡仲文教授和 Kathy Flower 一起在中央电视台所做的英语教学节目《跟我学》(Follow Me),观众数量超过了五千万,当时社会上和校园里最流行的一句话就是"Follow Me",英语学习成为热潮,大学英语教育在高等教育中也受到重视,开始恢复发展。⑥

　　① 陈雪芬:《中国英语教育变迁研究》,浙江大学出版社 2011 年版,第 157 页。

　　② 蒋妙瑞:《应运发展的中国大学英语教学——纪念改革开放三十周年》,《外语界》2008年第 5 期。

　　③ 何东昌:《中华人民共和国重要教育文献(1976—1990)》,海南出版社 1998 年版,第1891 页。

　　④ 魏礼群:《当代中国社会大事典(1978—2015)》第二卷,华文出版社 2018 年版,第242 页。

　　⑤ 陈雪芬:《中国英语教育变迁研究》,浙江大学出版社 2011 年版,第 157 页。

　　⑥ 陈雪芬:《中国英语教育变迁研究》,浙江大学出版社 2011 年版,第 157—158 页。

第二节　恢复与整顿：大学英语教育
　　　　　价值定位的重新确立

　　1978 年，邓小平同志在全国教育大会上提出要"提高教育质量，提高科学文化的教学水平，更好地为社会主义建设服务"。"整个教育事业必须同国民经济发展的要求相适应。"[①]1978 年 5 月，《实践是检验真理的唯一标准》一文在全国引发了对真理标准的大规模的、具有深远意义的大讨论。在这样的社会背景下，在全国教育大会精神的指导下，1978 年 8—9 月，教育部在北京召开了全国外语教育座谈会，这次座谈会对于我国外语教育具有重要的意义，在中华人民共和国的外语教育史上占有重要的地位，成为了我国高校外语教育恢复整顿和之后迅猛发展的起点。这次会议对于包括大学英语教学在内的我国外语教育具有里程碑式的重要意义，标志着大学英语教育开始重新得到发展。邓小平同志在会见德意志联邦共和国新闻代表团讲话时提到："要实现四个现代化，就要善于学习，大量取得国际上的帮助。要引进国际上的先进技术、先进装备，作为我们发展的起点。"[②]而要向外国学习，取得外国的先进技术，就必须有过硬的外语作为工具，外语教育和外语人才得到了党和国家的高度重视。教育事业必须同国民经济发展相适应，外语教育也同样如此，要迅速提高高校大学英语的教育质量和教育效率，使之能够更好地适应国民经济发展的需要，更好地服务社会主义现代化建设需要。

一、外语教育政策的全方位调整

　　1978 年我国开始实行改革开放，教育得到了大力发展，外语教育重新受到重视，与外语教育相关的各项政策开始全面恢复调整。教育部于 1978 年8—9 月在北京召开了全国外语教育座谈会，这是中华人民共和国成立以来的第一个有关外语教育的专门会议。会议形成了《加强外语教育的几点意见》，并于 1979 年 3 月 29 日经国务院批准，由教育部印发全国。[③] 这项外语教育政策是在改革开放初期出台的，是我国外语教育史上的一个里程碑，也标志我

---

①　《邓小平文选》第二卷，人民出版社 1994 年版，第 103、107 页。

②　陈雪芬：《中国英语教育变迁研究》，浙江大学出版社 2011 年版，第 133 页。

③　蔡基刚：《中国大学英语教学路在何方》，上海交通大学出版社 2012 年版，第 32 页。

国大学英语教育进入了恢复发展阶段。随着国家推行改革开放政策,社会对于各个方面的外语人才的需求不断增加,从而推动了大学英语教育政策的全方位调整和发展。

1977 年 9 月,教育部在北京召开全国高等学校招生工作会议,制定了《关于 1977 年高等学校招生工作意见》,普通高等学校招生考试制度得以恢复。1979 年外语成绩开始按照比例计入高考成绩总分,到 1983 年外语成绩 100%计入高考总分。外语成绩正式计入高考总分,提升了广大高中生的英语学习热情和积极性,使得大学新生的英语水平有所提升,也提高了高校大学英语教学的起始水平。1980 年 6 月,国家教委在上海召开高等学校理工科公共外语教材编审委员会扩大会议,审订通过了《英语教学大纲》(高等学校理工科本科四年制试用),讨论了教材编写规划,大大促进了公共英语教材的建设和规划。1980 年国务院批准了教育部颁布的《1980 年至 1983 年高校英语教师培训计划》,指派清华大学等九所理工科高等院校为全国高校培训 2100余名公共英语教师。同年 11 月,教育部批准成立高等学校理工科公共外语教材编审委员会,并成立了英语、俄语、日语、德语等编审小组。1982 年,中国外语教学研究会成立,标志着公共外语教学发展到一个新的水平。之后,全国 20 多所高校先后设立了公共外语教学研究机构,有效地促进了公共外语教学质量的提高。1982 年 4 月,教育部举办了高等学校公共英语课教学经验交流会,明确提出了对教学大纲进行修订的要求,会议通过的《纪要》以教育部文件的形式下发给全国高校和教育厅等,成为这一时期关于大学英语教学的重要文件。[①]

为贯彻和落实全国外语教育座谈会精神,教育部于 1979 年委托清华大学、北京大学起草了《英语教学大纲(高等学校理工科本科四年制试用)(草案)》的初稿,并在 1980 年 6 月召开的高等学校理工科公共外语教材编审委员会扩大会议上讨论修改,同年 8 月由人民教育出版社出版。[②]《英语教学大纲(高等学校理工科本科四年制试用)》是改革开放以来的第一份公共英语教

---

① 王守仁:《高校大学外语教育发展报告(1978—2008)》,上海外语教育出版社 2008 年版,第 15 页。

② 王守仁:《高校大学外语教育发展报告(1978—2008)》,上海外语教育出版社 2008 年版,第 15 页。

学大纲。主要内容有：一是在教学上强调要体现科技外语的特点。二是在教学安排上更具灵活性，考虑了不同水平学生的需要。比如，如果新生入学时的英语水平超过了《英语教学大纲（高等学校理工科本科四年制试用）》中的要求，可以直接进入第二阶段学习，达到《英语教学大纲（高等学校理工科本科四年制试用）》要求后可以选修翻译、写作等课程。三是首次对公共英语提出了听力、口语和写作的要求。四是把专业阅读作为一个阶段正式列入《英语教学大纲（高等学校理工科本科四年制试用）》要求。《英语教学大纲（高等学校理工科本科四年制试用）》也有一些不足，例如对阅读的要求能力太低，阅读能力评估和检测的方法还有待提高。此外，《英语教学大纲（高等学校理工科本科四年制试用）》是面向理工科专业学生的，教学目的和课程要求也是结合理工科的专业特点，对于文科专业学生的公共英语教学未能有所涉及。通过《英语教学大纲（高等学校理工科本科四年制试用）》对于公共外语教育的定位，能够看出这一时期对于"科技"与"外语"相结合的重视程度。总的来说，《英语教学大纲（高等学校理工科本科四年制试用）》为新时期的公共英语教育提供了政策上的参考和依据。

邓小平同志亲自主持教育工作，他高度重视教材建设，主张教材要能够体现现代科学文化的先进水平。为了落实邓小平同志讲话精神，教育部等政府职能部门多次召开专门会议，出台了一系列政策法规，推动了公共英语教材的编辑和出版工作。1978 年，教育部在长沙举行了公共英语教材会议，会议通过了《关于编写零起点教材的决定》。9 月 8 日，教育部、国家出版事业局下发《关于加强外国教材影印工作的联合通知》，要求积极建立教材影印机构和生产基地，分担部分教材的印刷任务，印刷制作后在高校的教学中使用和交流。[1] 1979 年的《加强外语教育的几点意见》不仅针对这一时期的外语教育提出了总体意见，同时也对包括公共英语教育在内的外语教材编写工作进行了规划。《加强外语教育的几点意见》决定编写出版一批相对稳定的公共英语教材，规定应该统一组织编写或者委托相关院校进行公共英语教材的编写，并通过教育部的教材编审小组审查通过才能出版发行。1980 年教育部在清

---

① 戴炜栋、胡文仲：《中国外语教育发展研究 1949—2009》，上海外语教育出版社 2009 年版，第 525 页。

华大学和上海交通大学成立了科技外语资料中心。同年,高校理工科教材编审委员会成立并重新审订了《理工科外语教学大纲(草案)》。[1] 1980 年 11月,在国家教委领导下,全国高等学校外语教材编审委员会组织召开了一系列关于教材规划与建设、教材编写与研究、优秀教材评选、教材管理规定的研究等会议和活动。[2]

　　改革开放初期,在外语教育受到严重破坏的情况下,公共英语教材编写工作取得了很大的成绩,赶编了一批应急教材,解决了高校公共英语"无米下锅"的问题。这一时期相继出版了《基础英语》(由大连海运学院主编)、《英语》(分别由上海交通大学和北京大学主编)等教材。在此基础上,又进一步修订和编写了不同起点、具有针对性的基础教材,并编写了配套的教学参考书和教学资料。[3] 当时国家闭塞多年的门户刚刚开放,文化市场也活跃起来,外国影片进入国内市场,在国内掀起了外语尤其是英语学习热潮。改革开放初期出版的这些英语学习教材,每套教材累计印刷均超过 100 万册。这些教材是针对英语零起点的大学生编写的,也就是从音标和字母开始。编写的思路是以语法为纲,教材中有很大的篇幅用来教授语法,文章篇目根据语法大纲来进行选择,这也是同一时期的公共英语教材的统一编写思想。教材重视阅读能力的培养,阅读的文章篇目以及在练习题部分的阅读材料都很丰富,但在听力和口语方面的内容是空白。同时教材中都是尽量选用英文原文,从而保证语言材料的真实性。[4] 这期间还出版了一些英语选修课教材,如《科技英语翻译教程》《科技英语写作教程》等。一些学校还混合使用多种教材,有的学校平行使用一套国内编写的教材和一套国外引进的原版教材。有的学校在教学中以一套教材为主,同时从国外原版教材中编选一些供听力、口语和泛读学习的教学材料。也有的学校将国外编写的原版教材作为主要教材。例如,浙江大学为理工农科学生选用由英国朗文公司出版的 *A Course in Basic Scientific English*,供学生学习科技英语基础知识。同时还使用 *Reading and Thinking in*

---

　　① 李传松、许宝发:《中国近现代外语教育史》,上海外语教育出版社 2006 年版,第 387—388 页。

　　② 戴炜栋、胡文仲:《中国外语教育发展研究 1949—2009》,上海外语教育出版社 2009 年版,第 525 页。

　　③ 付克:《对当前公共外语教学的几点建议》,《高教战线》1982 年第 7 期。

　　④ 邢颖:《百余年我国大学英语教材编写的演进路线》,《出版发行研究》2015 年第 6 期。

English 这套"学术英语"教材作为阅读教程,以培养学生的学术阅读能力。此外还有广为人知、流传多年、经久不衰的 *New Concept English*(新概念英语)系列教材。① 而后经过多年的发展,大学英语教材已经不再由国家统一规定、编制和出版,而是形成了一个多类型、多层次的编辑、出版系列。总的来说,这一时期的公共英语教材主要是针对理工科专业学生,选材内容大多都与科学技术和专业相关。

二、外语人才培养的工具性目标

党的十一届三中全会后,国家实行改革开放政策,迫切需要提高社会生产力,科技人员掌握外语直接吸收国外先进技术是最为突出的需求,因此公共英语教学日益受到重视。邓小平同志高度重视科技发展工作,多次在会议和谈话中强调要加强发展科学技术,提高科技水平。"我们要实现现代化,关键是科学技术要能上去。"②"如果我们的科学研究工作不走在前面,就要拖整个国家建设的后腿。"③1978 年 2 月 26 日,华国锋总理在第五届全国人民代表大会第一次会议上作《政府工作报告》。报告指出:"我们必须极大地提高整个中华民族的科学文化水平,使广大劳动群众掌握现代化生产技能和科学知识,同时造就一支宏大的工人阶级的知识分子队伍,才能实现建设社会主义现代化强国的宏伟目标。"3 月 18 日邓小平同志《在全国科学大会开幕式上的讲话》中指出:"四个现代化,关键是科学技术的现代化。""没有科学技术的高速度发展,也就不可能有国民经济的高速度发展。"④同时他再次强调科技队伍人才建设的重要性,以及建设科技人才队伍的路线及措施。"关于建设宏大的又红又专的科学技术队伍。我们向科学技术现代化进军,要有一支浩浩荡荡的工人阶级的又红又专的科学技术大军,要有一大批世界第一流的科学家、工程技术专家。造就这样的队伍,是摆在我们面前的一个严重任务。"⑤"革命事业需要有一批杰出的革命家,科学事业同样需要有一批杰出的科学家。我们工人阶级的杰出人才,是来自人民的,又是为人民服务的。在广泛的群众基础

---

① 李箭:《建国以来大学英语教学研究(中)》,博士学位论文,华东师范大学,2008 年,第84 页。

② 《邓小平文选》第二卷,人民出版社 1994 年版,第 40 页。

③ 《邓小平文选》第二卷,人民出版社 1994 年版,第 32 页。

④ 《邓小平文选》第二卷,人民出版社 1994 年版,第 86 页。

⑤ 《邓小平文选》第二卷,人民出版社 1994 年版,第 91 页。

上,才能不断涌现出杰出人才。也只有有了成批的杰出人才,才能带动我们整个中华民族科学文化水平的提高。"①全国科学大会在1978年3月18日召开,这次大会规模大,同时具有广泛的代表性,这是中华人民共和国历史上第一次专门召开的科学会议,在这次大会上华国锋主席动员全党全军全国各族人民向科学技术现代化进军。"提高整个中华民族的科学文化水平,是摆在全体人民面前的一项极为巨大的任务。这是一项战略任务。"②在青少年培养方面,会议强调:"青少年要从小健全地发育身体,培养共产主义的情操、风格和集体英雄主义的气概,还要从小养成爱科学、学科学、用科学的优良风尚。我们党和国家,要特别关怀青少年的健康成长,办好小学、中学、大学,办好各级各类学校,开辟各种各样的学习途径,创造条件,把广大青少年培养成为有社会主义觉悟的有文化的劳动者,从他们中间不断地造就又红又专的科学技术人才,使我们的科学技术事业人才辈出,兴旺发达。"③

1978年教育部在北京召开了全国外语教育座谈会,《人民教育》刊登了人大副委员长廖承志的发言摘要,他指出:"为了加速实现四个现代化,我们急需外语人才……我们在自力更生基础上,引进外国技术,引进外国先进的设备,对实现四个现代化有很大帮助。这就需要将大量的外国资料翻译过来……但是现在我国外语水平、能力不能适应这个需要,相差很远。"④《人民教育》刊登的评论文章《加强外语教育的几点意见》提到:"要强调学习科技方面的内容""外语的教学内容要反映基础的科技知识,介绍现代科技发展的情况""外语教材要让学生熟悉科普文章的语体特点,常用的语法结构和表述手法,培养学生用外语表达科技基础知识的能力""大学公共外语教学……要强调这一点""强调科技方面的内容是新时期外语教育的一个特点,不容忽视"。⑤"关键是教材。教材要反映出现代科学文化的先进水平,同时要符合

---

① 《邓小平文选》第二卷,人民出版社1994年版,第96页。
② 《全国科学大会文件》,人民出版社1978年版,第4页。
③ 《全国科学大会文件》,人民出版社1978年版,第7页。
④ 廖承志:《为实现四个现代化加紧培养外语人才——在全国外语教育座谈会上的讲话(摘要)》,《人民教育》1978年第10期。
⑤ 何东昌:《中华人民共和国重要教育文献(1976—1990)》,海南出版社1998年版,第1668—1669页。

我国的实际情况。"①1978 年,著名外语教育家许国璋先生在他的文章《论外语教学的方针与任务》中,阐述了新形势下外语教育规划的方向和任务,并提出外语教育的任务是把外语作为学习世界科学和文化知识的工具。② 因此,大力培养掌握外语的"科技人才"和"专门人员"成为改革开放初期公共外语教育人才培养的目标。

邓小平同志在 1983 年 9 月为景山学校题词"教育要面向现代化,面向世界,面向未来",成为了我国教育发展具有长远意义的指导纲领。"三个面向"是对党的教育方针的丰富和发展,对新时期大学公共英语教育发展起到了纲领性作用。"三个面向"是这一时期教育政策坚持教育性,兼顾政治性、经济性和社会性价值取向的综合体现。教育要面向现代化,阐述了教育与国家经济建设、社会发展之间的关系。必须大力发展教育,提高劳动者的科学文化水平和素质,为四个现代化建设培养人才,建立适合社会主义现代化建设的教育体系,更好地为社会主义现代化建设服务。教育要面向世界,强调教育发展不仅要着眼于中国,更要放眼世界,大胆地借鉴其他国家的先进经验和世界范围的先进成果。教育要面向未来,强调教育要有前瞻性,以长远的战略性眼光办好教育,加强教育长远发展的力量。教育要做到"三个面向",一定离不开外语教育,对高等学校外语教育尤其是外语人才培养提出了更高的要求,突出和强调了这一时期外语人才培养的工具性价值目标。

三、确立为社会主义建设服务的价值定位

改革开放初期,我国的大学英语教育政策服务于社会经济发展大局,坚持外语教育必须"为社会主义建设服务"。在这样的社会价值取向下,围绕经济建设中心,提高科学技术水平的需要,我国开始全面恢复和发展公共英语教学,英语教育的规模不断扩大,人才培养质量不断提高,国民英语水平不断进步,培养了国家发展进步所需要的各级各类外语人才,尤其是精通英语的科技专门人才。我国也迅速发展成为了一个英语教育大国,英语教育规划不仅推动了教育改革的不断进步,更有力地推动了国家的改革开放、社会进步以及经济发展。相比较改革开放前,高校公共英语教育在改革开放的初期开始了第

---

① 《邓小平文选》第二卷,人民出版社 1994 年版,第 55 页。
② 许国璋:《论外语教学的方针与任务》,《外语教学与研究》1978 年第 2 期。

一次战略性的转变,由对公共英语的政治价值关注开始转向为突出服务社会主义建设的"工具性"价值定位,开启了全面服务社会主义现代化建设和社会发展变革的政策规划价值模式,逐步开创了高校公共英语教学与社会发展进步、经济社会发展相互促进的良性互动局面。

改革开放初期公共英语教育各项政策从调查研究到制定主要是国家层面"自上而下"的行动,主要体现在国家领导人多次发表重要讲话,以及对加强外语教育的各项指示中;国家层面专门召开全国外语教育座谈会,教育部等相关部门多次集中组织和开展调研活动及会议研讨。外语教育政策在课程建设、教材编写、师资培训等各方面都取得了很大进步,高等教育和公共英语教育体系逐步建立健全,公共英语教育规划逐步恢复和发展。① 这些都围绕着一个中心,即讨论公共英语如何更好地为社会主义建设服务。

为贯彻落实全国教育大会精神,认真研究外语教育如何更好地为实现新时期总任务作贡献,1978 年召开了全国外语教育座谈会,总结了中华人民共和国成立以来我国在外语教育方面的经验和教训,探讨了加强外语教育、提高外语教育质量的措施和办法,提出为早日实现四个现代化培养各方面外语人才的目标,对外语教育进行了全面的研究和规划。会议把公共英语教学提高到了与专业外语教学同等重要的位置。② 会上也客观地分析了我国公共英语教学的不足,引导教育界开始重视和研究大学英语教学。上海外国语大学在会上指出:"多快好省地培养各种外语人才,让越来越多的科技工作者和其他专业人员掌握外语工具,这是外语教育所面临的一个紧迫而艰巨的任务。""使外语教育尽快适应四个现代化的需要。"提出教学内容要适应四个现代化的需要,强调学习科技方面的内容,深入开展外语教学方法的研究,提高外语教师水平等。上海外国语大学还开办了针对科技外语人员的培训班,在本科生中采用国外出版的科技外语教材,专门培养科技外语教师,编写科技外语教材,探索适合我国的科技人员学习外语的方法。③ 会议召开以后,外语教育工作者纷纷撰写文章讨论如何加强外语教育,提高教学质量等,为公共英语教学献计献策。如周序鸿的《应当高度重视大学公共外语教学》,王德瀛的《综合

① 沈骑、鲍敏:《改革开放以来的中国外语教育规划》,《语言战略研究》2018 年第 5 期。
② 付克:《对当前公共外语教学的几点建议》,《高教战线》1982 年第 7 期。
③ 上海外国语学院:《加强外语教育的几点意见》,《人民教育》1978 年第 11 期。

大学要把外语教学重点转移到公共外语课上来》,刘重德的《大学公共外语课的改革问题》,张昭华的《关于理工科院校外语教学的几点意见》,杨治琰的《理工科院校外语教学应以培养学生科技文献笔译能力为主》,缪岳山的《科技文献翻译人员应由理工科院校培养》,于福生的《理工科院校应培养科技翻译人才》,韩哲的《试谈大学公共外语课电视教学》等。① 这些讨论都围绕着如何提高公共英语教学水平,从而更好地为社会主义建设服务展开。

改革开放后我国社会的稳定、经济的飞速发展,党和政府对于外语教育的关心和重视,国内外相关机构和团体的支持和协助,以及广大英语教育工作者的共同努力,使得大学英语教育在改革开放初期迅速发展,焕发了生机与活力。大学英语教育也顺应时代发展的潮流,不断满足国家变革的需要,全面服务社会经济发展和社会主义建设,这样的外语教育价值定位不仅为当时大学英语教育恢复和之后的长期迅速发展创造了必要的政策基础,而且还预示着传统外语人才培养观念的变革,为之后复合型、多元化的外语人才培养奠定了基础。

第三节　大学英语教材呈现追求
知识和服务科技的取向

大学英语教材不是教学内容或者英语材料的简单汇总和编排,而是与政治、经济、文化、社会等方面有着深刻而紧密的联系,并且不可避免地受到这些因素的影响和作用。不论大学英语教材中的内容是以何种方式进行呈现,都必然是经过选择的结果。大学英语教材根植于一定的社会文化之中,因而表现出特定的时代特征,反映特定的社会发展状况。分析大学英语教材内容,审视社会需要与教材之间的价值关系,可以发现不同时期大学英语教材所表现出的价值倾向的阶段性特征。大学英语教材作为文化和价值选择的结果,除了具有语言知识传授的作用外,还蕴含着价值教化和价值引导的功能,并且这种功能会在教师有意识或者无意识的教学过程中传递给学生,并直接或者间接影响学生的价值观念。大学英语教材不仅是语言知识传授的文本,也是社会主流价值观的载体,体现国家对于"培养什么人"的理想要求。

---

① 《关于加强外语教育的文章索引》,《外语界》1981 年第 2 期。

　　1978 年至 1984 年,改革开放初期的大学英语教育处于恢复和发展阶段。一方面,在改革开放初期党和国家不断解放思想,教育领域也逐渐打破了长期以来教育思想封闭的局面,这就为大学英语教育的进一步恢复和发展创造了良好的思想文化环境。另一方面,国内外的形势发生了巨大变化,党和国家重新确立了实事求是的思想路线,实现了工作重心战略性地转移到经济建设上来。大学英语教育围绕着国家以经济建设为中心的要求,结合大力发展生产力,加强科技和教育发展,以及加强对外交流的需要,为改革开放和社会主义建设提供了重要的支持和服务,在教材主要内容上呈现出追求知识与重视科技的取向。

　　一、文本主题:追求科学至上,主题分布不均衡

　　本章选取 1978 年至 1984 年间出版的具有代表性的五套大学英语教材进行价值取向分析,共计 19 册,包括了 489 篇文本。包括大连海运学院英语教研室出版的供理工科学生使用的《基础英语》,上海交通大学科技外语系吴银庚主编的《英语(理工科通用)》,复旦大学外文系文科英语教材编写组编写的《英语(文科非英语专业用)》,清华大学外语教研室陆慈主编的《英语教程(理工科用)》以及北京大学公共外语教研室主编的《英语(文科)》。表 4 详细统计了各套教材的中文名称、册数及出版社情况。

表 4　第一代大学英语教材中文名称、册数和出版社情况

中文名称	册数	出版社
辽宁省工科院校《基础英语》	2	人民教育出版社
上海交大《英语(理工科通用)》	4	高等教育出版社
复旦大学《英语(文科非英语专业用)》	4	商务印书馆
清华大学《英语教程(理工科用)》	4	人民教育出版社
北京大学试用教材《英语(文科)》	5	北京大学出版社

　　通过对所选教材的选文文本主题进行分析发现,改革开放初期的第一代大学英语教材选文文本在主题层面的价值取向涵盖了分析框架的各个维度,教材文本内容涉及了个人层面即"人与人",社会层面即"人与社会"主客体间性,以及自然层面即"人与自然"关系的讨论。基于文本主题的各个价值取向分析类目的具体篇章频数和比例如下表 5 所示。可以看出,所选改革开放初

期的第一代大学英语教材文本主题的价值取向以"人与自然"为主,大约有377篇,占比达到77.1%。而个人层面,即对人本身的探讨相对较少;"人与社会"的选文数量最少,只有53篇,占比仅有11%左右。这说明所选教材中,英语教材文本主题对客观世界的关注远远超过了对人本身及对人与社会关系层面的关注。可以发现,这一时期的大学英语教材在主题内容上以对"客观世界"的描述,尤其是以科学技术为主,突出外语教育与"科技发展"相结合的特点,充分体现了外语教育为"社会主义建设"服务的思想,文本主题价值表现出追求知识和重视科技的社会本位价值取向。

表5　第一代大学英语教材基于文本主题的价值取向篇目分布情况

价值取向类目	篇数	频率(%)
个人层面	59	12.1
社会层面	53	10.8
自然层面	377	77.1

(一)个人价值取向:追求科学精神,发展优秀品质

基于文本主题的个人层面的价值取向以人为主体,关注人对外界的认知和情感,因此个人层面价值取向一级类目包括两个维度:人对自我的探讨及人对周围人际关系的探讨,即"人与自我"和"人与他人"。"人与自我"包括认识和接纳自我,实现自我价值,发展优秀品质,追求幸福人生,提升个人技能的方法策略,以及对未来职业发展的规划。人是社会性动物,教育的目的最终是实现学生的社会化发展。因此,个人层面的价值取向还应包括社会中的"人","人与他人"涉及友情、亲情等人际关系,包括"家庭亲情""婚恋爱情"和"其他社会关系",具体的个人层面价值取向分析类目如表6所示。

表6　第一代大学英语教材基于文本主题的个人层面价值取向分析类目表

个人层面价值取向分析类目	
人与自我	个人品质
	个人技能
	职业发展

续表

个人层面价值取向分析类目	
人与他人	家庭亲情
	婚恋爱情
	其他社会关系

　　通过分析发现,基于文本主题的个人层面价值取向的相关文本在所选取的五套教材中仅有59篇,占篇目总数的12.1%。可见改革开放初期的大学英语教材在选材内容上缺少对"人"的关注。尽管个人层面价值取向并非改革开放初期大学英语教材的价值取向主体,但从人本身出发的价值取向探讨是各代大学英语教材不可或缺的主题。表7展示了一级类目"个人层面价值取向"维度下"人与自我"和"人与他人"类别的篇目频数分布。

表7　第一代大学英语教材基于文本主题的个人层面价值取向篇目频次统计①

价值取向类目			频次		频率(%)	
个人层面 (59篇)	人与自我	个人品质	42	29	71.2	49.2
		个人技能		11		18.6
		职业发展		2		3.4
	人与他人	家庭亲情	17	9	28.8	15.3
		其他社会关系		8		13.6
		婚恋爱情		0		0

　　由表7统计可知,"个人层面"价值取向分析维度下,探讨"人与自我"价值取向的文章占个人层面全部文本的71.2%,而"人与他人"的文章仅为28.8%,不足20篇。由此可以看出,关于"人与自我"的自我价值探讨是"个人层面"价值取向分析框架下的主要趋势。其中,对"人与自我"的讨论又可分为发展个人品质、提升个人技能和发展职业能力。但是,"人与他人"的主题,包含家庭亲情、婚恋爱情和其他社会关系,同样是"个人层面"价值取向的重点。下文将结合教材文本主题的具体例子对第一代大学英语教材基于文本主题的价值取向进行分析和阐释。

---

　　① 本书数据统计按照"四舍五入"原则,保留一位小数,合计总数可能不会精确等于100%。

在"人与自我"价值层面,关于自我价值主题的探讨可进一步划分为"个人品质""个人技能"和"职业发展"。"人与自我"主题价值旨在鼓励学生认识和接纳自我,发展个人技能和职业,以实现自我价值。与该内容相关的课文篇目多以名人传记的形式,通过历史人物的生平故事介绍反映其优秀品质,激励学生从中汲取人生经验,引导学生树立正确的人生观和价值观。例如,上海交大《英语(理工科通用)》教材第四单元及扩展阅读的文章讲述了爱因斯坦和爱迪生发明创造的故事,强调问题意识和质疑精神在科学研究中的重要性。学生从此类选文主题中可以更深刻地理解创新精神和创造力的含义。北京大学试用教材《英语(文科)》第八单元与第九单元讲述了瓦特的故事。文章没有直接描述瓦特发明蒸汽机的过程,而是另辟蹊径,以主人公的日常生活为记述对象,来体现瓦特的个人品质,表达优秀的品质是铸就成功的基石,鼓励学生养成良好的习惯,树立远大的人生目标。这一时期大学英语教材的人物传记多以科学家为主,这也体现了社会文化的时代背景,即要求外语教育将"外语"与"科技"结合,教育为"社会主义建设"服务的要求。值得一提的是,所选取的教材中包含寓言故事,例如复旦《英语(文科非英语专业用)》第一套第九课讲述了较为经典的《渔夫和妻子》的故事,借以告诉学生贪婪的代价;复旦《英语(文科非英语专业用)》第二套《王子和乞丐》的故事,反映了幸福的真谛与财富无关。对自我价值的追求还体现在"个人技能"的提升上。上海交大《英语(理工科通用)》第三套第十二单元课文介绍科学研究的态度,还有课文围绕批判性思维的养成进行阐释。语言也是个人技能的重要组成部分。北京大学试用教材《英语(文科)》第十六课介绍英语学习中遇到的困难,鼓励学生对习以为常的学习习惯进行深入思考。所选第一代大学英语教材文本主题对"职业发展"的体现总体相对较少。但也有部分课文通过对各种职业的介绍,使读者树立良好的职业价值观,鼓励学生勇于探索自己的兴趣爱好,在不同的岗位上发光发热,体现"爱岗敬业"的价值观。

在"人与他人"层面,所选的第一代大学英语教材文本主题的家庭亲情是"人与他人"价值取向相关文本的重要组成部分,占个人层面价值取向相关篇目约28.8%。家庭在个人成长环境中起至关重要的作用。例如,北京大学试用教材《英语(文科)》第一套第二十三课就通过回顾一个人的成长过程体现家庭的意义。北京大学试用教材《英语(文科)》第八课以 *Going Home* 为主题,激励年轻人要不忘初心,感恩父母。家庭之外,社会环境中的人际关系也与个人发展息息相关,包括与朋友的关系,甚至是陌生人的关系。北京大学试用教材《英语(文科)》第二单元第四课以 *Everyone Needs Friends* 为主题,强调友谊的重要意义。第三套第十课、第十一课 *A gift of Understanding* 则关注陌生人之间的人际情谊。总体来说,"人与他人"相关的课文文本主题倡导"与人为善",要求学生在充分理解他人的基础上,与他人保持友好关系,取长补短、和谐相处。

（二）社会层面:关注政治价值,激发爱国情怀

基于文本主题的社会层面价值取向关注的是人作为主体,与客体即政治、经济、社会、文化等之间的价值关系。"社会层面"文本主题的价值取向涉及多个维度,主要体现为:政治、经济、文化、社会和人文社科等。其中,政治维度包括"国家"和"国际",社会维度包括"教育"和"社会规范",人文社科维度包括文学、哲学、历史和艺术等主题。总体上看,在所选的第一代教材中,文本主题对于社会层面价值取向的探讨相对较少,共有53篇,仅占文本总数489篇的10.8%。由此可见,社会层面价值取向也不是改革开放初期大学英语教材文本主题的主要价值取向。具体篇目频数分布如表8所示:

表8　第一代大学英语教材基于文本主题的社会层面价值取向篇目频次统计①

价值取向类目			频次		频率（%）	
社会层面 （53篇）	政治	国家	13	10	24.5	18.9
		国际		3		5.7
	经济	经济	2	2	3.8	3.8
	文化	文化	8	8	15.1	15.1
	社会	教育	3	3	5.7	5.7
		社会规范		0		0
	人文 社科	文学	27	4	50.9	7.5
		哲学		23		43.4
		历史		0		0
		艺术		0		0

① 本书数据统计按照"四舍五入"原则,保留一位小数,合计总数可能不会精确等于100%。

由表 8 统计可知,在基于文本主题的社会层面价值取向分析维度下,首先是人文社科类主题的相关文章篇目数占比最多,超过"社会层面"篇目的一半。其次是探讨"政治"主题的文章占多数,比例大约为 24.5%。再次是"文化"主题,占社会层面全部主题的 15.1%。而所选教材中涉及经济和教育等主题的文章占少数,仅有 5 篇,而社会规范、历史和艺术等方面的文章则没有。由此可知,"人与社会"框架下,对"人文社科""政治"和"文化"的探讨最多。下文将重点从"人文社科""政治"和"文化"三个方面进行详细阐释。

所选的第一代大学英语教材与"人文社科"相关的文章篇目较少,在总数 489 篇文本中,仅有 27 篇相关主题的文本,占收集到文本总数的 5.5%。其中,涉及到的文本主要以"文学"和"哲学"相关主题为主,"历史"与"艺术"相关主题的文章几乎没有涉及到。文学类的文本主题主要讲述西方神话传说,例如北京大学试用教材《英语(文科)》第二套第十二课与第十三课讲述了古希腊神话中三女神争金苹果的故事,第三套第九课讲述了普罗米修斯的故事。西方神话故事是西方文化的基础,大学英语教材中该部分内容的设置旨在增强学生的文学修养,同时,就价值观而言,则是希望学生对西方文化有更加客观、更加深刻的理解。"哲学"相关主题占了"人文社科"的较大部分,例如北京大学试用教材《英语(文科)》第四套第二课引用了罗素著名的文章 *How to Grow Old*,引导学生培养正确的人生观,能够正确对待生命和死亡。也有一些哲学主题是与科学相关,例如上海交大《英语(理工科通用)》第三套第七课对比了科学和哲学的文化基础,说明哲学对科学发展进程的影响;该套教材第五课则向学生详细说明了数学知识在生活方方面面的运用。该类篇目旨在鼓励学生辩证思考,在日常生活中积极运用批判性思维,进一步将批判性思维用于科学研究。

与"政治"主题相关的课文文本中,"国家"相关的话题最多,涉及国家形象、政府、总统、选举等话题。而在具体文本内容中,"国家"这一主题主要由历史故事或历史人物相关的文本主题展现。比如,北京大学试用教材《英语(文科)》第一套第二十三课讲述了刘胡兰的故事,体现革命先烈的坚定信念;第四套第一篇课文讲述了《工人阶级和革命事业》,将历史事实呈现给学生,帮助激发学生的爱国热情。第二套教材中还多次讲述了白求恩的故事。一方面,通过白求恩的事迹体现其职业素养;另一方面则体现了共产主义者对共产主义事业的坚定信仰。复旦《英语(文科非英语专业用)》第二套第七篇课文介绍了《解救飞虎队》的故事,将历史呈现给学生的同时也为学生展现了战时的国际合作,以及各国人民对和平正义的追求和对非正义战争的反对。通常来说,在"人与社会"文本主题范畴下,"政治"作为一个较宏观的话题,往往容易被忽略,学生也会觉得政治相关的内容遥不可及。第一代大学英语教材基于时代背景,以回顾历史为主,通过对历史事件进行描写引导学生树立正确的政治价值观,激发学生的爱国情怀。

"文化"层面的课文文本主题包括国家文化、宗教文化、民族文化,节日、风俗、习惯、人种、种族等方面。改革开放初期的第一代大学英语教材涉及文化主题的课文所占比例约为 15.1%,但总体而言,涉及的文化类型并不多。课文以介绍英美文化为主。《英语教程(理工科用)》第三套第二篇课文则以 *English Manners* 为主题,为学生展示英国人的礼仪和习俗。值得一提的是,北京大学试用教材《英语(文科)》第五套第五课和第六课以 *Driving in The Passage* 为题,描述了一个与种族歧视有关的故事。故事以主人公第一视角展开,故事情节引人入胜,学生读完后会对该主题感同身受,进一步了解种族问题的严峻性,也会对故事中主角间的友谊产生共鸣。结合改革开放初期大学英语教材所处的时代背景,国内形势正值恢复时期,对国外文化主要以介绍基本情况为主,缺乏进一步的解读。尽管如此,"文化"主题的篇章在帮助学习语言知识和了解外国文化的同时,有助于培养学生的国际化视野。

(三)自然层面:关注自然科学,发展科学技术

基于文本主题的自然层面的价值取向关注的是人作为主体,对待自然、社会等外部客体的价值观念。因此,"人与自然"一级类目按照涉及的不同领域主要包括世界地理、宇宙天体、自然生态、科学技术、生命科学和物理化学等。"人与自然"是所选第一代大学英语教材基于主题层面价值取向的主体,第一代大学英语教材多围绕"人与自然",特别是科学技术内容的相关主题进行探讨。

在所选取的 5 套教材收集到的 489 篇文本中,基于文本主题的自然层面价值取向的文本共计有 377 篇,占所有教材文本篇目总数的 77.1%。由此可

见,改革开放初期的第一代大学英语教材的文本主题是以自然层面的价值取向为主,充分体现了这一时期"外语"与"科技"相结合的外语教育政策,展现了培养懂外语的科学技术人才的大学英语课程目标取向。从基于文本主题的自然层面的角度来看,选文文本频数及频率分布如表9所示:

表9 第一代大学英语教材基于文本主题的自然层面价值取向篇目频次统计①

价值取向类目		频次	频率(%)
自然层面 (377篇)	世界地理	33	8.8
	宇宙天体	19	5.0
	自然生态	17	4.5
	科学技术	226	59.9
	生命科学	13	3.4
	物理化学	69	18.3

由上表可知,教材中对"科学技术"和"物理化学"的探讨较多。"科学技术"相关的文本最多,有226篇,占所有教材文本489篇的46.2%,占自然层面相关文本的比例将近60%,"物理化学"相关文本有约69篇,占自然层面相关文本的18.3%。与科学科技相关的文本中,多探讨对基础原料的应用技术等,比如 Psychic Machine、Plastics、Aluminum、The Use of Metal、Machine Tools 等;也有对新兴科学技术的讨论,比如 Radar、Superconductivity、X-ray、Natural Gas 等。科学技术相关的主题文本中,也有部分文本关注对未来生活及外太空探险的探讨,例如辽宁省工科院校《基础英语》第一篇课文即为 The Center of Universe,以哥白尼"日心说"为基础介绍宇宙天体知识,旨在培养学生的求知欲和大胆探索的精神。除了对已有知识的回顾,还有部分文章主题表达对未来生活的展望和幻想。如 Future Cars、Future Houses、Electric and Electronic Engineering in the Future 等。科学幻想相关主题文章鼓励学生大胆创新,勤于思考,储备相关知识,积极投入科学建设,为科学建设贡献力量。值得注意的是,在探讨"人与自然"时,除了探讨新兴技术和科

① 本书数据统计按照"四舍五入"原则,保留一位小数,合计总数可能不会精确等于100%。

学发展,也不乏对"生态环境"的思考,比如 *Water Pollution*、*Noise Pollution*、*Is the Ocean the Wastebasket* 等文章,通过描述科学飞速发展带来的"副作用",引发学生的环境保护意识。但与物理、化学及科技主题的文章篇目相比,这一类文章占比较少。

由以上分析可以看出,所选的改革开放以来的第一代大学英语教材以"人与自然"为主要话题,探究人对自然的认知、对自然资源的利用,以及对客观自然的改造。所选教材的主题层面的价值取向与时代背景相符。党和国家的教育方针是"为社会主义建设服务",相应的外语教育方针则是培养"外语"与"科技"复合型人才。总体来说,改革开放初期的第一代大学英语教材基于主题的价值取向覆盖了个人、自然和社会三个层面,但具体价值取向内容分布在三个层面的比例上有很大不同。其中,自然层面价值取向相关的选文篇目占到了 77.1%,个人层面的价值取向内容相关的篇目占比 12.1%,而社会层面价值取向相关的选文篇目仅占 10.8%。这与这一时期国民经济发展及社会发展对科技人才和科学技术知识的迫切需要有本质上的联系,与教育领域尤其是外语教育对于理工科高校公共英语教学的重视有直接的关系。

党的十一届三中全会召开标志着我国进入到了一个新的历史转折时期。教育领域尤其是大学英语教育经历了从整顿恢复到快速发展的过程。与大学英语教育的恢复和发展离不开的,是作为教学核心内容和载体的英语教材的发展。改革开放初期,公共英语教材编写工作取得了很大的成绩,满足了培养学生将英语作为工具,通过阅读获取专业信息和翻译科技文献的需要,对于培养优秀外语人才发挥了重要的作用。这一时期大学英语教材的编写背景以及教材选材的思路,可以从所选取的五套教材的"前言"中略见一斑。比如,辽宁省工科院校《基础英语》中提到:"适用于培养科技英语阅读能力的教科书","以便更好地帮助理工科学生和科技人员掌握技术英语","课文和阅读材料均直接取材于科普读物或科技书刊"。"语言上,注意保持科技语体的特点。"上海交大《英语(理工科通用)》是"为了适应高等学校理工科英语教学的需要"而编写的,吸取国内科技英语教材的优点和我国公共英语教学经验。课文以"科普文体"和"科技文体"为主,使学生接触"半科技词汇"以满足阅读科技文献的需要。课文、阅读材料、听力训练的文章选材大多是今年出版的英美科技读物、教科书、杂志等。会话部分的内容包括学校生活和科技对话,训练学生就某个科技题目作有准备的简单发言。写作部分介绍科技英语的常用概念,介绍科技文章摘要的写作特点。复旦《英语(文科非英语专业用)》的课文选材主要以原文为主,对话以日常生活为题材。清华大学《英语教程(理工科用)》的教学目标是为学生阅读英语科技书刊打下较扎实的语言基础,文章内容包括学校生活、科普知识、科学幻想和科学家传记等。北京大学试用教材《英语(文科)》的课文包含政治、历史、经济、文艺等方面的文章。

结合对所选取的五套教材的价值取向的分析,不难看出改革开放初期大学英语教材在选材上关注自然层面的价值取向,尤其是突出科学技术方面的内容,选材取向倾向于科技和科普题材。这与改革开放初期的社会形势和社会主流价值观是一致的。符合 1980 年《公共英语教学大纲》对于教材选材的标准和要求,体现了大学英语教育服务于国家四个现代化建设的主要目标与功能。同时与邓小平同志提出的"科学技术是第一生产力"的科学论断,以及抓科技发展与抓教育同时进行的思路一致。

二、文化内容:共同文化语篇为主,凸显科技兴起

本书根据 Kachru 的文化圈层理论对所选的改革开放以来的第一代大学英语教材的文本文化内容进行分析,将教材文本的文化内容分为六个种类:内圈文化(包括英美国家相关文化,加拿大、澳大利亚、新西兰等国家文化)、外圈文化(包括新加坡、印度、牙买加等英语为官方语言国家的文化)、扩展圈文化(包括中国及其他国家文化)、共同文化(指世界共同话题的文化)、文化对比(对两个及两个以上国家的文化进行讨论和比较的文化)以及国别不详文化(无法判断来源国家的文化)。结合历史背景、教育政策和教学法沿革等因素,对所选教材文本所包含的文化内容进行列举、对比和评析,力争展现改革开放初期大学英语教材的文化内容特点。由表 10 可以看出,第一代大学英语教材中内圈文化的文本共计 96 篇(19.6%),外圈文化文本共计 2 篇(0.4%),扩展圈文化文本共计 67 篇(13.7%),文化对比共计 23 篇(4.7%),共同文化共计 227 篇(46.4%),国别不详共计 74 篇(15.1%)。通过以上数据可以看出,所选的第一代大学英语教材文化内容以共同文化语篇为主,英美文化语篇次之,中国本土文化语篇较少,外圈文化语篇极少。

表 10   第一代大学英语教材文本总体文化内容配置情况①

文本类别 文本总数	内圈 文化		外圈 文化	扩展圈文化		文化 对比	共同 文化	国别 不详
	英美 文化	加拿大、 澳大利 亚、新 西兰等 文化	印度、 新加坡、 牙买 加等 文化	中国 文化	其他 国家 文化	对两个 及两个 以上国 家的文 化进行 讨论、 比较	世界共 同话题	文化来 源国家 不明
频次	94	2	2	24	43	23	227	74
比例	19.2%	0.4%	0.4%	4.9%	8.8%	4.7%	46.4%	15.1%

(一)以共同文化语篇为主,其他国家文化语篇较少

由表 10、表 11 中的数据可知,所选教材以共同文化语篇为主,选文数量占比 46.4%。其内容多与新技术、新能源和新发明相关,展现了改革开放初期国家对科学技术发展的探索和重视,公共英语着重培养学生的科学文化素养。例如:辽宁省工科院校《基础英语》第一册 *Transistor* 一文中详细介绍了晶体管的功能和工作原理;辽宁省工科院校《基础英语》第二册 *Man and Machines* 阐述了自动化技术在工厂的应用,以及自动化系统与人类劳动特点相比的局限性及其进步方向;辽宁省工科院校《基础英语》第二册 *Imitating Natures* 讲述了发明家受到生物生理特点的启发而进行的发明创造,列举了 1964 年根据鱼尾特征发明的螺旋桨、人工仿造的海豚皮制成鱼雷以提高其航速的例子,展现了仿生物学家的探索历程;上海交大《英语(理工科通用)》第一册 *Rockets in the Sky* 讲述了火箭的发明创造等。这些教材文本内容专业词汇较多,旨在解释说明科学技术的工作原理,使学生增加科学技术知识,但文本缺乏生活气息,不重视语言的交际功能。

---

① 本书数据统计按照"四舍五入"原则,保留一位小数,合计总数可能不会精确等于 100%。

表 11　第一代大学英语五套教材文本的具体文化配置情况

文本类别数量及比例 \ 教材名称（文本总数）		辽宁省工科院校《基础英语》78	上海交大《英语（理工科通用）》141	复旦《英语（文科非英语专业用）》52	清华大学《英语教程（理工科用）》144	北京大学试用教材《英语（文科）》74
内圈文化	英美文化	31	18	10	13	22
		39.7%	12.8%	19.2%	9.0%	29.7%
	加拿大、澳大利亚、新西兰等国家文化	1	0	0	0	1
		1.3%	0%	0%	0%	1.4%
外圈文化		1	0	1	0	0
		1.3%	0%	2.0%	0%	0%
扩展圈文化	中国文化	12	0	4	5	3
		15.4%	0%	7.7%	3.5%	4.1%
	其他国家文化	9	14	2	10	8
		11.5%	9.9%	3.8%	6.9%	10.8%
文化对比		0	8	6	2	7
		0%	5.7%	11.5%	1.4%	9.5%
共同文化		16	85	9	107	10
		20.5%	60.3%	17.3%	74.3%	13.5%
国别不详		8	16	20	7	23
		10.3%	11.3%	38.5%	4.9%	31.0%

其次，关于英美文化的选文共 94 篇，占比为 19.2%。在具体内容上，类型较为单一，具有理工科专业性，选文内容主要展现了英国、美国著名科学家的发明创造及其身上体现的坚持不懈、勇于创新精神。例如：上海交大《英语（理工科通用）》第二册 *The Dawn of the Air Age* 一文中详细阐述了美国莱特兄弟首次试飞飞机，为飞机的实用化奠定基础的传奇故事；上海交大《英语（理工科通用）》第三册 *The Story of Xerography* 中描述了美国发明家切斯特·卡尔森发明静电成像式印刷术的历程；清华大学《英语教程（理工科用）》第二册 *Alexander Graham Bell—The Inventor of the Telephone* 中详细阐述了美国发明家

亚历山大·格拉汉姆·贝尔是如何克服困难发明电话的故事,赞扬了其对人类的巨大贡献;北京大学试用教材《英语(文科)》第二册 Reading 一文中讲解了美国著名科学家、哲学家本杰明·富兰克林在年轻时对读书的热爱以及创办 Junto 读书俱乐部的事迹,将一位科学家勤于读书、不断思考、敢于质疑的品质描述得淋漓尽致。

(二)拓展圈国家文化中中国文化语篇较少,科技内容突出

在所选第一代大学英语教材的 489 篇阅读中,关于中国本土文化的文本仅有 24 篇,占比 4.9%,而涉及拓展圈中其他国家文化的文本数为 43 篇,占比 8.8%,为中国文化文本数的 1.8 倍。关于中国文化的文本具体内容包括以下三类:一是讴歌为中国革命事业做出贡献的共产党员,主要包括周恩来、白求恩、毛泽东、刘胡兰、叶剑英和邓颖超等。例如:北京大学试用教材《英语(文科)》第一册课文 Stories of Bethune,本篇文章主要讲述了加拿大共产党员白求恩医生参加中国抗日革命时的两则轶事,表明了白求恩医生虽然是外国人,但却把中国的解放事业当作自己的事业,工作认真负责、不搞特殊,教材通过故事对共产主义精神进行弘扬和宣传。清华大学《英语教程(理工科用)》第一册课文 Comrade Zhou Enlai at Nankai 主要讲述了周恩来同志在南开中学读书时就树立了为中国革命奋斗终身的志向,勤奋学习,积极参加社会运动并发表了很多文章,对当时的青年产生了重大影响。选自北京大学试用教材《英语(文科)》的第一册课文 Liu Hulan 讲述了革命先烈刘胡兰面对国民党的严刑逼供,宁死不屈,坚决不泄露党的秘密,最后英勇就义的故事,毛泽东了解后专门为其题字——"生的光荣,死的伟大"。由此可见,所选教材对中国文化的描写具有很强的政治色彩,主要集中在共产党领袖或革命模范人物以及外国英雄的正确的政治态度,通过树立正面的信念理想,激发学生对忠于国家、为人民服务的主流价值观的认同,也从侧面表现共产主义信仰和价值观具有广泛的群众基础。二是介绍中国和中国城市(仅 2 篇,且仅出现在文科教材中)。例如:复旦《英语(文科非英语专业用)》课文 Su Zhou 篇幅短小,宽泛地介绍了苏州历史悠久,且正在逐步走向现代化、呈现新面貌。北京大学试用教材《英语(文科)》课文 China 先简要讲述了中国的大好河山,接着提出在中国共产党的领导下,中国人民努力奋斗共建社会主义。可见,所选教材在涉及中国文化时注重政治性和思想性。三是讲述中国大学生的校园生活(仅 1 篇)

在所选教材中,仅有清华大学《英语教程(理工科用)》第一册的 *A College Student* 文中讲述了在北京读书的大一新生李平的专业学习和校园生活,且篇幅短小,内容简单,但具有很强的生活交际性。整体来说,所选教材中关于中国文化的内容较少,且有关校园生活和社会生活的文化内容也很少。

其他国家文化的文本突出了"科学至上"的内容,主要介绍法国、波兰、苏格兰、德国等国家的著名科学家、发明家、天文学家、数学家等以及这些国家的先进科学技术。例如:上海交大《英语(理工科通用)》第二册 *Which is the Center, the Sun or the Earth* 一文中介绍了波兰天文学家尼古拉·哥白尼提出的"日心说",否定了教会的权威,改变了人类对自然对自身的看法;上海交大《英语(理工科通用)》第一册中 *Albert Einstein* 一文中详细描述了爱因斯坦提出"相对论"并将其以深入浅出的方式讲给年轻学生的故事;清华大学《英语教程(理工科用)》第二册 *Eureka* 一文中讲述了古希腊科学家、哲学家阿基米德通过帮助叙拉古赫农王辨别其金冠是否掺假而意外发现浮力原理的故事;清华大学《英语教程(理工科用)》第二册 *Madame Curie and Radium* 一文讲述了法国著名波兰裔科学家居里夫人坚持不懈、不怕失败,最终和丈夫一起提炼出镭元素的事迹。由以上分析可知,在拓展圈国家文化中,所选教材关于其他国家文化内容的文本充分突出科技内容,弘扬坚持科学态度、探索真理与事实,体现了坚持科学与实践相结合,以及科学为人民服务、为国家建设服务的价值取向。这与当时的社会背景息息相关,改革开放初期,国家为改变落后面貌开始重视教育与科技,邓小平同志提出"科学技术是第一生产力"的观点,认为要发展科学技术,必须从教育入手,而且"抓科技必须同时抓教育",这对教材的编写影响很大,教材选材趋向于创新精神、科学精神和实践能力的引导。综上所述,所选教材关于中国文化的内容远低于其他国家文化的内容,存在文化失衡现象,关于中国文化的文本主要涉及革命英雄,宣扬社会主义;关于其他国家文化的内容主要是为世界做出贡献的科学家,强调坚持不懈、坚持真理和不怕困难的科学态度。

(三)外圈英语国家文化展现极少

所选的改革开放初期的第一代大学英语教材中反映外圈英语国家文化的文本仅有 2 篇,而且内容都是涉及印度的文化,主要介绍印度的人文景观。例如,复旦《英语(文科非英语专业用)》第二册课文 *The Taj Mahal* 先讲述沙·

贾汗为纪念他的妻子穆塔兹·马哈尔而耗费大量人力、物力修建泰姬陵的故事,接着介绍泰姬陵的完美外观和艺术价值。

所选教材中关于外圈英语国家文化内容少的现象也反映出改革开放初期中国与外圈英语国家的关系。1949 年中华人民共和国成立后,1950 年印度就与中国建交,两国保持文化交流,因此所选教材中出现印度文化内容。而牙买加在 1972 年与中国建交,新加坡在 1990 年与中国建交,中国与其进行深入文化交流的起始时间相对于印度来说较晚,所选的第一代大学英语教材中没有关于这两个国家的文化内容。

通过以上分析可以看出,所选第一代大学英语教材文本文化内容以共同文化、英美文化为背景,文本内容主要提供客观信息,包括科普、科学知识和科技信息、高新科学技术、仪器器材设备及其利用等方面的介绍和描述,以及科普英美国家科学家取得的科学成就对人们生活生产方式或知识储备的影响和赞扬科学家的精神品质,充分体现了改革开放初期国家对学习西方科技文化知识、引进西方先进技术的重视,也体现出教材重视对学生的科学意识和常识理性的教育引导,与邓小平同志提出的"科学技术是第一生产力"以及抓科技和抓教育同时进行的政策方针相协调。

三、形象塑造:呈现"科学家本位化"和"男性优越化"特点

教材中的人物形象塑造可以潜移默化地向学生传达特定的价值观念,对学生价值观的形成起到榜样示范的作用。本书运用内容分析法对改革开放初期的第一代大学英语教材文本中的人物形象塑造进行分析,对教材中出现的人物的职业和性别进行频次、比例的统计分析,进而了解教材通过人物形象塑造传递的价值观念。总体来说,第一代大学英语教材中人物形象丰富多样,男性和科学家形象在教材中展现的尤其突出,体现了科学家本位化和男性优越化的价值倾向。

(一)人物形象:以科学家为主,人物形象呈现多样化趋势

总体来说,所选的第一代大学英语教材中人物形象呈现多样化的趋势,包括科学家、国家领袖、航海家、宇航员、医生和工人等,而且人物国籍多样,来自美国、英国、中国、法国和波兰等。如表 12 所示,五套教材中共出现 235 位人物形象,其中科学家(包括物理学家、天文学家、化学家、生物学家、发明家等)出现次数最多,达 99 次。关于科学家相关的文本主要描述各国著名科学家的

贡献、童年经历以及生活轶事,客观真实地为读者呈现出科学家们丰富多彩、充满光环而又崎岖坎坷的生涯。例如,辽宁省工科院校《基础英语》第二册 *Which is the Center, the Sun or the Earth?* 一文中描述了四位科学家为探索天体运行真理所作出的贡献:尼古拉·哥白尼挑战教会的权威,提出了"日心说",因担心遭到教会的迫害,在临近古稀之年才终于决定将理论整理出版;伽利略利用望远镜观测天体,有力支持了哥白尼的"日心说";开普勒通过科学计算再次支撑"日心说";牛顿提出万有引力定律详细解释了太阳和其他天体的运动,推动科学革命。上海交大《英语(理工科通用)》第一册 *Edison's Thinking Cap* 一文中讲述了美国发明家爱迪生幼年时母亲患病,他便利用平面镜反射的原理,增强屋子的光亮,使医生成功给母亲做成手术的故事,刻画出一个勤于思考、天资聪颖的少年爱迪生形象。清华大学《英语教程(理工科用)》第二册 *The Great scientist Sir Issac Newton* 一文中简述了科学家牛顿发现色光反射的特点,详细阐述了其被苹果砸中后产生灵感,进而发现万有引力的故事,强调了善于发现、善于思考的科学精神。可见,教材突出创新思维和科学能力的引导,使学生认识到科学源于生活,培养其善于思考、坚持不懈的精神。

结合社会时代发展,教材中关于科学家的文本出现次数最多,且以外国科学家为主不难理解。20 世纪 80 年代初期是整顿恢复、解放思想的改革开放初期,国家重视教育和科技,强调以开放的心态学习西方的先进技术。出于培养大量科学人才,以适应社会主义现代化建设需要的指导原则,大学英语教材中着重传递坚持科学态度、探索真理、注重科技发展的价值观念,因此教材中选取大量涉及外国科学家的文本,培养学生们的科学精神,通过描述科学家们的童年经历、生活轶事,拉近学生与科学家的距离。

表 12　第一代大学英语教材人物职业频次表

职业	频次	职业	频次
哲学家	1	工人(包括木匠、水管工、农场工人、搬运工、鞋匠)	11
工程师	11	艺术家(包括画家、音乐家)	3
商人	3	技师	2
医生	6	政治领袖	6
科学家	99	渔夫	1

续表

职业	频次	职业	频次
大学教授	19	警察	3
邮递员	3	军人(包括普通士兵、将军、军官)	3
探险家	3	州长	2
潜水员	1	航海家	2
宇航员	7	店员	2
秘书	1	联络员	1
天气预报员	1	社会学家	1
气象学家	1	投球手	1
船长	3	希腊神话英雄	2
农夫	2	市长	1
学生	8	文学家	1
驾驶员	3	历史学家	1
工厂主、雇主	2	新闻记者	1
数学家	2	教士	2
魔术师	1	职业不明	12
总计			235

　　由表 12 可知,关于大学教授的文本共出现 19 次,居第二位,内容多讲述了大学教授出于好奇发现问题,并不断探索、研究问题的故事。例如:辽宁省工科院校《基础英语》第二册 *Mind Over Matter* 一文中讲述了伦敦国王学院的教授约翰·泰勒看完魔术师不触摸金属却能使其弯曲的表演后,便开始探索力学,最后成功著有《超群脑力》一书。上海交大《英语(理工科通用)》第二册 *Superconductivity* 一文描述了莱顿大学昂纳斯教授通过数年实验发现一些金属在低温下会出现超导现象,而后在 1913 年他因使氦液化而获得诺贝尔奖。这些文本的内容重在描述客观事实,主要以时间顺序叙述了一些大学教授由发现问题到解决问题的过程,详细阐述其在调查研究中的不同阶段,专业性很强,对于科学态度和研究中所经历的坎坷没有突出强调,而文本注重科普其研究内容,总体上缺乏一定的故事性和生活气息。

　　所选教材中以工程师为主要人物形象的文本共出现 11 次,上海交大《英语(理工科通用)》的"编者说明"提到:"在党的十一大路线指引下,为了培养大批工程技术人才，以适应建设社会主义现代化强国的需要……编写这本教材。"可见改革开放初期，国家重视工业发展，选取有关发明家的课文内容来启发学生，培养其创新精神和实践意识。例如，辽宁省工科院校《基础英语》第二册 *Imitating Nature* 一文提到法国工程师克莱门特·阿德尔（*Clement Ader*）仿造羽毛制作螺旋桨，发明了第一台飞行机器，为航空业作出贡献。上海交大《英语（理工科通用）》第四册 *Bionics* 一文讲述了仿生学的兴起，介绍了众多工程师研究生物体的结构与功能的工作原理，并运用这些原理发明了新的设备、工具和技术。例如，制造类似于"鸭子"形状的机器，根据鱼尾发明船的螺旋桨，仿照蝙蝠翅膀制造飞行器等。在这些文本中，大部分的工程师都是法国国籍，充分体现出法国工程师教育的强大，法国工程师学院体系由拿破仑创立，学院历史悠久，是法国工程治国的重要依托，成功培养了大批精英工程师，因此在所选教材中出现的工程师多来自法国。

所选教材除了选取家喻户晓的科学家及取得研究成果的大学教授、发明家作为文本的主要人物形象，也附加了"普通人物"，比如工人和学生，以工人和学生为主要人物形象的文本出现频次分别为 11 次和 8 次。例如，北京大学试用教材《英语（文科）》第一册中 *Handy Andy* 一文刻画出一个心灵手巧、朴实憨厚的水管工形象。北京大学试用教材《英语（文科）》第四册 *Early Struggles of the Workers* 一文中，作者站在历史角度描写劳苦工人被压迫和反抗的历史，从埃及修建金字塔时建筑工人的反抗，到为反抗罗马奴隶主寡头政治起身为人民自由而战的起义者斯巴达克，总结出工人只有建立自己的组织来反抗压迫，才能让自身权利得以保障。复旦《英语（文科非英语专业用）》第一册 *Freshmen* 一文简述了大一新生陈华和李玲的基本信息，虽然是以文章的形式出现，但是每个句子之间逻辑连接性不强，第三人称和第一人称交叉使用，类似于日常交流话语的拼接，而且结尾用具有口号话语的句子突出强调了大一新生对党和国家的热爱——"*We are from different parts of the country. We love our people and our Party.*"清华大学《英语教程（理工科用）》第一册 *A College Student* 以第一人称视角介绍了大一学生李平的专业、学院、所修的课程和好朋友，语言简单，具有很强的交流实用性，最后强调了李平对老师和朋友的感激之情。所选教材在刻画工人形象时多突出其任劳任怨、勤劳朴实的品质，在描写学生形象时强调学生热爱祖国以及努力学习、自强独立的青春朝气。除此之外,所选教材选取的人物也包括政治领袖(6次)、希腊神话英雄(2次)、航海家(2次)、驾驶员(3次)、宇航员(7次)、医生(6次)、新闻记者(1次)、邮递员(3次)、商人(3次)等,呈现多样化、生活化的趋势,而且人物背景多样,来自美国、英国、法国等,有助于学生了解各行各业的生活状态,树立更为正确的职业观念。

(二)性别分布:男性形象占绝对比重,体现男性主导地位

本部分旨在分析所选教材中人物形象的性别分布,及不同性别的人物形象所从事的职业特点。从表13、表14可以看出,所选第一代大学英语教材中的男性人物远远多于女性人物,分别为195人、40人,占比分别为83%和17%,而且职业不明的人物形象均为女性。

表13　第一代大学英语教材人物形象性别比例表

人物性别	男性数量	所占百分比	女性数量	所占百分比	总计
具体职业	195	87.4%	28	12.6%	223
职业不明	0	0%	12	100%	12
总计	195	83%	40	17%	235

表14　第一代大学英语教材中人物形象职业分布

性别/人数	男性/195	女性/40
人物形象的职业分布	哲学家、工程师、商人、医生、科学家、大学教授、邮递员、探险家、潜水员、宇航员、天气预报员、气象学家、船长、农夫、学生、驾驶员、工厂主、数学家、工人、技师、政治领袖、渔夫、警察、军人、州长、航海家、社会学家、投球手、英雄、市长、文学家、历史学家、新闻记者、教士、魔术师	科学家、宇航员、医生、魔术师、秘书、学生、店员、职业不清者(包括妻子、母亲、寡妇等家庭身份,但未交代社会职业)

其中,男性人物形象涉及的职业范围很广,涵盖中外领袖、中外科学家、历史学家、航海家、警察、工厂主、社会学家、市长等众多职业,而女性人物形象的职业相对局限,虽然涉及科学家、秘书、学生等职业,但是有3/7的女性都是未交待具体社会职业的妻子、母亲、寡妇等家庭身份。而且,在刻画有重大成就的女性的文本中,会留一定的篇幅来描写其丈夫以及丈夫对其的影响,例如:

清华大学《英语教程(理工科用)》第二册 *Madame Curie* 一文中讲述了居里夫人进行放射性研究时,发现矿石的总放射性比其所含有的铀的放射性还要强,便推断矿石中必定含有某种未知的放射成分,后在其丈夫的帮助下经过坚持不懈地研究发现"镭"元素的历程。文中描述其丈夫为"*Her husband, Pierre Curie, who was a well-known physicist, now put away his own work in order to help her.*",强调了其丈夫对她科学研究的促进作用。而在描写男性伟人的文本中,一般没有篇幅用来描写其妻子对其的影响,例如,上海交大《英语(理工科通用)》第四册 *The Man Einstein* 一文中详细叙述了爱因斯坦对经典理论的内在矛盾产生困惑,开始思考当一个人以光速运动时会看到什么现象,最终通过不懈研究创立"相对论",开创现代科学新纪元的事迹。爱因斯坦的妻子是塞尔维亚女物理学家米列娃·玛丽克,其在学术上和生活上都给予爱因斯坦巨大的帮助,但在所有关于爱因斯坦的文本中均是介绍爱因斯坦的巨大成就而未提及他的妻子,这从中透射出男性仍处于主导地位,女性处于附属、被动地位。

(三)职业特点:男性职业多元化,女性突出家庭身份

由表 15 可知,99 位科学家中男性有 82 位,女性仅有 17 位;7 名宇航员中仅有一位是女性;而教材中出现的店员、秘书全为女性,且文本中关于 12 名职业不明的女性多是从母亲、妻子、祖母、寡妇的家庭角色出发来展开描写。例如,复旦《英语(文科非英语专业用)》第三册 *The Present* 一文中讲述了一位 80 岁的老母亲在生日当天满心期待着女儿的到来,提前打扫好房间,换上新衣服,激动而又喜悦地等待女儿的礼物,结果女儿只是邮寄了一张支票,老妇人失望地将支票撕碎,一位孤独、渴望温暖和爱的老人形象跃然纸上。北京大学试用教材《英语(文科)》*Green Thumb* 一文叙述了母亲擅长园艺,退休以后独自生活,虽然没有孩子的陪伴,但是她以种植植物为乐,描绘出一位勤劳质朴、心灵手巧的妇女形象。

表 15　第一代大学英语教材人物形象具体职业频次表

职业	频次	男性	女性
哲学家	1	1	0
工程师	11	11	0

续表

职业	频次	男性	女性
商人	3	3	0
医生	6	4	2
科学家	99	82	17
大学教授	19	19	0
邮递员	3	3	0
探险家	3	3	0
潜水员	1	1	0
宇航员	7	6	1
秘书	1	0	1
天气预报员	1	1	0
气象学家	1	1	0
船长	3	3	0
农夫	2	1	0
学生	8	6	2
驾驶员	3	3	0
工厂主、雇主	2	2	0
数学家	2	2	0
魔术师	1	1	1
工人（包括木匠、水管工、农场工人、搬运工、鞋匠）	11	11	0
艺术家（包括画家、音乐家）	3	3	0
技师	2	2	0
政治领袖	6	6	0
渔夫	1	1	0
警察	3	3	0
军人（包括普通士兵、将军、军官）	3	3	0
州长	2	2	0
航海家	2	2	0
店员	2	0	2
联络员	1	1	0

续表

职业	频次	男性	女性
社会学家	1	1	0
投球手	1	1	0
英雄	2	1	1
市长	1	1	0
文学家	1	1	0
历史学家	1	1	0
新闻记者	1	1	0
教士	2	2	0
职业不明	12	0	12
总计	235	195	40

虽然男性仍在教材中占主体地位,男性所从事的职业领域丰富多样,涵盖了各行各业。而女性形象则被边缘化,职业领域较为单一,大部分女性形象在教材中以家庭妇女或者服务性行业的角色出现,但教材中的少数文本也反映了女性意识的觉醒。例如,复旦《英语(文科非英语专业用)》第三册 *Crave Her Name with Pride* 一文以对话形式讲述了一位坚强勇敢、有家国情怀的女性形象。Violette Szabo 的女儿两岁时,丈夫在保卫法国的战争中牺牲,由于她是卓越的运动员,又精通法语和英语,在她还没有从失去丈夫的悲伤中走出时,就被自由法国(抵抗)组织同盟的干部邀请加入组织,并被告知会从事危险的工作,她思考之后放下自身悲痛,勇敢加入组织,为对抗德国的侵略贡献自己的力量,去完成丈夫未完成的事业。北京大学试用教材《英语(文科)》第一册 *Liu Hulan* 一文讲述了革命先烈刘胡兰面对国民党的严刑逼供,宁死不屈,坚决不泄露党的秘密,最后英勇就义的故事,她得到了毛泽东主席的亲笔题字"生的光荣,死的伟大"。

北京大学试用教材《英语(文科)》第二册 *Women's Liberation: A Long Way to Go* 一文从宏观角度评价了 20 世纪六七十年代的妇女解放运动,指出女性通常会被刻板印象化,认为女性多从事护士、老师职业以及全心全意为家庭服务,而男性多在商业和政界任职,性别不平等现象引起众多妇女的反抗,然而仍有很多妇女坚信男女的不平等地位并认为女人就应只服务于家庭,因此作者得出结论,妇女解放运动的进程任重而道远。本书反映了妇女争取自身权利的奋斗过程以及世界对于妇女权利的逐渐关注。

通过以上分析可以看出,改革开放以来的第一代大学英语教材中选取的人物形象呈现包括科学家、国家领袖、航海家、宇航员、大学教授、医生和工人等,而且人物背景多样,来自美国、英国、中国、法国和波兰等多个国家,其中科学家出现次数最多,共99次,在235个人物形象中占比42.1%,充分反映出我国改革开放初期对科技的重视,注重对学生科学素养的培养。教材中的男性人物远远多于女性人物,分别为195人、40人,占比分别为87.4%和12.6%。男性人物形象的职业范围很广,涵盖中外领袖、中外科学家、历史学家、航海家、警察、工厂主、社会学家、市长等众多职业,而女性人物形象的职业相对局限,虽然涉及科学家、秘书、学生等职业,但是有3/7的女性都是未交待具体社会职业的妻子、母亲、寡妇等家庭身份。虽然教材中男性仍处于主体地位,职业丰富多样,涉及各行各业,女性形象被边缘化、刻板印象化,职业较单一,多以家庭妇女及服务性行业的形象和角色出现,但教材中的少量文本也反映出女性意识的觉醒,彰显了其丰富的人格特质,教材在一定程度上融入女性主义的视角,展现女性的价值。

第三章 第二代教材：“适应市场”与“重视素质”的教材价值表征

　　20 世纪 80 年代中期，我国开始进入了深化经济、政治体制改革时期，社会主义各项事业建设加快发展。各行各业呈现稳定发展的局面，教育秩序重新确立，教育事业进入蓬勃发展阶段，但同时经济发展也出现了一些结构性和体制性的问题。1985 年召开了改革开放以来的第一次全国性的教育工作会议，会议讨论出台了《中共中央关于教育体制改革的决定》，逐步对教育体制方面改革进行探索。

　　1985 年至 2003 年大学英语教学进入了稳定、快速发展阶段。“大学英语”的名称开始逐渐取代之前的“公共英语”说法，大学英语教学受到重视，从 80 年代中期开始，国内掀起了大纲设计、教材编写和教学改革的热潮。从宏观上讲，以英语为主的通用语种外语教育规划模式开始了，这对我国学习和借鉴西方国家先进技术与文化知识，培养各行各业人才，发挥了重要作用。从微观层面，大学英语教学改革不断推进，教学大纲在这一时期不断完善，共颁布了 85 理工科《大学英语教学大纲（高等学校理工科本科用）》、86 文理科《大学英语教学大纲（高等学校文理科本科用）》和 99《大学英语教学大纲（修订本）（高等学校本科用）》三份文件。自 1987 年起，全国大学英语四、六级考试制度逐步建立，大学英语测试评价体系得以推进，大学英语教学得以在国内高校全面开展，大学生的英语能力也得到显著提升。1992 年，邓小平同志发表南巡讲话，提出“坚持党的‘一个中心、两个基本点’的基本路线一百年不动摇”和“发展才是硬道理”等观点。到 20 世纪末建立社会主义市场经济体制是党的十四大确立的目标。教育既要适应市场经济体制，又要重视对学生的素质教育。大学英语教材在这一时期，鲜明地体现出“适应市场”和“重视素质”的价值表征。

第一节　大学英语教育的稳步快速发展

1984 年 10 月 20 日党的十二届三中全会召开并通过了《中共中央关于经济体制改革的决定》,标志着我国进入全面改革时期。党的十三大将社会主义初级阶段的基本路线简明概括为"一个中心,两个基本点"。经济建设成为全党全国工作的中心,经济建设是基本路线的核心和主体。到了 20 世纪 90 年代,商品经济的发展给人们的思想意识、生活方式等方面都带来了巨大的变化,教育领域也受到了影响。在新的教育思想的指导下,这一时期大学英语出台了新的教学大纲,新教材也纷纷出版上市。与此同时,对外交流规模的不断扩大,社会上掀起了英语学习的热情,我国外语教育界在调查研究的基础上,开展了规模巨大、影响深远的改革。

一、受到重视:大学英语教育得以在高校全面开展

为了适应我国形势发展的迫切需要,这一时期国家的主要任务是实现四个现代化,建设有中国特色的社会主义市场经济体制。在加快改革开放步伐和经济体制改革的轨道上,科学技术和人才逐渐成为推动社会主义建设的决定性力量,特别是在这一时期《中共中央关于科技体制改革的决定》的颁布,明确了科学技术在社会主义现代化建设中应该发挥重要作用。《中共中央关于经济体制改革的决定》《中共中央关于科技体制改革的决定》这两个战略性文件,都强调人才是建设社会主义现代化国家的基础,解决人才问题的关键在于发展教育。1985 年 5 月第一次全国教育工作会议在北京召开,这是改革开放后我国教育领域的第一次全国性的会议,会议以学习中共中央、国务院有关教育体制改革的重要精神为议题,对贯彻中共中央关于教育体制改革决定精神的步骤和具体措施进行了研究和部署。1985 年 5 月 27 日,中共中央政治局讨论通过了《中共中央关于教育体制改革的决定》。《中共中央关于教育体制改革的决定》全面总结了我国教育发展的历史经验,明确指出我国未来教育各方面包括外语教育体制改革的根本目的是提高民族素质,培养出更多更好的人才。同时,还第一次明确提出"教育必须为社会主义建设服务,社会主义建设必须依靠教育"①。党的

---

① 魏礼群:《当代中国社会大事典(1978—2015)》第二卷,华文出版社 2018 年版,第 247—248 页。

十三大提出,必须把教育发展作为一项战略来进行部署,必须把经济的建设和发展转到依靠科学技术进步和提升劳动者素质的方式上来。

从国际环境方面来看,随着 20 世纪 80 年代到 90 年代苏联解体与东欧剧变,美国和苏联之间的冷战趋于结束,世界两极格局结束,一个新的世界格局逐渐形成,多极化趋势继续发展。在特定的历史时期和世界范围的宏观背景下,我国制定了独立自主的和平外交政策,开展多边外交,不断扩大对外交往和交流的规模,与很多国家改善和发展了外交关系。我国与日本、德国、法国等国家的交往逐渐增加,与俄罗斯的关系在 80 年代中后期逐渐实现交往正常化,并在 90 年代中期得到了实质性的改善,确立了战略合作伙伴关系。随着对外开放政策的不断深入以及多边外交政策的实施,国家对高素质外语人才的需求也不断增加。

这一时期的外语教育政策也促进了高校大学英语教学地位的不断提升,大学英语教育得以在高校全面开展。中国公共外语教学研究会在 1982 年成立后,教育部委托理工科外语教材编审委员会开展教学大纲修订工作。在接下来的两年里,教学大纲修订组开展了大量的调研工作与抽样测试,并多次召开不同类型和规模的讨论会议,1984 年 5 月召开全国公共英语(理工科用)教学大纲审定会,会议肯定大纲修订工作及其科学性,一致通过改名为《大学英语教学大纲(高等学校理工科本科用)》,并报教育部审批。"公共英语"也由此改称为"大学英语"。① 新的教学大纲自 1985 年秋季起开始使用,对大学英语教学中的一些重要问题,如语言共核和科技英语,阅读理解的准确性和流畅性以及理工科院校中英语听说读写的关系作了说明,并对培养目标、语言测试等作了原则性的规定。1984 年,《大学英语教学大纲(高等学校文理科本科用)》修订组在上海组建,经过一年多的努力,在参照《大学英语教学大纲(高等学校理工科本科用)》的基础上,完成了对大纲的修订。1985 年 11 月,《大学英语教学大纲(高等学校文理科本科用)》审定会在南京召开。② 大会一致认为《大学英语教学大纲(高等学校文理科本科用)》切合当前文理科大学英

---

① 四川外国语学院高等教育研究所:《中国外语教育要事录》,外语教学与研究出版社 1993 年版,第 250 页。

② 大学文科英语教学大纲修订组编:《大学英语教学大纲(文理科本科用)》,上海外语教育出版社 1986 年版,第 309 页。

语教学的需要,一致通过并报国家教委审批。① 1986 年 3 月国家教委批转《大学英语教学大纲(高等学校文理科本科用)》,通知各有关院校从 1986 年秋季起参照执行。

1985 年的《大学英语教学大纲(高等学校理工科本科用)》和 1986 年的《大学英语教学大纲(高等学校文理科本科用)》"是以广泛地测试、调查为基础,通过各院校通力协作,几经讨论研究后制定而成的。这份大纲是我国建国以来较为完善的一份公共英语教学大纲"②。结束了中华人民共和国成立三十多年全国高校大学英语教学长期处于教学目的、教学内容、教学方法模糊不清的状态。基本上反映和符合当时我国对外语人才的需求情况,符合当时大学生的实际英语水平。大学英语教学完成了从无统一大纲到有统一大纲、从文理分科大纲到文理科统一教学大纲的过程,对规范全国大学英语教学、推动大学英语教学发展、提高各高校大学英语教学质量起到了非常重要的作用,成为了当时全国高等院校大学英语教学的依据和指导性文件。

二、加速发展:大学英语教育得到统一管理和整体推进

邓小平同志南方谈话和党的十四大召开标志着我国社会主义改革开放和经济建设进入一个新的发展阶段。我国在政治、经济、文化、科技、教育等各个领域都形成了一个全面开放的格局。1995 年江泽民同志在全国科技大会的讲话中提出了"科教兴国"的战略,即坚持以教育为基础,将科技和教育作为科教兴国战略的手段和基础方针,体现了这一时期国家对科学技术和教育的重视。这一时期,我国的对外贸易发展迅速。随着全球化进程的加速推进,我国与世界各国的经济合作日益密切。国内外资企业的数量和规模也在不断增长和扩大,更为密切的交流与合作意味着对于外语人才的数量和质量都提出了更高的要求。改革开放和社会主义现代化建设新的发展阶段对我国英语教育,尤其是大学英语教育提出了更高的要求。

1994 年 7 月召开了全国大学英语教学研讨会,这次会议总结了大学英语自 1985 年《大学英语教学大纲(高等学校理工科本科用)》、1986 年《大学英

---

① 1985 年 6 月 18 日,六届人大常委会第十一次会议决定设立国家教育委员会,国家教委成立后,教育部即撤销。

② 蔡基刚:《大学英语教学:回顾、反思和研究》,复旦大学出版社 2006 年版,第 109 页。

语教学大纲(高等学校文理科本科用)》制定十年来的经验和教训,提出要正确处理语言能力和交际能力的关系,正确处理好语言教学和考试测验的关系,防止大学英语应试化教学的倾向。教育部高等教育司采取了一系列大学英语改革措施,其中包括启动了对 1985 年《大学英语教学大纲(高等学校理工科本科用)》和 1986 年《大学英语教学大纲(高等学校文理科本科用)》的修订工作。同年,《大学英语考试四六级大纲修订本》出台,修订后的大学英语四、六级考试大纲进一步规范了大学英语考试评价体系。1994 年底,国家教委开始组织制定面向 21 世纪高校教学内容和课程体系改革规划。1996 年,教育部高教司外语处成立了"面向 21 世纪外语专业教学内容和课程体系改革"课题组,并分设了南北两个课题组,南北课题组组长分别为上海外国语大学戴炜栋教授和北京外国语大学胡文仲教授。1997 年 3 月,两个课题组先后完成了各自的调查报告。

随着我国高等教育体制改革的发展,高校更加偏向综合性、多学科的方向发展,大学英语教学针对文理科教学的共性也越来越多,最终催生了 1999 年高等学校文理工科通用的《大学英语教学大纲(修订本)》。与 1985 年《大学英语教学大纲(高等学校理工科本科用)》和 1986 年《大学英语教学大纲(高等学校文理科本科用)》相比,1999 年《大学英语教学大纲(修订本)(高等学校本科用)》有许多不同之处,体现了大学英语教学历年的变化,主要体现在以下几点:1999 年《大学英语教学大纲(修订本)(高等学校本科用)》首次提出了各科统一的教学目标;指导范围不再只针对重点大学,教学对象扩大到全国各类高校的本科生,强调"因地制宜,分类指导";提出大学英语教学"四年不断线"原则,三、四年级开展与学生专业相结合的专业英语教学;第一次把大学英语四级定位为全国各类高校应该达到的基本要求;提出要推出结合网络和多媒体优势的教学手段。[①] 1999 年《大学英语教学大纲(修订本)(高等学校本科用)》提出要"培养学生具有较强的阅读能力和一定的听、说、写、译能力,使他们能用英语交流信息。大学英语教学应帮助学生打下扎实的语言基础,掌握良好的语言学习方法,提高文化素养,以适应社会发展和经济建设

---

① 杨港:《大学英语立体化教材研究:以教材使用为视角》,博士学位论文,上海外国语大学,2014 年,第 51 页。

的需要"。1999 年《大学英语教学大纲(修订本)(高等学校本科用)》第一次提出了各科统一的大学英语教学目标,规范了大学英语教学,对我国大学英语教育的统一管理和整体发展有着重要的影响。然而,我国高校数量众多,情况也大不相同,在办学水平、师资力量、学生情况等方面存在许多差异。不同高校在实施统一的教学大纲时存在难以克服的现实困难,这也成为后来制约大学英语教育进一步发展的难题。

三、大学英语教材的多元化发展

1985 年,国家教委设立了大学外语教材编审委员会,代替了原来的理工科公共外语教材编审委员会,成为全国大学英语教学的统一组织机构。1986年成立了大学外语四、六级考试委员会。大学外语教材编审委员会是由国家教委聘请建立的一个咨询机构,主要承担大学外语教学研究、为国家教委提供咨询意见、审定教学大纲及教材等工作。由此也推动了大学英语教学改革、教学文件制定和教材建设等方面的工作。1986 年,我国进行了教材制度改革,教材编写由"国定制"转为"审定制"。1986 年 3 月国家教委批准《大学英语教学大纲(高等学校文理科本科用)》,内容包括教学的目的和要求、各阶段教学安排,有关大学英语教学的几个原则,教学组织和测试等。同年 11 月,中国公共外语教学研究会更名为中国大学外语教学研究会,后来正式定名为"高等学校大学外语教学委员会"。① 1991 年 12 月由高等学校大学外语教材编审委员会改建而成的高等学校大学外语教学指导委员会成立。1995 年 4 月,国家教委印发了《关于"九五"期间普通高等教育教材建设与改革的意见》,意见提出要拓展和完善教材编写理念,编写高质量的教材。

1984 年到 1999 年大学英语进入稳定快速发展阶段,共颁布了 1985 年《大学英语教学大纲(高等学校理工科本科用)》、1986 年《大学英语教学大纲(高等学校文理科本科用)》和 1999 年《大学英语教学大纲(修订本)(高等学校本科用)》三份指导性文件。前两份文件与之前的文件相比,内容更加完善、详细,文件的出台是基于广泛的调研和测试。这两份文件的整体结构、所规定的教学目的、教学要求和教学安排基本一致。1985 年《大学英语教学大

---

① 时丽娜:《意识形态、价值取向与大学英语教科书选材:一种教育社会学分析》,博士学位论文,复旦大学,2013 年,第 75 页。

纲(高等学校理工科本科用)》和 1986 年《大学英语教学大纲(高等学校文理科本科用)》的颁布催生了新的一代多套全国性大学英语系列教材的出版,也为教材的编写和出版提供了具体的指导方针。大学英语教育在这一时期的全面恢复和飞速发展使教材的编写有了一个更为广阔的背景和更为深厚的基础,教材朝着自由、丰富、多元、宽阔的方向发展。"七五期间,教育部设立了13 个外国教材研究中心,一起把外国教材的工作系统化、制度化、经常化。"①国家教委于 1986 年下达了《高等学校外语教材编审委员会工作条例》,并根据此条例于 10 月 23 日出台了《高等学校外语教材审稿办法实施细则》,主要对教材审稿程序和流程等进行了规定。②《高等学校外语教材编审委员会工作条例》规定了教材编审委员会五个方面的工作和职责,包括制定教材建设规划和年度计划;审定主干课程教材;评选优秀教材;拟定教学文件和组织教学研究活动。③ 这一时期影响力较大的教材有:《大学英语》(上海外语教育出版社,董亚芬主编,1986)、《大学核心英语》(高等教育出版社,杨惠中、张彦斌主编,1987)、《新英语教程》(清华大学出版社,陆慈主编,1987)、《现代英语》(麦克米伦出版公司和高等教育出版社联合,G. R. Evans 和 D. Waltson 主编,1987)等。④ 这些教材都强调打好英语语言基础,突出英语阅读技能的培养。在教材套系方面,为配合分级教学要求,各套教材分工细化,朝着系列化、多元化和配套化的方向发展,呈现出"一级一册,一册多本"的系列化教材特点。例如,董亚芬主编的《大学英语》系列教材,分为精读、泛读、听力、快速阅读、语法与练习,另外还有预备级精读泛读各 2 册,全书共 32 册。各套教材内部套系之间既相互联系又各自独立,方便教学中灵活使用。在内容选材方面,教材内容选材范围比前一代教材更加广泛,更加紧密结合实际生活,课文话题取材非常丰富,包括科普及文学、历史、哲学、经济等各方面的内容,体现了文理学科交叉渗透的特点,有利于开阔学生的视野和拓展学生的思维。这一时期出版的教材,后续又多次进行修订和再版。例如董

---

① 江雪松:《大学教材建设的国际化》,《江苏高教》2002 年第 3 期。

② 欧少亭:《教育政策法规文件汇编》第一卷,延边人民出版社 2001 年版,第 881—883 页。

③ 高益:《国家教委下达〈高等学校外语教材编审委员会工作条例〉》,《外国语(上海外国语学院学报)》1987 年第 1 期。

④ 王守仁:《高校大学外语教育发展报告(1978—2008)》,上海外语教育出版社 2008 年版,第 18 页。

亚芬主编的《大学英语》系列教材,1986 年推出试用版出版发行,1992 年推出正式版,1997 年开始对教材进行修订,后又推出了修订本,2006 年前后参照 2004 年颁布的《大学英语课程教学要求(试行)》出版了第三版。① 在教材编写体例方面,这一时期的教材借鉴之前经验,以单元为单位进行编写,单元内分课文、词汇、语法结构、会话、听力、写作和扩展阅读等。在历来重视阅读教学的基础上,教材注意增加了口语、听力、写作和翻译等能力的训练内容。

　　1999 年《大学英语教学大纲(修订本)(高等学校本科用)》的出台是基于 1985 年《大学英语教学大纲(高等学校理工科本科用)》、1986 年《大学英语教学大纲(高等学校文理科本科用)》颁布后十余年所积累的大学英语教学经验,这份《大纲》对于文理大纲进行了合并,基本上延续了 1985 年《大学英语教学大纲(高等学校理工科本科用)》、1986 年《大学英语教学大纲(高等学校文理科本科用)》的要求和内容,在两份文件的基础上,根据教学实际进行了局部的调整和增补,提高了语言教学要求,第一次把大学英语四级定位为全国各类高校均应达到的基本要求。进一步明确关于教材的要求,注重"教材在教学中的作用",注重教材编写中"思想性、科学性、实用性和趣味性"的有机结合。1994 年,《中共中央关于进一步加强和改进学校德育工作的若干意见》中首次提出"素质教育"的概念。② 为了响应素质教育,在 1999 年《大学英语教学大纲(修订本)(高等学校本科用)》中明确提出了大学英语教学是素质教育的组成部分,大学生可以通过英语学习,提高自己的文化素养,这一点是具有前瞻性的,但是总体而言,这一时期的教学大纲仍然相对侧重语言学习,注重语言的工具性,相对忽略了语言的人文性。③ 20 世纪 90 年代中后期,各大出版社开始着手策划新一代大学英语教材,甚至抢在 1999 年《大学英语教学大纲(修订本)(高等学校本科用)》公布之前出版,如《新编大学英语》(共 11 册,浙江大学应惠兰主编,外语教学与研究出版社 1998 年版)、《21 世纪大学英语》(共 12 册,上海交大和复旦大学合编,复旦大学和高等教育出版社联合

---

　　①　柳华妮:《基于体例演变影响因素分析的大学英语教材编写研究》,博士学位论文上海外国语大学,2013 年,第 43 页。

　　②　教育部思想政治工作司组编:《加强和改进大学生思想政治教育重要文献选编(1978—2014)》,知识产权出版社 2015 年版,第 144—147 页。

　　③　李斑斑、邢菲、王海啸:《新中国成立 70 年来大学英语教育发展及研究的回顾与分析》,《河北师范大学学报(教育科学版)》2019 年第 3 期。

出版,翟象俊主编,1997 年开始编写,1998—1999 年出版)等。① 这些教材一般是由主教材(主要是基础教程或读写教程)、听力或听说教程以及学生课外自主使用的阅读精选、读写指南、学习辅导、同步练习和试题集等学习辅导材料组成。总地来说,这一时期的大学英语教材开始呈现套系结构系列化、内容选材广泛、能力分级体现、编写体例系统化的特点。大学英语教材呈现出快速、多元发展的特点。

第二节　商品经济时代市场导向下
大学英语教育的价值追求

20 世纪 80 年代中期到 90 年代末,随着我国改革开放的不断深入和对外交往的扩大,社会对外语人才提出了专业化和实用化的要求,市场经济要求人才应具备专业知识和技能,并且具备突出的外语能力。全面改革时期我国的外语教学,特别是大学英语教育在社会改革的浪潮中不断向前发展。

一、服务于社会主义现代化建设的价值探索

20 世纪 80 年代到 90 年代,我国初步建立了社会主义市场经济体制,随着改革开放的不断深入,国民经济迅速发展,我国与国际社会的联系也日益广泛,对高校毕业生外语应用能力的要求也越来越高。邓小平同志提出的"面向现代化,面向世界,面向未来"的"三个面向"的教育思想,为这一时期的大学英语教育提供了理论指导。为社会主义现代化建设服务,培养高层次、规范合格的外语人才,是我国大学英语教育在这一时期的重要职责。80 年代初期的只以培养学生通过英语能够阅读专业书籍和刊物为目的的大学英语教学观念已经不能适应新形势和社会发展要求。作为课程教学的指导性文件和主要依据,教学大纲必须要与时俱进,符合时代发展的要求。中华人民共和国成立以来,国家教委和教育部组织专家多次研讨、开展教学大纲修订工作,就是要使大学英语教育能够更好地服务不同历史阶段国家经济建设和社会发展需要。80 年代的大学英语教育政策强调扎实的"语言基础",重视发展"阅读能

---

① 柳华妮:《基于体例演变影响因素分析的大学英语教材编写研究》,博士学位论文上海外国语大学 2013 年,第 43—44 页。

力",提倡"分阶段""分级"教学,配合国家经济和科技体制改革,更好地促进经济发展。90 年代的大学英语教育政策转向重"基础"和提高语言"应用能力"并重,倡导"教育发展优先""知识创新",强调大学英语教育是"素质教育"的一部分。

大学英语教育致力于服务国家的社会主义现代化建设和国家发展规划的总体要求,与国家在这一时期的教育事业发展规划需要协调一致。党的十三大明确作出了"我国正处在社会主义初级阶段"的论断,并提出"一个中心,两个基本点"的基本路线和"三步走"的发展战略。我国的改革开放开始进入社会主义市场经济新阶段,教育领域得到了前所未有的重视和发展。外语教育事业也以前所未有的速度向前发展,整个社会尊重科学、尊重人才的氛围给大学英语教学和研究带来了新的机遇。1993 年 1 月 12 日国务院批转国家教委《关于加快改革和积极发展普通高等教育的意见》,提出必须加快改革和积极发展高等教育,建设有中国特色的社会主义高等教育体系,深化教育改革,努力提高教育质量。① 2 月 13 日中共中央、国务院发布《中国教育改革和发展纲要》,这是改革开放以来我国关于教育改革与发展最具指导意义和前瞻性的决策性文件,对我国高等教育的改革和发展提出了许多明确的要求。20 世纪 80 年代中期至 90 年代末,我国外语教育得到了稳定快速发展,不断探讨外语教育政策定位,研究教育目的、方针、政策,理顺外语教育同政治、经济等的关系,不断改革课程设置、教材编写和教学方法,加强大学英语教师的队伍建设,更新教学理念,培养了大批国家需要的外语人才。新时期外语教育需要"面向世界""面向未来""面向现代化",继续积极引进和吸收国外先进科学技术、管理经验和思想方法的同时,积极向国际社会传播具有中国特色社会主义的建设成就和发展经验,真正实现平等的双向交流,互利共赢的目的。但是,在外语教育和人才培养取得突出成就的同时,外语教育仍有一些不足,例如,一些专家和相关教育管理者提出的外语学习社会成本巨大、目标定位不清,缺乏与母语教育的统筹兼顾,幼小中高衔接不畅、评价机制不够健全完善等,这些都是在进入 21 世纪后大学英语教学亟待解决的突出问题。

---

① 何东昌:《中华人民共和国重要教育文献(1991—1997)》,海南出版社 1998 年版,第 3450—3453 页。

二、"三个面向"的复合型外语人才培养目标

改革开放以来,尤其是进入 20 世纪 80 年代中期,我国进入了改革与发展的新时期,尤其是经济建设方面取得了明显的进步,国内经济日益发展,国际交流与合作越来越频繁,国内的"三资"企业不断涌现。这为我国的英语教育尤其是大学英语教育提供了良好的机遇,也带来了相应的挑战。国内外语界就大学英语的培养模式、目标定位、教材编写以及教学方法改革等方面进行了探索。改革开放初期的大学英语教育偏重科技人才的培养,教材价值取向上也注重"科学至上",人才培养的目标在于为国家培养精通外语的科学技术人才。对于学生的人文素质、文化知识等涉及得不多,对于经济、贸易方面的内容更是基本没有涉及。但是到了 20 世纪 80 年代中期到 90 年代,国内政治、经济、科技和教育的体制改革全面展开。中国社会的发展对外语人才提出了更高、更加多元的要求,外语不仅是获取和学习科学知识、了解和掌握世界先进科学技术的重要工具,更加成为了文化交流,进行国际交往的重要工具。要把我国建设成为民主文明的社会主义现代化国家,必须提高全民族的科学文化素质,培养一大批的有理想、有道德、有文化、有纪律,并且在不同程度上通晓和掌握外语的各个方面的人才。外语教育在这一时期要"面向现代化,面向世界、面向未来",努力培养符合"三个面向"时代精神的复合型外语人才。

随着改革开放的不断深入,许多沿海开放城市在经济、贸易、管理、旅游等方面需要大量的外语人才,在这样的社会背景下,大学英语教学不仅重视学生阅读能力的培养,更加开始重视学生听、说、写的能力培养。这一时期的大学英语教学思想特别活跃,一些专家学者不断把国外语言学、语言教学理论引入大学英语教学,新的教材不断出版,大学英语四、六级考试在国内全面铺开,在社会上引起了广泛的影响,大学英语教育又上了一个新台阶。大学英语的人才培养目标要开始探索打破原来单一的"科技+外语"的人才培养模式,大学英语不仅要培养和锻炼学生的语言能力,培养英语语言运用能力突出的人才,又要能够满足社会和市场发展的需求,试图培养一批精通英语又能适应经济贸易发展要求,具有熟练英语能力和相关应用知识(包括经济、贸易、管理、旅游等)的复合型人才。为了满足经济和社会发展的需要,一些外语学院和大学提出了培养"复合专业型"的人才改革口号,希望摆脱纯粹的语言技能训练

和人才培养模型,探索外语人才的多元化培养和外语院校发展道路。在这种培养模式下,学生不仅能掌握所学专业的基础知识、基本技能,而且能够具备比较扎实的英语基础,掌握熟练的英语水平。自 20 世纪 90 年代以来,"复合型"外语人才在市场经济的大潮中广受欢迎,成为就业市场颇受追捧的热门人才,这也成为 90 年代一个突出"语言+专业"复合型人才培养模式的外语教育规划范式。但是,由于学科的局限,目前的复合型外语人才专业主要集中在人文社会和科学领域,无法对理学、技术、医学、农业等专业领域进行深化和发展。因此,面向 21 世纪的发展,新的"专业+外语"的人才跨学科培养模式亟待发展。

三、素质教育下个人与社会共同发展的价值回归

改革开放以来,我国国内政治经济体制改革不断深入,国际交流与合作越来越密切,我国进入社会主义现代化建设的新时期。为了更好地适应国际合作和交往的需要,更好地服务社会主义现代化建设,高等教育不仅要培养足够数量的合格的社会主义建设人才,还要使一些学科和学校在教学和科研方面能够逐步达到国际先进水平。在这样的背景下,高等教育培养了各类具有一定科学文化知识的专门人才。到了 20 世纪 90 年代,随着市场经济改革的深入发展,国际竞争的加剧,社会要求大学生不仅要具备专业知识,而且还要学习和掌握其他相关学科的知识技能,发展综合能力和素质。特别是在 90 年代初,市场经济的负面效应给高校带来了一定的冲击,大学教育强调专业学科的实用性,物质利益的驱动和急功近利导致科学教育在高校的地位远远高于人文教育,高等教育在这一时期体现了极强的工具性价值取向。高等教育面临着必须积极、主动、自觉地改革来适应国家和社会发展需要。在这样的时代背景下,素质教育的理念在社会上受到了高度重视,并在社会上掀起了关于素质和素质教育的大讨论。

素质教育是 20 世纪 80 年代到 90 年代以来中国教育领域出现的一种非常重要的教育思潮和教育改革运动。80 年代中期,教育界曾经围绕树立正确的人才观和提高民族素质的问题展开了关于教育思想与教育目标的大讨论。这从 90 年代初的教育改革纲要的颁布过程可见一斑,纲要中首次对素质教育作出了经典阐述。素质教育思想是我国教育实践工作者面对时代的挑战而提出来的一个具有本土特色的教育思想。素质教育思想一经产生,就得到了全

国上下各个方面的积极反应,引起了人们极大的关注和思考,对我国教育的指导思想、教育目的、人才标准、课程改革等各个方面都产生了直接而深远的影响。这一文件是我国 20 世纪 90 年代到 21 世纪初教育改革发展的纲领性文件,强调重视提高高等教育质量,高等教育要走内涵式发展道路,进一步加强高等教育的市场经济价值和文化素质培养。① 1995 年 7 月,原国家教委发布《关于开展大学生文化素质教育试点工作的通知》,开展加强大学生文化素质教育试点工作,其目的就是要加强大学生的文化素质教育。1998 年,教育部印发《关于加强大学生文化素质教育的若干意见》,强调文化素质是大学生基本素质之一,是基础性的要求,同时要求高校采取多种途径和方式,加强文化素质教育,并对师资队伍建设和教材建设也提出要求,要有高质量的教材作为保证,教育部将组织专家编写有关教材,各省市也可根据不同类别和不同层次的学校需求,自行组织专家编写高质量的教材。②

1999 年中共中央、国务院发布了《关于深化教育改革全面推进素质教育的决定》,其核心就是要实施和全面推进素质教育,优化教育结构,加强队伍建设,培养现代化建设需要的人才。大学英语教学是高校人文素质教育的重要组成,在 1999 年大学英语的《大学英语教学大纲(修订本)(高等学校本科用)》中规定,大学英语教学目标是通过培养使学生具有较强的阅读能力和一定的听、说、写、译能力,使学生能用英语进行信息交流。大学英语教学应帮助学生打好英语语言基础,掌握好语言技能,具备良好的文化素养,以适应社会发展和经济建设的需要。大学英语被定义为一门语言基础和素质教育课程。董亚芬曾指出,大学英语作为高等教育的一个重要组成部分,应当是一种综合性教育,应该遵循高等教育的原则,对文理均有所渗透,加强和打牢基础,重视素质培养。③ 高校素质教育就是要培养完整的、全面发展的人才,大学英语课程要提高学生英语语言基础知识和技能,也承担着提高学生文化素养的重任。这一时期的大学英语教材着重在培养学生语言知识技能和文化视野方面下功

---

① 董泽芳、张继平:《中国高等教育价值取向 70 年变迁的历程、特点与发展思考:董泽芳教授专访》,《重庆高教研究》2019 年第 5 期。

② 教育部高等教育司:《深化教学改革培养适应 21 世纪需要的高质量人才——第一次全国普通高等学校教学工作会议文件和资料汇编》,高等教育出版社 1998 年版,第 101—106 页。

③ 董亚芬:《我国英语教学应始终以读写为本》,《外语界》2003 年第 1 期。

夫,突出培养学生独立思考、批判性思维精神,选文题材丰富,语言展现更加生动真实。

第三节　大学英语教材呈现满足市场和重视素质培养的取向

全面改革时期大学英语教学进入了稳定发展的阶段,本书选取的第二代有代表性的大学英语教材共收录 1985 年至 2003 年出版的包括《大学英语(文理科本科用)》《大学核心英语》《新英语教程》《现代英语》及《大学英语》五套系列教材。第二代大学英语教材共包括 26 册阅读文本,核心教材文本共计 628 篇。这一时期的大学英语教材自然价值取向相关的文本选取仍然较多,但整体各方面选文数量分布较第一代大学英语教材显得较为均衡,尤其是更加注重对学生综合素质的培养,总体上呈现出满足市场和经济建设需要,以及重视素质培养的价值取向。

表 16　第二代大学英语教材中文名称、册数和出版社情况

中文名称	册数	出版社
《大学英语(文理科本科用)》	6	上海外语教育出版社
《大学核心英语》	6	高等教育出版社
《新英语教程》	6	清华大学出版社
《现代英语》	4	麦克米伦出版公司、高等教育出版社
《大学英语》	4	辽宁大学出版社

一、文本主题:响应"科教兴国"战略,初步探索人与自我关系

改革开放以来的第二代大学英语教材对自然层面价值取向的关注度仍然高于个人层面和社会层面的价值取向,自然层面价值取向相关的教材选文篇目数占文本总数的 44.6%,但较第一代教材占比有所下降(第一代教材自然层面价值取向内容占 77.1%)。而个人层面价值取向、社会层面价值取向的选文文本分别只占大约五分之一和三分之一(详见表 17)。总体来看,第二代大学英语教材在课文主题内容选择上顺应市场需求,贴合国家在全面改革时期对科技发展战略的高度重视,响应国家科教兴国的教育方针,同时也没有忽略对个体品质和能力的关注,重视对学生的素质培养。

表 17　第二代大学英语教材基于文本主题的价值取向篇目分布情况

价值取向类目	篇数	频率(%)
个人层面	144	22.9%
社会层面	204	32.5%
自然层面	280	44.6%

(一)个人层面:强调自我意识,助力个性发展

个人层面价值取向包括"人与自我"和"人与他人"。其中,"人与自我"探讨人对自我的认识、期待和要求,具体来讲,涵括对自我的品质和能力的认知,即自我认知,以及个人能力以及职业发展等。"人与他人"则关注人之间的关系,如家庭亲情,婚恋爱情以及社会交往等。表 18 可以看出,在所选教材中,"人与自我"相关主题得到了更多的关注,相关的选文篇数占个人层面价值取向文本总数的 72.9%。所选教材在个人价值取向的范畴下最关注的两类主题是个人技能和个人品质,这两类主题都属于"人与自我"的二级类目。对个人技能发展的关注符合国家对科技的重视,而个人品质则反映了教材编写者对学生个体自我意识的培养以及对个人成长的帮助。

表 18　第二代大学英语教材基于文本主题的个人层面价值取向篇目频次统计

价值取向类目			频次		频率(%)	
个人层面 (144篇)	人与自我	个人品质	105	29	72.9	20.1
		个人技能		53		36.8
		职业发展		23		16
	人与他人	家庭亲情	39	10	27.1	6.9
		其他社会关系		23		16
		婚恋爱情		6		4.2

"人与自我"类目聚焦人的主体,可以划分为三类主题:个人品质、个人技能及职业发展,主要体现在品德、能力和职业规划三个维度。由表 18 可以看出,在个人层面价值取向类目下,一半以上的文章主题都是"个人技能"方面,对"个人品质"和"职业发展"方面的关注较少。第二代大学英语教材中有关个人品质主题的文章,在主要价值取向以及表现形式上,与第一代大学英语教材有较大差异。除了展现正面的优良品质,本代教材也涉及到一些消极的主题内容,如压力、恐惧、沮丧、失败等。这类主题的文章内容,一部分是无具体对象也没有故事情节,直接对遇到这类消极情绪或事件的人提供建议和帮助。例如《大学核心英语》第一册第四单元 A 篇文章 *How to Fight Fear* 阐明:"不是所有恐惧都是坏的,有的恐惧也能保护我们。"(…*And not all fears are bad. Some fears protect us.*)作者在文中列举了恐高、害怕电梯等例子,简要说明如何控制自己的恐惧,并结合学生情况给出建议。《新英语教程》第一册第三单元的两篇课文分别讲述如何克服不开心的情绪(*Cure Yourself of Unhappiness*)以及如何正确面对失败(*The Art of Turning Failure into Success*),给出了如何克服负面情绪,转化消极事件的建议。这些建议对尚未经历太多挫折的大学生而言,有一定的借鉴意义和指导作用,同时也体现了教育的指导作用。

第二代大学英语教材中也有相当一部分文章主题是关于对人生话题的思考,以故事、书信、演讲等为载体,讨论如珍惜时间、如何面对衰老与死亡、以及如何进行自我定位等。值得一提的是,此类文章不仅讨论人生话题,也暗含或直接提出对更好生活的向往。例如,《新英语教程》第三册和《大学英语》第二册两本教材收录的一篇经典议论文,本杰明·富兰克林的 *The Handsome and Deformed Leg* 中,以一个老朋友为例,他的"美腿"和"丑腿"喻指每个人的优点和缺点,说明快乐的人总是关注他人的长处而不是缺点,总是看到人生的积极面。"如果想要受人尊敬,得人喜爱,就不要总盯着别人的丑腿看。"(*If they wish to be respected and beloved by others, and happy in themselves they should leave off looking at the ugly leg.*)富兰克林的这篇论文短小精悍,却深刻地阐释了为人处世的准则。《新英语教程》第五册第九单元的三篇课文都涉及到对人生的思考。A 篇 *Salt* 以盐为喻,说明大学生作为优秀的人,应该用从学习中获得的智慧、原则和信仰去感化他人和改变世界,从而让这个世界变得更加美好。

B 篇 *The Value of Time* 以书信的形式告诫读者要珍惜时间,并给出高效利用时间的几点建议。C 篇是罗素的经典作品 *How to Grow Old*,就"如何减缓衰老"这一主题提出对健康、心态和生活方式等方面的积极建议。三篇文章语言平实严肃,讨论人生的价值、生命的长度以及人生的终结这三个重大话题。文章以过来人视角或者劝告者的口吻向读者提出观点,引发读者思考,并给予有效的建议,为大学生提供人生行动指南。*The Dinner Party* 一文讽刺一群男人说女人不够勇敢,却在真正的危险面前比女人更胆小,反衬出女性的沉着与机智。虽然这类篇目不多,但主题都是挖掘人的内在,强调自信和勇气。

"个人技能"指提升个人技能的方法策略,第二代教材中有 53 篇文章涉及该主题,是"人际关系"类目下篇章数目最多的一部分,主要可以分为学习策略和生活策略两大类。部分教材中,每章的最后一两篇都是关于具体的学习策略。这些文章都为大学生的英语语言知识学习服务,尤其是在阅读和考试两方面提出很多建议,如查字典、快速阅读、快速学习、考试复习和演讲写作的技巧等。这类关于学习策略的文章能够有针对性地帮助学生应对学习的困难,属于工具性文章。值得注意的是,还出现了关于科学研究的文章,如 *Research Reports for Business and Technical Writing*,*Criticizing Authority* 等,这类文章不只是服务于学生的语言学习,还为科研学习和思维训练提供帮助。除此之外,还有小部分文章介绍了实用的生活技巧,例如如何应对火灾,如何排除家庭电线的隐患,避免健身的一些误区等。第二代大学英语教材中,有 23 篇文章涉及到"职业"这一主题,多数选文是对职业内容和特点进行介绍,如外科医生、英语教师、消防员、牙医、空姐等。另一些选文是从侧面为职场工作提供建议,如《新英语教程》第五册第四单元 *The Key to Management* 一文提到果断行动对管理的重要性,第五单元 *What Successful People Have in Common* 一文介绍成功人士共有的特点。从数量和内容上来看,所选教材对于学生的就业指导较少,原因可能是在这个时期,职场竞争并不激烈,工作类型也不非常丰富,对学生在就职方面的指导也主要以职业介绍和建议为主。

"人与他人"涉及友情、亲情、爱情等人际关系,该类目下一共只有 39 篇文章,其中仅有 10 篇关于家庭亲情,关注父母与子女的关系。如《新英语教程》第五册第一单元 b 篇阅读是林肯总统的儿子回忆父亲与他的教育故事,c 篇阅读是作者发现父亲严肃的性格之外对他深沉的爱。还有一篇文章是关于家庭争吵的内容。《牛虻》的后记,写的是一名家庭妇女不堪忍受家庭负担,准备自杀时写下的遗书,揭露了不正常的家庭关系导致的灾难,对读者也有很大的震撼和启发。仅有 6 篇选文是关于婚恋爱情关系,都在《大学英语(文理科本科用)》第五册出现。*If it Comes Back* 一文描述了健全的男孩和残疾女孩恋爱相处,女孩最终选择离开的故事;*Love Story* 一文讲述了富二代男孩与平民女孩的爱情故事,而他们之间还是因为家境不同的原因而爆发了激烈的争吵。从数量和内容来看,本代教材对于婚恋关系的内容谈论较少。有 23 篇文章描述其他社会关系,包括朋友、陌生人、师生关系、男女关系、医患关系等。主题的表现形式也比较多样,有从正反双向给人际交往提出建议的,如 *Profits of Praise*,*Never Trust Appearance*,*Teacher and Student* 等。有的文章以故事为载体,讲述人与人之间发生的各种故事,如《大学英语(文理科本科用)第二册第五单元 *The Professor and The Yo-yo* 一文写的是爱因斯坦对孩子的关爱,为孩子们设计悠悠球;*Night Watch* 描写的是作者用善意的谎言安慰垂危的老人。这样的故事使选文主题更有感染力度,读者也能从其中感受到人际交往的魅力。总体来说,人与他人类目下的文章数量偏少,主题也偏向普通的人际交往,对于家庭关系和婚恋关系都不够重视。

(二)社会层面:关注全球问题,初识社会困难

从马克思主义哲学来看,个人与社会相互依存。一方面,人不是独立的个体,每个人生存所需的一切,都只能通过社会才能获得。另一方面,社会又是由个人组成,一切个人活动的总和构成社会的整体运动及其成就。社会层面价值取向包括政治、经济、文化、社会和人文社科等,阐述了个人与社会的相互依存、相互影响的关系。第二代大学英语教材在社会层面价值取向分类下有 204 篇文章,其分布如下表 19 所示。社会层面价值取向的二级类目中,人文社科知识占比最多(38.3%),其次是社会、文化,而经济有关的文章较少。这与时代背景有密不可分的关系,改革开放初期到全面改革时期,市场经济刚刚起步,表现在教材中就是关于经济话题的文章数量相对较少。

表19 第二代大学英语教材基于文本主题的社会层面价值取向篇目频次统计①

价值取向类目			频次		频率（%）	
社会层面 （204篇）	政治	国家	28	21	13.7	10.3
		国际		7		3.4
	经济	经济	14	14	6.9	6.9
	文化	文化	36	36	17.6	17.6
	社会	教育	48	23	23.5	11.3
		社会规范		25		12.3
	人文社科	文学	78	24	38.2	11.8
		哲学		10		4.9
		历史		41		20.1
		艺术		3		1.5

  人文社科方面相关文本主要包括文学、哲学、历史、艺术等方面的内容。其中最多的是历史，有41篇，占据总篇目的半数以上。最少的是艺术，仅有3篇。文学类目有24篇文章，主要内容是语言研究和文学故事。语言研究包括语言习得、语言学习情况、语言的起源、语言使用等内容。如《新英语教程》第二册第三单元 d 篇 *Guessing Meanings From Context* 介绍如何根据语境推测单词的意思这样的阅读技巧，又如《大学英语》第三册第三单元 *The Language of Social Occasions* 一文描述在社会环境中人们如何使用语言，属于社会语言学研究。语言研究的篇目占据文学类目的大部分，大致涵盖了语言学的基础知识，让学生更加了解语言学习的规律和方法。文学作品包括文体介绍，如《大学英语（文理科本科用）》第六册第八单元 a 篇 *The Role of Science Fiction* 介绍科幻小说的作用；也包括一些伟人的生平介绍，如《新英语教程》第三册第四单元两篇文章分别介绍了林肯和杰弗森两位美国总统的人生故事（*The American Ideal of a Great Leader*, *Lessons From Jefferson*）；还有纯小说摘录，如《新英语教程》第三册第五单元 e 篇 *In the Train* 描述一个发生在火车上的故

---

  ① 本书数据统计按照"四舍五入"原则，保留一位小数，合计总数可能不会精确等于100%。

事。哲学类目中只有 10 篇文章,主要介绍了一些抽象事物的定义。如《大学英语（文理科本科用）》第二册第九单元 *What is Intelligence, Anyway?* 解释了智力为何物,而《大学英语》第四册第十课《工作和娱乐》则解释了工作与娱乐的内容并作出区分,能指导学生更好地平衡工作与娱乐。还有一些含有哲学意味的小故事,如《现代英语》第四册第十二单元,讲述了一个迷宫管理员自己也深陷迷宫无法走出来的哲思小故事。艺术类目下文章较少,这也反映了所选教材对哲学与艺术的忽视。历史类目中有 41 篇文章,主要可以分为历史学科、历史人物、历史事件和事物的起源三类。所选教材从历史学科本身出发,介绍了许多研究和学习历史的方法,如《新英语教程》第五册第六单元的两篇文章 *The Uses of the Past* 和 *The Nature, Object and Purpose of History*,还有《大学英语》第三册第二单元 *Looking Ahead* 分别从意义、概念和对未来的作用三方面介绍了历史学习的重要性和必要性,引起学生对于历史学科的了解与重视。本代教材介绍了各个时代、在不同领域的著名历史人物,如阿基米德、诺亚·韦伯斯特、电器天才斯坦梅茨、霍金、莎士比亚、鲁迅等人。文章主要介绍了他们的生平,以及他们在各自的领域做出的卓越贡献。值得一提的是,除了这些推进了人类社会发展、流芳百世的名人以外,还介绍了一些反面形象的历史人物。《大学英语（文理科本科用）》第三册第九单元 a 篇 *The Shameful End of Hitler* 讲述了二战始作俑者希特勒战败后的结局,引发学生对历史的反思和对和平的理解。本代教材还包含了许多介绍历史事件和历史进程的文章。如《大学英语（文理科本科用）》第六册第九单元 a 篇讲述美国的一次历史危机以及如何化解这次危机;《大学英语》第三册第十二单元 *Admission of the People's Republic of China* 讲述中国加入联合国大会的全过程;《现代英语》第二册第六单元 *From Ape to Man* 讲述了人类的进化过程等历史事件或进程。这些文章不仅详略得当地介绍了历史事件,还提出了这些历史事件对当今时代的影响以及借鉴意义,学生的世界观和历史观能通过这些选文的学习得到很好的强化与发展。除了以上几类历史类目下的文章以外,第二代大学英语教材还有部分选文追溯事物的起源。如《现代英语》第二册第九单元 *From Oxen to Paper Money* 阐述了货币的发明与发展,还提到了中国发明了世界上第一种纸质货币"交子";第十单元 *Beginnings of Life* 则介绍了地球上的生命是如何产生的;还有爵士乐的发展史、运河的起源以及现今面临的困难等。这些文章使学生加强了历史知识的学习,培养了学生的历史观。总体来看,第二代大学英语教材对于历史方面的内容还是非常重视的,涵盖的内容方面也相当全面。

政治二级类目包括国家和国际两个三级类目。其中,国家即指特定国家内部的相关主题,如国家形象、政府、总统、选举、人种、种族等;国际包括国际合作、全球化、战争与和平等相关话题。国家主题中被提及最多的国家是美国,涉及最多的话题是美国的种族歧视问题。如《新英语教程》第一册第十单元的两篇课文,*Blacks and Whites* 介绍了美国种族关系的发展及现状,*I Have a Dream* 回顾美国种族平权的历史事件,并展望种族关系的未来。《新英语教程》第三册第七单元的两篇文章 *The Interview* 和 *Black is Beautiful*,讲述了黑人在美国社会中受到歧视的现实故事。另有三篇文章涉及中国政治话题,《新英语教程》第二册第六单元 *My 35 Years in China* 一文的作者是一名客居中国三十五年之久的英国人,文章概述了他的人生经历,描述了他对中国的感情。《新英语教程》第五册第六单元 *He Helped the World to Understand China* 则讲述一名美国记者如何报道中国,使西方国家更好地理解社会主义。《大学英语》第四册第二课是周恩来总理的悼词,讲述了他对国家和人民的贡献,表达了对他的怀念和爱戴。这三篇文章都是正面描述中国政治话题,尤其是有两篇从外国人的视角看待中国,具有客观性和较强的说服力,但数量上仍显不足。国际间政治话题的文章仅有 7 篇,主题分别是国际教育、战争、和平、人才流动以及跨文化交流研究。

文化主题包括不同国家和地区,不同宗教和民族的文化、习俗、饮食、禁忌、时间观念、节日、商务习惯等各方面,意在为学生打开国际视野,增强跨文化交际能力。所选教材中共包含 36 篇该类目下的文章,但主要偏向英美文化,涉及体育运动、社会风俗、地区文化、文明礼节、节日祭典等,话题趣味性也较强。如《大学核心英语》第三册第八单元的三篇文章:*The English Character*,*A Visitor to the British Way of Life*,*A Single Culture*。前两篇从英国人的性格和习俗入手,更深入地介绍英国文化,第三篇则介绍了美国不同地区的文化差异。而除了西方国家以外,所选教材也提及了世界其他地区,如爱斯基摩、梵蒂冈、古埃及等,选取的篇目聚焦这些国家或地区的历史、文化、习俗和政治等方面的特别之处,能增强学生的阅读兴趣,扩充学生的知识面。值得一提的是,有几篇提及了中国文化,如中国南极科考、杭州美景和风筝的起源等,但相比对英美文化选文的数量明显不足。也有少部分文章介绍世界文化,如姓与名、世界七大奇迹、校园文明、餐桌礼仪等,从多方面展现了世界文化魅力。

经济类目下文章篇目较少,主要介绍社会资产、贫富差距、消费、银行存款等话题。如《大学核心英语》第一册第六单元的两篇文章: *Hotels* 和 *Motel*,分别介绍宾馆和汽车旅馆,另外还有介绍 20 世纪由于经济需要而建立的独具特色的建筑物。同时,也有两篇文章关注着贫富差距的问题,如《大学英语》第二册第四课 *The Two Americans as Seen from Detroit* 比较了两个底特律人的经济状况和生活,她们住得很近,但是经济生活状况却天差地别。总体来看,对于经济主题的关注还是比较缺乏。

社会类目包含教育和社会规范两个子类目,其中教育 23 篇,主要讨论了中学和大学教育、教育理念、校园生活等。如《大学核心英语》第三册第九单元的三篇文章简要介绍了麻省理工学院的情况(*This is MIT*),它的教育资源(*Educational Resources at MIT*),以及它的研究生教育情况(*Graduate Education at MIT*)。《大学核心英语》第五册第六单元三篇文章则关注中学科学课程的情况,强调科学课程应该与学生生活实际相联系,同时也描绘了科学课程的教学模式变化,提倡科技课程的新式教学方法。《新英语教程》第一册第七单元的三篇文章重点介绍了大学生如何解决昂贵的学费的问题,非常切合实际。社会规范相关内容有 25 篇,涉及人口、社会发展、社会安全、法律等,强调遵守规则和礼仪的重要性。如《大学核心英语》第二册第三单元的三篇文章均与人口问题有关: *Population and the Future*, *Man and Geography*, *Large Families in India*,三篇文章分别探讨人口发展、人口迁移以及当前的人口问题。这些文章不仅关注国内的社会问题,还聚焦世界其他国家的各种社会问题,拓宽了学生的知识面,了解世界范围问题。

总体来说,第二代大学英语教材在人与社会价值层面不仅介绍了经济、法律、教育等有关社会基础知识,同时也有意识地向学生展示了一些国际社会的难题,如贫富差距、人口问题、教育问题等。这样的选文安排,能够拓宽学生在社会话题中的知识面,还能让学生了解并切实关心世界上正在发生以及会持续发生的社会问题和矛盾,并引发学生对相关问题的思考。

(三)自然层面:重视自然科学,展示高尖技术

在第二代大学英语教材中,涉及自然层面价值取向类目的选文篇目是最多的,共有280篇,占第二代教材文本总数的近五成,足以体现出教材编写者对这一层面内容的重视。但是自然层面价值取向相关的选文数量较改革开放初期的第一代大学英语教材有所下降(在第一代教材的占比为77.1%)。自然层面价值取向类目包括世界地理、宇宙天体、自然生态、科学技术、生命科学、物理化学等自然科学相关的内容,其分布如下表所示:

表20 第二代大学英语教材基于文本主题的自然层面价值取向篇目频次统计

价值取向类目		频次	频率(%)
自然层面 (280篇)	世界地理	11	3.9
	宇宙天体	18	6.4
	自然生态	59	21.1
	科学技术	136	48.6
	生命科学	44	15.7
	物理化学	12	4.3

第二代大学英语教材中科技类目的文章有136篇之多,占自然层面价值取向相关全部文章总量的48.6%。其中有关于科幻的文章,主要是其他星球甚至外星生命相关的话题。如《大学英语(文理科本科用)》第四册第五单元介绍了宇宙飞船(*Airships*),第八单元幻想了在火星上的生活(*Living on Mars*),第十一单元则认真研究与宇宙中各星球沟通联络的手段(*Communicating with the Stars*)。科幻主题的文章能激发学生对于科学的好奇心,引起他们对科学的兴趣,也对未来生活有无限期待。有的文本内容主要包括科学研究的方法步骤、一些科学研究结果的介绍以及其他相关内容。如《大学核心英语》第五册第十五单元的第一篇文章介绍如何提出科学猜想以及如何检验结论(*The Scientific Imagination*),第二篇及第三篇文章用两个研究实例说明科学发展的机会来源于实力和努力(*Chance or Sound Science*,*An Accidental Particle*)。类似的文章还提到了科学发展的不稳定性、科研伦理、科学素养以及科学研究结果等,为学生的科学研究提供借鉴和指导。《大学核心

英语》收录了大量的科学技术主题的文章。有的是关于电脑技术(*Growing Up With Computers*,*Putting Words into Your Mouth*),有的是关于前沿科技超导体(*Superconductors Come in from the Cold*,*The Rush to Superconductors*,*Do-It-Yourself Superconductors*);还有的是关于机器人(*Musical Robots*,*Hamburgers with Chips...and Robot*,*Killer Robots*)。这些文章展现了具体的技术成果,其中不乏各领域中的高精尖科技,能为学生拓宽眼界,使学生接触当时的前沿科技发展。特别值得注意的是,有相当一部分文章提到了发明专利的申请问题。如《大学核心英语》第六册第三单元的三篇文章就分别介绍了一个生物专利的发明过程以及其应用(*Biological Patents*)、一个生物专利纠纷案例(*Patents for Life*)和一个形象技术行业与高科技行业的专利纠纷案例(*Photo Finish*),这些话题都反映了教学材料的实用性与工具性,切实地为学生的未来专业发展作好铺垫。

世界地理类目下仅有 11 篇文章,《新英语教程》第一册第一单元的两篇文章 *Cambridge-the University Town* 和 *Oxford* 介绍了剑桥和牛津这两座城市的风土人情和地貌特征;第二单元的两篇文章 *New York City* 都重点介绍纽约的情况。然而并没有任何一篇比较学术性的介绍地理知识的文章,这是一个缺憾。宇宙天体类目下有 18 篇文章,大多数是以科普的形式介绍关于太空探索和宇宙行星的知识。如《大学核心英语》第五册第十二单元的三篇文章分别介绍了"新太阳系的猜想以及恒星演变过程"(*In Search of Solar Systems*)、"一颗红矮星变化的观测记录"(*Wobbling Stars*)、"星体观测的争议"(*Debatable Debris*),既介绍了星球的观测方法,又结合实例介绍了具体的行星观测过程。同时,《新英语教程》第二册第五单元的三篇文章则以航空事业的发展为主题,阐述对太空竞赛的讨论和抨击(*The Space Race is the World's Biggest Money Waster*),介绍美国与俄罗斯的航天事业的发展进程(*Space Travel*)以及介绍航天飞机的发明与发展(*The Shuttle and Beyond*)。这三篇文章从另一个角度出发,展现了航天事业可能带来的弊端,启发学生全面看待航空航天的发展。宇宙天体相关文章风格主要是较严肃的科普,也有少数议论文探讨航天的利与弊,在引起学生的兴趣、满足他们的求知欲的同时,能够启发他们思考。

自然生态类目包含自然环境和动植物相关话题,所选教材中有 59 篇文章属于这一类目。自然环境指自然界中的非生命部分,也指的是包括动植物在内的自然界这个大概念,可以进一步分为介绍自然、自然保护与自然灾害三个部分。有的文本在所选教材中介绍或者描述我们赖以生存的自然环境,内容涉及冰川移动、盐湖的形成、冰冻保存生物、南极洲、化石燃料等。如《大学核心英语》第五册第五单元的三篇文章都是对南极洲的情况介绍。*Bright Outlook on Antarctic Science* 一文梳理了南极洲科考的历史,并对科考工作的前景有很高的期待。*Biological Implications of Gondwana* 一文介绍了冈瓦纳这个地方,并展示了一种南极科考的研究方法,通过生物化石推断南极洲气候、生态系统、冰层变化等。*Antarctic Forecasts* 一文则提出对南极洲未来情况的积极预测。类似的还有同一册书中第三单元的两篇文章,分别介绍天气预报和季风,以及它们因为各种原因而难以做到精准预报;还有《大学核心英语》第五册第十三单元的三篇文章从不同理论视角讨论化石燃料的来源。这些文章都是以科普甚至学术研究的形式,较为客观地介绍自然环境或者相关话题,阅读难度也适中,能够让学生对自然环境的基础知识以及研究基本方法有一定的了解,拓宽学生的知识面。也有部分文本是关于自然保护方面的主题,主要涉及宏观的环境问题以及空气污染、臭氧层、人口问题、资源浪费和回收利用等具体内容。如《新英语教程》第二册第一单元的两篇课文就是从宏观角度描述地球环境污染现状(*S.O.S*)以及分析环境污染的原因,并给出解决办法(*Preserving the Environment*)。而《大学核心英语》第五册第十一单元的五篇文章详细介绍了臭氧层的构成及遭破坏的现状(*The Ozone Layer in Danger*, *Structured Ozone Holes*),并分析讨论其遭到破坏的原因(*Fungus Attacks Ozone Layer*, *The Widening Hole Over Antarctica*, *Hoyle's Haze*)。这样能从宏观和具体两个层面给学生提供自然保护相关的知识。也有少量关于自然灾害的文章,内容主要是火山、龙卷风、地震等常见的自然灾害。《新英语教程》第二册第四单元的四篇文章,分别介绍了火山爆发(*The Earth's Hidden Power Comes to the Surface*, *Volcanoes*, *When Mountains Move*)和龙卷风(*Tornadoes*)这两种自然灾害的产生原因和相关新闻报道,让学生感受自然的强大力量,增加对大自然的敬畏之情。值得注意的是,《大学核心英语》第四册第九单元选文时关于几次由人类活动引发的灾难的新闻报道,包括切尔诺贝利事件(*Earthquake May Have Triggered Nyos Disaster*, *Paradoxes*, *Chernobyl Disaster*),更加深刻地引发学生对环境保护的思考。选文也有关于动植物主题的文章,主要的形式是说明文或者科普类文章。主要内容有介绍动植物的习性、特长、特点等,以及如何对其加以利用。如《大学核心英语》第四册第十单元的课文有介绍鲸鱼利用声呐捕食,人类也对这种方法加以利用(*Sound strategies for Survival*);人们借助青蛙发现抗菌物质(*Magainin*),同时也有简单的科普座头鲸的声音(*Serenade in Blue*),以及海豹如何能在黑暗的海水中看见(*Seals See with Their Eyes*)。这些文章将科技与动植物的特点有机结合,既揭示了自然界的奥妙,又体现了人类的智慧,更能体现出人与自然和谐相处的重要性。

生命科学指的是医学或者与生命体有关的科学。所选教材中共有44篇生命科学相关的文章,内容涉及人的大脑、双胞胎、器官移植、人体代谢、克隆等领域。如《现代英语》第二册中有四篇文章是关于生命科学话题的,分别介绍了母亲抱孩子的姿势的生物学解释(*Observations and Explanations*);三位医生如何发现病菌的存在并提高手术成功率(*Making Surgery Safe*);双胞胎的产生原因及分类(*Twins*);以及器官移植手术的起源及问题(*A New Problem for Doctors*)。这些文章都用具体的故事或实例讲述生命科学领域的知识,并全面展示这些技术的优势与不足,能够带给学生知识,也能影响他们的学术研究态度。

物理化学方面的文章主要包括物理学、化学以及二者交叉领域的研究。所选教材中相关文本主要包括介绍浅显易懂的生活常识,如食品中的化学成分(*Chemical and Food*)和声音产生的条件(*Music or Noise?*),以及高深的物理理论研究,如四维空间的连续性(*Four-dimensional Space-time Continuum*)和黑洞猜想(*Black Holes*)。《大学核心英语》第六册第六单元的三篇课文都是关于材料科学,介绍了材料科学在物理和化学领域的应用(*The Science of Materials*),不同材料的内在结构和特性(*Exploring the Internal Structure of Materials*),以及在物理学里对金属的界定(*Defining a Metal*),这些文章都偏向专业化,能够有机结合学生所学专业知识,给他们提供专业术语学习和专业思维方式等方面的帮助。

总地来说,在第二代大学英语教材中的自然价值取向类目下,选文主要着力于介绍科学技术以及与人的关系,多以说明文的形式呈现,聚焦具体的研究,引导学生将专业知识与语言学习相结合。教材整体偏重还是在自然价值取向上,但较上一代大学英语教材的占比有所下降。一方面,要响应国家"科技兴国"的号召,强调科技发展的重要性;另一方面,人类对于自然,对于自身以及二者之间的关系的思考也逐渐深刻。相比之下,对人际关系和人与社会的关系还是缺乏足够的关注。

二、文化内容:语篇配置相对均衡,展现多样题材

基于 Kachru 提出的文化圈层理论对第二代大学英语教材文本进行分类,发现内圈文化(细分为两类:一类是美英文化,另一类是加拿大、澳大利亚、新西兰文化等)文本共计 197 篇(31.3%),外圈文化(英语为官方语言国家如新加坡、印度、牙买加等文化)共计 3 篇(0.5%),扩展圈文化(包括中国文化和其他国家文化)共计 57 篇(9%),文化对比(文本对两个或者两个以上国家的文化进行讨论和比较)共计 73 篇(11.6%),共同文化(文本主题为世界范围的共同话题)共计 170 篇(27.1%),国别不详文化(文化的来源国家不明)共计 128 篇(20.4%)。总体上看,第二代大学英语教材的选文篇目包含了 30.7%的英美文化语篇,27.1%的共同文化语篇,11.6%的文化对比语篇,9%的扩展圈文化语篇,这样的文化语篇配置较第一代大学英语教材而言相对均衡了一些。

表 21   第二代大学英语教材文本总体文化内容配置情况①

文本类别 文本总数	内圈 文化		外圈 文化	扩展圈文化		文化 对比	共同 文化	国别 不详
	英美 文化	加拿大、 澳大利 亚、新 西兰等 文化	印度、 新加坡、 牙买 加等 文化	中国 文化	其他 国家 文化	对两个 及两个 以上国 家的文 化进行 讨论、 比较	世界共 同话题	文化来 源国家 不明
频次	193	4	3	16	41	73	170	128
比例	30.7%	0.6%	0.5%	2.5%	6.5%	11.6%	27.1%	20.4%

(一)英美文化语篇数目有所上升

由表 21 数据可知,第二代大学英语教材收录的选文中英美文化语篇为

---

① 本书数据统计按照"四舍五入"原则,保留一位小数,合计总数可能不会精确等于100%。

193 篇,占比 30.7%,其中与美国文化相关的共 138 篇,与英国文化相关的共 55 篇。文本中涉及的内容也较为丰富,包含了多个主题,从政治经济、社会习俗、体育运动、科技艺术、历史发展、教育环境等多个视角对英美两个国家的文化作了详细介绍,深入挖掘其文化内涵,同时也具有较强的趣味性。如《大学英语(文理科本科用)》第五册 *Letter From Home* 一文中详细探讨了美国学生依赖分数衡量个人成就的教育现状;《大学核心英语》第三册中 *A Single Culture* 一文详细阐释了美国文化中的"同一性",虽然这个幅员辽阔的国家及其人民具有千差万别的人种背景,但在某些方面如语言和生活习惯等,其差异性要远小于欧洲。选入这样的文章可以帮助学生更好地了解美国社会;《新英语教程》第二册中 *The English are Different* 一文则从英国人的性格、日常生活方式、遵循的礼仪习惯等方面描述了英国的文化环境。

然而,同属内圈国家的加拿大(1 篇)、澳大利亚(2 篇)、新西兰(1 篇)等国家的文本占比却不足 1%,入选的文本对这些国家文化内容的讨论也不够深入。如《新英语教程》第四册中 *Who Saw Murder Didn't Call Police* 一文仅仅讲述了加拿大一女性被刺伤却无人报警的故事。另外两篇《大学核心英语》第三册 *Across Australia by Sunpower* 和第四册 *Fire in the Bush*,与澳大利亚相关的文本也只是介绍了文中的主人公驾驶太阳能汽车穿越澳大利亚的过程及澳大利亚灌木林火灾的成因与解决策略,未涉及到更深层次关于国家历史、风俗习惯等文化层面的探讨,而与新西兰相关的 1 篇文本《新英语教程》第四册 *Nuclear Power Cuts Pollution* 只是描述了核能发电帮助改善新西兰首都惠灵顿市环境的事实。

所选教材中收录的外圈英语国家文化相关的文本数量也相对较少,均与印度这一外圈国家相关,分别讲述贫穷如何导致印度民众选择大量生育(《新英语教程》第二册 *Large Families in India*)以及一个发生在印度官员举办的酒宴上的小故事(《大学英语(文理科本科用)》第二册 *The Dinner Party*),几乎没有涉及到更深层次的文化内涵,不利于学生全面了解这些国家的文化背景。

(二)中国本土文化语篇数量较少

在扩展圈文化的相关文本中,中国文化相关的文本共 16 篇,占比 2.5%,内容涉及中国针刺麻醉(《大学核心英语》第二册 *Acupuncture*)、南极科考(《大学核心英语》第二册 *Chinese Land in Antarctica*)、重庆市的历史发展简介(《新英语教程》第二册 *Chongqing Sees Sweeping Change and Novel Experiment*）及风筝的起源（《现代英语》第四册 *Kites*），一定程度上介绍了中国的传统文化、地理环境及科技发展状况。但相较于英美文化语篇、共同文化语篇等相关文本所占的比重，有关中国本土文化介绍的篇目仍然较少，这就可能造成非英语专业学生的中国文化意识和文化表达能力薄弱，无法使用英语语言向其他国家民众介绍并传播中国优秀的传统文化，不利于学生树立民族自豪感。其他国家文化的文本共 41 篇，占比 6.5%，包括德国、法国、日本、俄罗斯、墨西哥、菲律宾等国家。但整体来看，在扩展圈文化的文本中，对西欧、北欧、日本等发达国家及地区的文化介绍所占比重相对较高，选取的文本多聚焦当地历史文化、社会习俗等方面的特别之处，能增强学生的阅读兴趣，扩充知识面。如《大学核心英语》第四册 *Keeping up with the Satohs* 一文详细介绍了日本民众对新事物的消费心理，《大学英语（文理科本科用）》第六册 *The Monster* 一文则详细介绍了德国作曲家瓦格纳的故事。而对以发展中国家为主的非洲、南美洲、亚洲等国家地区的文化介绍相对较少。

（三）文化对比多以英美文化作为参照

文化对比类教材文本所占比重为 11.6%，总体来看所占比例仍相对较低。值得注意的是，在文本内容涉及到两个国家或多个国家之间的文化对比时，总会以英国或美国文化作为参照进行比较，探讨各个国家之间的文化差异。如《大学核心英语》第一册中，尽管 *Social Customs in America* 一文对中美社会习俗和礼仪作了比较，但最终目的还是为了向语言学习者介绍美国的文化习俗以及与美国人沟通交流时的注意事项；《新英语教程》第六册 *Japanese and American Workers：Two Casts of Mind* 一文则强调了日本与美国民众在工作价值观上的异同，从文章内容来看，作者似乎认为日本的集体主义思想与现代工业模式背道而驰，不利于提升生产效率，容易导致读者在阅读文章后更加认同美国等西方国家倡导的"自由主义"及"个人主义"价值观。这样一来，虽然这部分文本看似在对比国家间的文化差异，实际上还是在向学生们介绍英美等主流英语国家的文化，这种文化对比国家跨度较小且没有对文化内核的探讨，缺乏一定的广度和深度。此外，尽管在全球化背景下，文化对比能让大学生了解不同国家间的文化差异，培养其文化意识和跨文化交际能力，但以英美国家文化为主导进行文化对比实际上不利于学生更好地把握世界各国文化的差异性和多样性,缺乏正确的引导有时甚至会导致学生产生文化自卑心理,从而不利于学生树立文化自信。

（四）共同文化及国别不详文化

第二代大学英语教材共同文化类相关的选文共有170篇,占比27.1%,总体来看所占比例相对较高。由此可见所选教材对于不分国界的共同文化,如:人工智能、环境污染、粮食短缺问题、校园文明、餐桌礼节等有相当高的关注度,很好地把握了20世纪90年代世界各国面临的普遍问题,涉及到的篇目也展现了各种题材,可以帮助学生开阔视野,紧跟时代潮流。此外,共128篇(占比20.4%)文章未明确表明文化来源国家,这一类主要是科普性文章、小说虚构故事、学习策略探讨及对动物生活习惯的描述等,故被归为"国别不详"类,如《大学英语（文理科本科用）》第二册 *Is There Life on Earth*？一文讲述了一个金星科学家探索地球的故事;《大学英语（文理科本科用）》第四册 *Deer and the Energy Cycle* 一文以鹿为例讲述了动物体内的能量转换过程;《大学英语（文理科本科用）》第六册 *Research Reports for Business and Technical Writing* 一文详细总结了学生应该如何撰写研究报告,包括研究问题、数据呈现、结果讨论、总结等;《新英语教程》第一册 *Atomic Cars* 一文则探讨了原子车的可能性。虽然这部分文章未涉及到对具体国家文化的讨论,但能够在一定程度上拓展学生的知识面,增加学生的学习兴趣,符合当时学生的学习需求。

总体上,从数据统计分析结果来看,改革开放以来的第二代大学英语教材的文化内容配置整体上较为均衡,包含了30.7%的英美文化语篇,27.1%的共同文化语篇,11.6%的文化对比语篇,9%的扩展圈文化语篇。从选文内容上看,教材中文化语篇的内容类型较为丰富,涵盖了政治经济、社会习俗、体育运动、科技艺术、历史发展、教育环境、日常生活等内容,文章题材丰富多样,同时也具有较强的趣味性,能增强学生的阅读兴趣,扩充知识面。

三、形象塑造:科学家形象和男性人物仍占主要比重

教材中的人物形象塑造是教材编写者传递知识、呈现教育内容的重要手段。教材中的形象塑造能够给学生带来榜样示范作用,对学生人生观、价值观的形成产生一定的影响。因此教材中的人物形象塑造是研究教材价值取向的一个重要内容。经过对第二代大学英语教材中的人物形象塑造进行分析发现,这一代教材中科学家形象和男性形象仍然在人物塑造方面占主要的比重。

（一）职业分布情况

如表 22 所示,第二代大学英语教材中包含的人物形象在职业分布上存在显著差异,其中科学家出现的频次最高,为 72 次。科学家包括的范围较为广泛,具体可以分为自然科学家(如物理学家、天文学家、化学家、生物学家、海洋学家等)和社会科学家(心理学家、社会学家、考古学家等)两大类。所选教材在介绍这些人物的生平时,除了介绍他们在各自专业领域的杰出贡献外,还描绘了他们严谨认真的工作态度以及不屈不挠的性格特征,可以帮助学生更加全面地了解这些科学家的生平事迹,减少陌生感和距离感。如《大学英语(文理科本科用)》第二册 *Alfred Nobel—A Man of Contrasts* 一文在介绍诺贝尔时,除了介绍他的爆炸物发明外,还提到了他的慈善事业、家庭生活以及对文学作品的热爱等。此外,《大学英语(文理科本科用)》第五册 *Roaming the Cosmos* 一文在介绍史蒂芬·霍金时除了提及他在理论物理的成就外,还提到了他在剑桥时的求学生活以及与自身疾病顽强抗争的过程。纵观 20 世纪 90 年代国内与国际形势,虽然国际上出现了新的复杂、动荡因素以及各方面的剧烈变化,如东欧剧变与苏联解体等事件,和平与发展仍是不可逆转的两大世界主题。科学技术在促进社会经济发展中有着至关重要的作用。在这样的时代背景下,大学英语教材大量收录介绍世界各国科学家生平事迹的文本是十分合理的。在学习者阅读相关文本时,可以在一定程度上激发他们的学习热情和科研兴趣,激励他们刻苦钻研,报效祖国。但值得注意的是,所选教材收录的有关科学家的文本大多都是关于国外,尤其是西方科学家的介绍,鲜有文本介绍我国科学家的科研成就、钻研精神以及爱国情感等,不利于非英语专业大学生了解我国科学技术发展进程,培养学生的民族自豪感及家国情怀。

表 22 第二代大学英语教材人物职业频次表

职业	频次	职业	频次
科学家	72	航海家(旅行家)	3
国家领袖(君主、帝王)	19	民族英雄	3
医生	17	艺术家(喜剧演员、作曲家,画家)	3
大学教授	14	学校校长	2
商人/企业家	13	词典编纂者	2

续表

职业	频次	职业	频次
学生	12	律师	2
机构管理人员（企业/世界组织/课程负责人）	12	服务员	2
发明家	11	运动员	1
作家	10	神父	1
警察	10	空姐	1
教师	8	摄影师	1
机构员工（图书馆、政府、企业、店铺）	7	电脑编程师	1
军人（士兵、狙击手）	6	飞行员	1
哲学家	5	诈骗犯	1
教育家	5	火车列车长	1
记者	4	法官	1
宇航员	4	灯塔看守人	1
建筑师	4	形象设计师	1
政治家（官员）	4	电报员	1
工程师	4	职业不清	98
家庭主妇	4		
总计			372

其次出现频率较高的为国家领袖（19 次）、医生（17 次）、大学教授（14 次）、商人/企业家（13 次）、学生（12 次）、机构管理人员（12 次）、发明家（11 次）、作家（10 次）、警察（10 次）等。与国家领袖相关的文本除了介绍他们的政治思想以及为国家作出的卓越贡献外，还详细地描绘了他们的性格特点和个人爱好，使人物形象更加丰满。如《新英语教程》第五册 *My Father, Mr. Lincoln and Me* 一文便从普通人的视角，以"我"和"父亲"的对话探讨了林肯总统的成长轨迹、政治成就以及面对困难时坚韧不拔的性格特点，对读者而言具有较大的教育意义。《大学核心英语》第一册 *Hobbies* 一文则简要提及了美国总统罗斯福、艾森豪威尔以及英国首相丘吉尔关于集邮和绘画的爱好，趣味性较强，可激发学生的阅读兴趣，帮助学生从多个视角全面了解世界著名国家领袖的生平事迹。此外，《大学英语》第四册中 *Mourning for Zhou Enlai* 一文则

详细讲述了我国人民对于周恩来总理的深切怀念,可以帮助培养学生的爱国情感。但总体看来,所选教材中关于国家领袖的介绍很大程度上仍局限于英、美、德、法等北美及欧洲发达国家,几乎没有文本详细介绍亚非拉地区国家领导人的生平事迹和政治成就,针对中国国家领导人的介绍也极为不足,文本的人物选取具有片面性。而这和当时的世界政治环境有较大关系,20 世纪 90 年代初共产主义阵营瓦解,美国成为仅存的超级大国,具有较强的政治话语权。医生形象出现了 17 次,主要介绍各国医生的工作内容、为医学进步作出的突出贡献以及认真负责的工作态度。如《大学英语(文理科本科用)》第二册 *A Doctor on Night-call* 一文就从一个医生的视角介绍了夜班医生的工作内容,尽管医生也会不时抱怨工作的繁重,但他们依然对自己的职业具有强烈的自豪感。《现代英语》第二册中 *Making Surgery Safe* 一文则介绍了三位分别来自苏格兰、维也纳和法国的外科医生通过对微生物的研究探究如何提升外科手术的安全性,挽救病人生命。通过收录包含医生形象的文本阅读可以增强学生对这一职业的认可度,这和我国当时强调医学技术发展、提升人民平均寿命的时代发展要求有紧密联系。大学教授和学生在所选教材中出现的频次也相对较高,分别出现 14 次和 12 次,反映了我国当时对学校教育的高度重视。文本主要围绕世界各大学教授在自身领域的研究成果及学生的校园生活展开。如《大学英语(文理科本科用)》第五册中 *First Day:Given Us 15 Minutes a Day* 一文就详细介绍了一美国教授针对本国学习者的词汇习得实验,探讨了英语词汇学习对人的工作和性格等产生的重要影响。《大学英语(文理科本科用)》第二册中 *Angels on a Pin* 一文则介绍了一个美国中学生如何运用多种方式解答物理问题,而不是仅仅追求课本上的标准答案。此外,《新英语教程》第一册 *The First Day in a Polytechnic in London* 一文还介绍了大学新生 Arthur 在伦敦一理工学院的报到流程。值得注意的是,所有文本中出现有关学生的人物形象都来自国外,通过了解国外学生的校园生活可以帮助中国学生了解其他国家教育制度和学习环境,从而对自己的学习产生一定思考。出现频次排在第五位的职业为商人/企业家,共出现 13 次,文本主要围绕企业家的创业过程及公司管理经验进行探讨。如《大学英语(文理科本科用)》第五册 *Who Makes it to the Top* 一文从三个美国企业顾问的视角探讨了企业管理的经验,认为一个好的企业管理者需要掌握四项基本技能,包括激励员工、举贤避亲、沟通交流以及在压力面前保持冷静等。《大学核心英语》第一册中的 *The King of Kodak* 一文则讲述了柯达公司创始人 George Eastman 如何把握商机开创自己的事业,使公司得到长足发展。这一数据结果和当时中国的经济发展战略有较为紧密的联系。20 世纪 80 年代,受国家改革开放的经济政策及世界新技术革命的影响,越来越多的技术人员和科学工作者加入到了创新创业的队伍之中,依托高校和科研院所提供的先进技术进行创业。在邓小平同志1992 年巡视武汉、深圳、珠海、上海等地,沿路发表一系列有关改革开放的重要谈话后,中国出现了"全民经商"的第二次创业高潮,越来越多的普通民众也加入到自主创业的队伍中来。在这样的时代背景下,大学英语教材收录与企业家相关的文本,帮助非英语专业大学生了解创业故事、学习管理经验也是较为合理的。除了上述分析的五类出现频次较高的人物职业外,所选教材还收录了相当一部分讲述普通民众工作生活的文本,包括警察(10 次)、教师(8次)、机构员工(7 次)、军人(6 次)、记者(4 次)、律师(2 次)、服务员(2 次)等,由此可见所选教材对普通人的生活状态仍保有一定的关注度。

此外,所选教材对从事有关哲学、文学与艺术相关职业的人物关注度也有一定提升,其中作家共出现 10 次,哲学家共出现 5 次,艺术家共出现 3 次,文本主要选取一些知名作家的文学作品,并对相关著名历史人物的生平和取得的成就作了一些介绍。如《大学英语(文理科本科用)》第四册中的 *A Day's Walt* 一文就选自美国作家海明威的短篇小说。《大学英语(文理科本科用)》第五册则收录了海伦·凯勒自传体小说《假如给我三天光明》的节选文本。收录这类文本内容可帮助提升大学英语教材的文学性,提升学生的文学素养。此外,《大学核心英语》第一册中收录的 *Lao Tse and Confucius* 一文对老子和孔子的生平事迹和哲学思想作了简要介绍,可在一定程度上帮助学生了解我国的传统文化。另外《大学英语(文理科本科用)》第六册中 *The Monster* 一文则以先抑后扬的方式介绍了德国作曲家瓦格纳的音乐成就和性格特点。然而,在所选教材中这三类职业的代表人物主要还是选自欧美等国家,对我国哲学家、文学家和艺术家的介绍还不够丰富和深入。

(二)性别分布情况

从数量角度看,男性在所选大学英语教材中的比例远远高于女性,文本选材具有男性中心主义倾向。在统计出的 372 个文本人物中,男性人物共 303

个,占比 81.5%;女性人物共 69 个,占比 18.5%,男性占据绝对优势。在人物具有具体职业时,男女比例失衡现象更为明显,在 274 个拥有具体职业的人物中,男性人物共 246 个,占比 89.8%,而女性人物只有 28 个,仅仅占到 10.2%。

表 23 第二代大学英语教材人物形象性别比例表

人物性别	男性数量	所占百分比	女性数量	所占百分比	总计
具体职业	246	89.8%	28	10.2%	274
职业不明	57	58.2%	41	41.8%	98
总计	303	81.5%	69	18.5%	372

从人物承担的社会角色来看,所选教材中女性的社会职能相较于男性而言要单一得多。从表 24 可以看出,虽然女性也偶尔会承担诸如像科学家、国家领袖、发明家、宇航员等在传统意义上由男性占据主导地位的社会职业,但大多数情况下她们分配到的角色常与学校教育相关,如学生、教师、学校校长、教育家等;与文学艺术活动相关的职业主要有作家和画家,其余为女性特征明显的职业,如空姐和家庭主妇等。值得注意的是,在《大学英语(文理科本科用)》第四册 John Rossiter's Wife 一文中,女性是作为诈骗犯的负面形象出现的,在这篇文章中一个自称 Rossiter 太太的女性利用编造的故事从一个赌场老板手里骗走了一大笔钱。反观所选教材对于男性角色的塑造,他们承担的社会角色不仅更加丰富多样,覆盖了政治、经济、教育、科研、体育运动、文化艺术等多个层面,其重要性也更为显著。值得注意的是,在组织机构中,男性总是占据主导地位,担任管理者的角色,而女性总是居于从属、依附地位,承担被管理者的角色。如《大学英语(文理科本科用)》第三册 The Big Change 一文就讲述了两个女孩相互竞争想要成为男性主管秘书的故事。

从所选大学英语教材人物形象及对应性别分布来看,女性在大多数社会职业中占据的比重都较小,处于边缘化的状态,只有在教育、服务业等女性气质较为明显的职业中占据的比例相对较大,如教师、空姐、秘书等。如表 24 所示,在文本中出现的 72 位科学家中,仅有 1 位为女性,即海洋生物学家 Tamra Faris(《大学核心英语》第四册 Alaska's Speeding Glacier)。在文本提及的 19 位国家领袖中,仅有一位为女性,即英国首相撒切尔夫人,出现 2 次,在两篇文本中出现。(《大学核心英语》第四册 *Chunneling the Channel* 以及 *Eurotunnel*)在文本提到的 11 位发明家中,仅有 1 位为女性,即 *Countess Lovelace*,她是计算机程序创始人,被称为历史上第一个程序员(《现代英语》第二册 *Computers*)。在涉及到的 13 位商人/企业家中,也仅有 1 位为女性,*Coralee Smith Kern* 创建了国家家庭手工业协会并创办了自己的家庭生产企业(《大学核心英语》第四册 *Working at Home:The Growth of Cottage Industry*)。需要注意的是,女性在这类文本中常常以"配角"形象出现,文本中仅有只言片语描述她们在自己领域所取得的成就或持有的观点,篇幅极为有限,缺乏全面性和深入性。在男性占据主导地位的职业中,如医生、警察、大学教授、军人等,所选文本中对应的职业也全部由男性承担。虽然不能否认这和当时的时代背景和社会现实有一定关联,但这样的人物设置在一定程度上会加深学生刻板的性别印象。

表 24 第二代大学英语教材人物形象及对应性别分布表

职业	频次	男性	女性
科学家	72	71	1
国家领袖	19	17	2
医生	17	17	
大学教授	14	14	
商人/企业家	13	12	1
学生	12	10	2
机构管理人员(企业/世界组织/课程负责人)	12	12	
发明家	11	10	1
作家	10	9	1
警察	10	10	
教师	8	5	3
机构员工(图书馆、政府、企业)	7	3	4
军人(士兵、狙击手)	6	6	
哲学家	5	5	
教育家	5	3	2
记者	4	4	
宇航员	4	3	1

职业	频次	男性	女性
建筑师	4	4	
政治领袖	4	4	
家庭主妇	4		4
工程师	4	4	
航海家	3	3	
民族英雄	3	2	1
艺术家(喜剧演员、作曲家,画家)	3	2	1
学校校长	2	1	1
词典编纂者	2	2	
律师	2	2	
服务员	2	2	
运动员	1	1	
神父	1	1	
空姐	1		1
摄影师	1	1	
电脑编程师	1	1	
飞行员	1	1	
诈骗犯	1		1
火车列车长	1	1	
法官	1	1	
灯塔看守人	1		1
形象设计师	1	1	
电报员	1	1	
职业不清	98	57	41
总计	372	303	69

所选教材中涉及到人物形象的文本在呈现男性角色时,常常会赋予男性坚毅勇敢、自强不息、博学多才、豁达乐观等美好品质,很少让男性承担负面角色,而女性却总是成为自私、刻薄、懦弱、敏感等消极品质的代名词。如《大学英语(文理科本科用)》第六册中的 *The Library Card* 一文就描述了一个女性图书馆职员如何对黑人青年在图书馆借书一事进行严格审查,表明其具有严重

的种族歧视倾向,相较于慷慨地把自己的借书证借给黑人青年的白人男性图书馆职员而言,女性角色显得十分冷酷刻薄。此外,《大学英语(文理科本科用)》第六册 *The Ethics of Living Jim Crow* 一文则讲述了一个黑人男孩告诉自己的母亲自己被白人儿童欺负并进行反击时,母亲不能理解他的反击还狠狠地训斥了他,给主人公造成严重的心理阴影,反映了女性在面对不公待遇时的懦弱反应。值得注意的是,所选教材中的少数文本也在一定程度上弘扬了女性坚强勇敢、奋斗拼搏、独立自主的积极品质,如《新英语教程》第四册中的 *The Hero of Lime Rock Lighthouse* 一文就讲述了一个名为 Ida Lewis 的女孩在童年时如何不顾自身安危跳海救人,并最终成为一个灯塔守塔人救助溺水者的故事;《大学英语(文理科本科用)》第三册 *The Woman Who Would Not Tell* 一文则讲述了一位勇敢的女性 Bettie 如何在美国内战期间冒着生命危险救助了一个北方军队的士兵;而《大学英语(文理科本科用)》第五册中的 *If It Comes Back* 一文则介绍了一个残疾女孩如何自立自强并最终摆脱占有欲极强的男孩的控制,去追求属于自己的自由。选取这样的文本在一定程度上反映了当时的时代背景。随着第三次科技革命的到来,经济尤其是科学技术的发展使得体力劳动不再在社会中占有优势和主导地位,妇女也因此享有更多的工作机会,同男性一起为社会发展建设贡献自己的力量。通过这样的文本阅读可以在一定程度上改善学生们对男女性别的刻板印象,帮助学生们树立正确的性别价值观,这对未来社会建立和谐的两性关系具有重要的意义。

　　通过梳理第二代大学英语教材中文本人物的职业和性别特征发现,在职业方面第二代教材中人物形象的职业覆盖范围更广。除了介绍国家元首、政治领袖、科学家、哲学家等历史人物的生平事迹和成就外,还描绘了许多贴近生活实际的普通民众的生活,使所选文本能更好地传递其内在的文化内涵与价值观。此外,有关历史名人的文章也更加注重描绘他们的生活细节和性格特点,使人物形象更加鲜活立体,平易近人。在性别方面,第二代大学英语教材在呈现人物形象时,仍然以男性为主,女性人物数量较少,处于边缘化状态;在承担的具体社会角色上面,男性扮演的角色比较多样,承担的社会责任也更加重要;而女性被分配的社会角色较为单一,在社会分工和社会生产中的重要性明显低于男性。在人物品质塑造方面,男性总是积极品质的代名词,多数情况下以正面形象出现,而女性形象却总是体现消极品质。社会性别是由人们的思想观念和历史环境不断建构的,而不是人难以逆转的生理特征。由此可见,第二代大学英语教材文本选择中的性别失衡及性别刻板印象问题不利于帮助非英语专业大学生构建科学的性别观念,正确认识女性的社会定位及作用,对未来教材编写具有一定启示作用。

第四章 第三代教材："以人为本"与"和谐发展"的价值目标追求

　　进入 21 世纪以来,英语作为一种通用语言,在全球范围内的沟通和交流中发挥着越来越重要的作用,英语水平已经成为关系到一个国家综合国力和国际竞争力的重要因素。党和国家更加重视教育在推进社会主义现代化建设中的先导和统筹作用,把教育放在实现全面建设小康社会宏伟目标的战略优先位置,并对教育提出明确的目标、任务和要求。教育领域以"深化教育改革,全面推进素质教育"为目标,制定了一系列的改革措施,教育人才观实现了从"重知识"到"重能力"再到"更重素质"的中心转移。"以人为本、全面发展",实现人的全面可持续发展是新时代人才培养的新要求和核心价值取向。大学生是党和人民发展事业的生力军和促进国民经济发展的中坚力量,高等教育要努力培养全面健康的可持续发展人才。大学英语教育在 21 世纪开始的二十年里,不断探索新的发展道路和改革方向,坚持"以人为本",树立以学生为本的改革思想,努力培养全面发展和素质突出的外语人才。

　　在改革开放的背景下,大学英语教育经过不断的深化改革和发展,教学质量不断提升,培养了大批国家需要的外语人才,21 世纪以来大学英语教育的发展达到了中华人民共和国成立以来的鼎盛时期。外语事关国家发展和国际竞争的软实力。在新的历史条件下,大学英语教育更应该不断加强。① 在高等教育大众化到普及化发展的背景下,在课程教学要求的指导下,大学英语教学开始了新一轮的改革,大学英语教材出版也如雨后春笋般出现,呈现百花齐放、繁荣发展的局面。总体来说,21 世纪以来的大学英语教材更加突出了对

---

　　① 王守仁:《转变观念 深化改革 促进大学外语教学新发展》,《中国大学教学》2017 年第 2 期。

"人"的关注,突出"人"的价值,彰显对"人"的尊重,强调"以学生为中心",着重作为"人"的整体、全面和本质的重视和展现,体现了"以人为本"和促进"人的全面发展"的教材价值取向。

第一节 新世纪以来大学英语教育改革发展的时代背景

进入 21 世纪以来,我国政治稳定,经济连续多年高速发展,英语作为世界主要语种之一的地位越来越明显,整个社会对英语学习重视程度高,大学英语教育呈现了更加蓬勃发展的景象。唯物史观认为,社会的进步水平越高,人获得自由与解放的程度就越高。人的本质力量就能够得到更大程度的发挥。人的每一次进步都意味着向着全面发展的方向前进。[1] 进入 21 世纪,国家朝着社会主义现代化建设方向发展,全球化发展背景、高等教育大众化到普及化发展以及信息网络技术的发展都为大学英语教材发展创造了良好的机遇。

一、全球化背景下英语教育的战略地位及国家对外语人才的需要

随着全球化时代的到来,我国对外开放进入了一个新阶段,在政治、经济、文化等各个方面的对外开放史无前例地加大了。全球化时代一个重要的特点就是各国在世界范围内的联系不断加强,在政治、经济和文化等方面相互依存的程度更高。不同国家和组织之间联系和沟通中最为重要的工具就是语言。尤其是作为全世界范围的通用语言,英语在全球化的进程中发挥着更为关键性的作用。在一些国家和政治家看来,在全球化时代,英语不仅是沟通和交流的重要工具和媒介,也是提高国际竞争力和国际地位的关键。在全球化时代,中国将在世界舞台的政治、经济、文化中扮演更为重要的角色,人们的整体英语水平高低是中国在国际社会中扮演好角色的重要因素。进入 21 世纪,我国要进一步发展,立足于世界强国之林,就必须培养大批具有国际视野的人才,这与外语教育尤其是大学英语教育有密切关系。新时代的大学英语教育也就越来越成为关乎提升我国综合国力,提升国际竞争力的一个重要战略课题。

进入 21 世纪以来的第一个十年,我国同世界范围内其他国家交往日益频

---

[1] 刘旭东:《课程的价值取向研究》,甘肃教育出版社 2002 年版,第 180 页。

繁,高等教育国际化趋势不断强化,国家和社会迫切需要能够参与国际竞争的、精通专业的同时具有较强英语运用能力的人才。教育部针对我国当前大学生英语听说能力较差,英语交际能力不足,无法适应加入世贸组织后国际交流频繁的需要的情况,开展有针对性的教学改革,努力加强学生的英语听说能力,引进先进的教育技术,促进了大学生的听说能力显著提高。① 进入21世纪以来的第二个十年,中国社会经济发展突飞猛进,我国已经成为仅次于美国的世界第二大经济体,外汇储备世界第一,国民生产总值世界第二,出国旅游人数世界第二,贸易总额世界第三,这些都说明中国已经迅速崛起并充分地融入经济全球化的进程中。② 我国正在逐步走向世界舞台的中央,建设人类命运共同体需要中国智慧和中国方案,在这样的背景下,国家的语言能力显得尤为重要。国家的语言能力是"政府运用语言处理一切与国家利益相关事务的能力",包括国家语言治理能力、国家语言核心能力、国家语言战略能力三个方面。其中,治理能力指的是政府处理国内外两类语言事务的效力和效率,核心能力是关于国家政治、领土、社会、经济、文化等方面的语言规划和建设的实践性能力,战略能力是国家对外改革开放、国家形象塑造等方面的支柱性能力。③ 国家外语能力是国家语言能力的一个重要方面,"是一个国家运用外语以确保国家安全和在政治经济科技等领域有国际竞争力的能力"④。在全球化进程中,英语作为国际通用语,已经成为国家发展中不可或缺的重要资源之一,成为国家核心竞争力的一个部分和国家软实力的重要体现之一。因此,如何应对21世纪的挑战,培养一大批精通英语,能够积极参与国际竞争和国际合作的专门人才,是进入21世纪第二个十年大学英语教育面临的新问题。大学英语面临新的挑战,需要解决新的问题,亟需不断探索改革思路和发展路径,面向时代要求思考发展路径,主动适应国家经济建设、社会发展和高等教育的新形势,抓住机遇,富有成效地推进大学英语教学改革,不断提高大学英

① 蔡基刚:《中国大学英语教学路在何方》,上海交通大学出版社2012年版,"序言"。

② 阮全友:《中国语境下外语教育的行动研究观与思辨能力培养》,北京语言大学出版社2013年版,第26页。

③ 文秋芳:《对"国家语言能力"的再解读——兼述中国国家语言能力70年的建设与发展》,《新疆师范大学学报(哲学社会科学版)》2019年第5期。

④ 蔡基刚、廖雷朝:《国家外语能力需求与大学外语教育规划》,《云南师范大学学报(哲学社会科学版)》2014年第1期。

语教学质量。

二、高等教育大众化到普及化发展给大学英语教育带来机遇与挑战

美国教育社会学家马丁·特罗将高等教育的发展过程划分为三个阶段：毛入学率在 15% 以下为精英高等教育阶段；毛入学率在 15% 到 50% 之间为大众高等教育阶段；毛入学率达到 50% 以上为普及高等教育阶段。① 精英化的高等教育是为了塑造统治阶级的思想、品格和角色做准备。大众化的高等教育是为专业技术的广泛传播和经济精英的培养做准备，而高等教育普及化是为适应社会快速发展和技术变革的需要。② 1998 年我国提出了高等教育大众化的目标，《面向 21 世纪教育振兴计划》提出扩大高等教育规模，到 2010 年使我国高等教育入学率达到 15%。1999 年，《中共中央国务院关于深化教育改革，全面推进素质教育的决定》作出了扩大高校招生规模的重要部署，我国高等教育进入快速发展阶段。2002 年，我国高等教育毛入学率达到 15%，仅用四年时间就提前进入了高等教育大众化阶段。根据《国家中长期教育改革和发展规划纲要（2010—2020 年）》提出我国要实现更高水平的普及教育，高等教育大众化水平将进一步提高，2020 年高等教育毛入学率将达到 40%。2018 年我国高等教育毛入学率达到 48.1%，2019 年将近达到 50%。近 20 年来我国高等教育规模保持了快速增长，远高于中等收入国家的平均增速水平，也高于世界平均水平，实现了规模上的跨越式发展，这是一个从量变到质变的过程。1998 年我国高等教育招生规模为 108 万人，2002 年达到 321 万人，2011 年达到了 675 万人，是 2008 年招生规模的六倍多。③ 在高等教育大众化发展进程中，一大批本科院校和高职院校得以新建。截至 2015 年，全国普通本科院校达 1219 所，其中新建本科院校 678 所，占比 55.6%。

进入 21 世纪以来，我国高等教育事业迅速发展，成绩显著。我国的高等教育由精英教育向大众化教育发展，本科生招生规模不断扩大，飞速增长的学生数量促进了大学英语教育的发展，扩大了大学英语教育的规模。高等教育大众化发展的趋势下，全国高校不断扩招，大学英语作为高校的公共基础课，

---

① 贺宁杉：《教育转型时期的大学英语教学改革》，《黑龙江高教研究》2007 年第 12 期。

② 钟秉林、王新凤：《迈入普及化的中国高等教育：机遇、挑战与展望》，《中国高教研究》2019 年第 8 期。

③ 蔡基刚：《中国大学英语教学路在何方》，上海交通大学出版社 2012 年版，第 20 页。

也进入了改革发展时期,从而建立了21世纪大学英语教学体系,并充分结合大数据时代的特征,充分利用现代化的教育技术和手段,建立起立体化、多样化、个性化的教学模式。[①] 高等教育大众化到普及化发展给大学英语教学带来的直接问题就是学生人数持续增多,而高校大学英语教师的师资力量紧缺,数量严重不足,教学任务大幅增加,大班上课成为了大学英语教学的普遍现象,教学效果得不到保障,直接影响了大学英语的教学质量。班级规模对于大学英语教学的影响远远大于一般的知识型课堂,班级人数规模过大不利于听力和口语教学的开展,对于提高学生的英语听力和口语表达技能以及语言交际能力都会产生不利影响。面对21世纪日益扩大的班级人数规模,以及经济全球化对英语交际能力的要求,大学英语教学要保持和继续提高教学质量将面临巨大的压力和挑战。在教育部高等教育司以及其他教育主管部门的大力倡导和支持下,大学英语教学的现代化发展手段在这一时期得到了比较快的发展,使大学英语学习环境得到了一定改善。虽然目前基于计算机和网络技术的现代化的教育手段还不能在全国范围得到比较均衡的发展和运用,有些教学相关的手段和软件等技术还在研制和开发阶段,但是这种基于网络和多媒体的教学模式已经向人们展示了大学英语教学的良好的发展前景和重要意义。与此同时,大学英语教师的队伍建设也得到了加强,一批英语专业的硕士、博士,甚至是海外留学归来的博士充实到大学英语教师队伍中,成为教学的骨干力量,这些教师不仅重视教学研究工作,在教学实践上也取得了一些明显的成果。这些都为21世纪以来大学英语教学的持续、良好发展打下了基础。尽管大学英语仍然存在一些多年来积累的问题没有得到解决,也依然受到一些现实客观条件的限制,但是21世纪以来的大学英语教学正在进行各种有益的尝试,大学英语教学改革正是要逐步解决这些问题,使大学英语教学更加符合时代发展要求。

三、信息化发展为英语教学改革带来新的契机

为满足21世纪我国在推进社会主义现代化建设所需要的具备创新精神和实践能力的高素质人才的需求,高等教育不断在人才培养模式、教学内容、

---

① 王守仁:《高校大学外语教育发展报告(1978—2008)》,上海外语教育出版社2008年版,第31—38页。

课程体系和教学方法等方面进行全面的改革研究和实践。21 世纪第一个十年的大学英语教学改革以推进教育信息化进程为特征,十分重视计算机网络技术在教学中的应用。① 为了加快现代远程教育资源建设步伐,加强我国网络教学资源建设,推动教育信息化建设,教育部于 2000 年 5 月启动了"新世纪网络课程建设工程",促进了高校的信息化建设水平的提升。② 各出版社响应教育部的号召,开发了与教材相配合的教学软件和光盘,研发出了以计算机网络和现代信息技术为基础的教学应用和学习系统,提供给参与大学英语教学改革的相关院校使用。自 2003 年几套英语教学系统开发成功以来,教育部高等教育司、相关出版社和大学英语教学指导委员会都在大力推广新的教学系统的使用。各地高校也对大学英语教学条件和环境进行了改善,建设了语音教室、多媒体教室等,方便学生课堂学习和交流。到 2008年,全面使用计算机教学软件系统参与教学改革的大学有大约近千所。单是使用清华大学出版社教学软件和教材的学生就超过 150 万,再包括其他出版社的相关软件和教材,总数估计超过千万,学生的英语学习积极性有了很大提高。③

例如,高等教育出版社的《大学体验英语综合教程》在前言中说明,这套教材对纸质教材和在线资源的开发进行了系统整合,利用高等教育出版社开发的 iSmart 智能学习平台对网络学习资源和新形式的教材进行整合,方便学生自主学习。人工智能、数字化、信息化、网络化等先进技术的发展推动了计算机辅助下的大学英语教学模式的变革,促进了大学英语教学内容的丰富和多元化,为学生提供了真实而有意义的英语学习环境。可以说,基于计算机和网络技术的大学英语课堂是 21 世纪大学英语教学改革的趋势和方向,经过近十年的发展也在国内高校和高等教育界掀起了一定的改革浪潮,引起了教育教学理念、教学方法、管理体制等方面的思考和调整。除了新的教学系统的研制和开发,大学英语教育也推出了"慕课""微课"等一些优秀的教学资源供学

---

① 王守仁:《转变观念 深化改革 促进大学外语教学新发展》,《中国大学教学》2017 年第 2 期。

② 王守仁:《高校大学外语教育发展报告(1978—2008)》,上海外语教育出版社 2008 年版,第 26 页。

③ 张尧学:《再接再厉 全面提高大学英语教学水平》,《中国高等教育》2008 年第 17 期。

生随时随地学习。可以看出,基于网络教学和计算机技术下的大学英语教学有一定的优势,经过十多年的发展也取得了一定的成绩,但是当前一些大学英语教师和学生都仍然存在一定的不适应的情况,部分教师对新的教学环境不能适应,信息素养和现代教育技术距离实际要求还有一定的差距,学生的自主学习能力不足,自控力不够强,这些都制约着当前大学英语教学网络化、信息化的发展。信息化趋势和"互联网+"态势下的大学英语教学改革的效果仍然有待验证。虽然计算机课堂教学技术在21世纪得到了重视和发展,从表面来看传统的纸质大学英语教材有相对弱化的趋势。但实际上,传统的纸质大学英语教材仍然还是教与学的重要载体。一方面,2007年出台的《大学英语课程教学要求》强调"充分利用现代信息技术,采用基于计算机和课堂的英语教学模式"①,但《大学英语课程教学要求》也仅是从信息技术应用的角度出发,强调改进以教师讲授为主的、传统的单一教学模式,从而使大学英语教学可以在一定程度上不受到时间和空间的限制,更加有利于学生进行个性化和自主化的学习,并不是对传统纸质大学英语教材的重要作用进行否定。另一方面,从我国大学英语教学开展的现实情况来看,在课堂教学中运用计算机教学的高校并不多,即便使用计算机进行教学,其教学内容也大多是与传统纸质教材紧密结合的。

　　大学英语教学模式改革已经为信息技术与外语教学的深度融合打下了良好基础。现代化的大学英语教学手段的发展也为大学英语改革发展提供了机遇,为学生提供了大量的网络学习资源,有利于培养学生的自主学习能力,实现个性化学习,促进了英语听说能力和表达能力的提高,也为师生交流提供了新的平台。在新的英语学习系统推出后,累计有近1000万学生参加了使用计算机的英语学习试点。② 基于信息网络技术和多媒体教学模式的构建,是信息技术和多媒体技术应用引起的教学方式的变革,而更重要的是它引发了教学理念的革命。它开始建立以学生为中心、发挥学生主动性的、个性化的教学模式。大学英语教学开始从传统的以教师为中心的课堂教学模式向以学生为中心的多媒体教学模式转变。基于计算机和网络的全新的教学模式对于大学

---

① 教育部高等教育司:《大学英语课程教学要求》,高等教育出版社2007年版,第6页。
② 张尧学:《再接再厉 全面提高大学英语教学水平》,《中国高等教育》2008年第17期。

英语教学改革发展有重要的促进作用,对于培养和提升当前社会迫切需要的英语能力和自主学习能力突出的人才也有着重要而深远的意义。①

第二节 以人为本和充分发展的大学英语教育价值重构

大学英语是我国高等教育改革的一个主要组成部分,随着我国现代化进程的加快,国际交融程度的不断提高,社会对大学生的英语能力要求越来越高,大学英语教学改革势在必行,以顺应时代发展、满足社会需要。教育是以人为对象的活动,教育的核心是发展人的本性,促进学生素质的全面提高则是未来教育的主要任务。"以人为本"和"充分发展"的大学英语教学就是体现了对人的关注,突出人的全面和充分的发展,力求学生身心和谐、知行统一,体现了大学英语教育价值的重构与回归。

一、全面素质教育持续发展下的课程价值

进入 21 世纪以来,大学英语教育更加蓬勃发展,出现了不同教学思想以及多种教学方法并存的现象,教育部、英语教育专家和大学英语教师就大学英语教学及其未来发展定位等方面都进行了广泛的讨论和辩论。教育发展也被提高到有关党和国家战略性规划的高度。"教育是发展科学技术和培养人才的基础,在现代化建设中具有先导性全局性作用,必须摆在优先发展的战略地位";"坚持教育创新,深化教育改革,优化教育结构,合理配置教育资源,提高教育质量和管理水平,全面推进素质教育,造就数以亿计的高素质劳动者、数以千万计的专门人才和一大批拔尖创新人才"。②

2003 年教育部发布了《关于开展大学英语教学改革试点工作的通知(教高司函〔2003〕226 号)》,进一步推动大学英语教学改革。2002 年到 2003 年也成为了大学英语教育的改革之年。英语学习不再被认为是工具性学习,而是作为高等教育的一个有机组成部分,更加注重素质的培养。大学英语要发展"以学生为中心,以教师为主导"的教学理念,注重学生个性化的发展,培养

---

① 蔡基刚:《大学英语教学发展史上的两个新的突破》,《中国外语》2004 年第 1 期。

② 中共中央文献研究室编:《十六大以来重要文献选编》(上),中央文献出版社 2005 年版,第 30—31 页。

学生的英语综合应用能力、自主学习能力。不仅要强调学生的语言知识教育，而且要求更加重视学生思想建设，培养学生的社会责任感，全面提高学生的中西方文化素养。2007 年修订的《大学英语课程教学要求》提到："大学英语课程不仅是一门语言基础课程，也是拓宽知识、了解世界文化的素质教育课程，兼有工具性和人文性。因此，设计大学英语课程时也应当充分考虑对学生的文化素质培养和国际文化知识的传授。"[1]可见，作为大学英语教学指导性文件的《大学英语课程教学要求》突出和重视对学生人文素质的培养，强调大学英语教育是一项"素质教育课程"，重视人文性，以及对学生的文化素质培养。正如有的专家认为，大学英语课程作为大学教育的一个组成部分，应当是"综合教育型"，大学英语基础阶段的目的是帮助学生打好语言基本功，因此必须遵循"文理渗透、加强基础、重视素质"的原则。[2]

　　进入 21 世纪以来，语言和文化的关系越来越受到关注。大学英语教学开始将培养学生的人文素质作为课程目标的一个方面，抓住英语的人文教育。强调英语学习要了解英语国家的知识、文化和社会行为规范，要求学生能够加强对英语的理解，同时运用英语得体的表达情境之意；在学习语言的过程中，应该了解英语国家的文化与本国文化的差异。在尊重其他国家文化的同时，能够进一步理解本民族文化，提高中外文化差异的敏感度和辨别力，增强爱国主义精神，培养世界意识，树立正确的世界观、人生观和价值观，使学生具备良好的思想道德修养和品格修养，提高学生的文化意识。国内许多专家也认为大学英语教学应该凸显人文性，认为"大学英语应兼具工具性和人文性，是优秀文化传承的重要载体"[3]，"英语教育的本质是指英语学习者在对本土文化的认知能力和反思能力的基础上对世界文化的批判借鉴能力"[4]。教育部组织拟定的《大学英语教学指南》也提出："大学英语在课程性质上兼具工具性和人文性，在教学目标上以培养英语应用能力、跨文化交际意识和交际能力为

　　①　教育部高等教育司：《大学英语课程教学要求》，高等教育出版社 2007 年版，第 5 页。

　　②　董亚芬：《我国英语教学应始终以读写为本》，《外语界》2003 年第 1 期。

　　③　王守仁、王海啸：《我国高校大学英语教学现状调查及大学英语教学改革与发展方向》，《中国外语》2011 年第 5 期。

　　④　任庆梅：《构建师生协同发展的大学英语课堂有效教学理论模式》，《外语界》2014 年第 3 期。

核心,培养学生自主学习能力,提高综合文化素养。"①

　　语言能够反映一个国家的思想文化、民族历史和人文风情,学习一个国家的语言必须要了解其文化,理解文化则必须掌握好相应的语言。大学英语教材文本材料内容涉及英语国家的历史、地理、人文、艺术、价值取向和社会观念等,将人文教育融入到工具性的大学英语教学过程中,可以让学生在学习语言知识的同时,进一步认识和理解外国文化,通过中西文化的沟通和交融,领略外国的人文风情,以及通过其语言表现出的人文思想。② 大学英语课程既要满足个人发展需求的价值,又要帮助学生掌握英语这个基本工具;既满足学生的现实需要,也着眼于学生未来发展需求,兼顾大学英语课程的"工具性"和"人文性",突出学生的主体地位。

　　二、复合型国际化人才的培养目标

　　改革开放四十多年来,我国坚持改革开放,坚持面向世界,已经从"本土型国家"逐渐发展成为"国际型国家"。本土型国家对于外语的需求,主要是在国家外交、军事、安全和翻译等较为有限的领域。而国际型国家对外语的需求是多方面的,是渗透到人们日常生活中的。随着我国进入 21 世纪以来的进一步开放,中国与世界的交往、交融将更加广泛而深入。我国作为一个发展中大国,也将在世界范围内承担越来越多的责任和国际义务。③ 2008 年 8 月,国务院颁布了《国家中长期教育改革和发展规划纲要(2010—2020 年)》(以下简称"《纲要》"),对 2010 年至 2020 年十年间我国教育改革和发展的指导思想、总体目标、发展思路和基本政策等提出了战略构想,明确了教育改革发展的阶段性目标和重大政策措施。《纲要》提出高校要积极引进优秀的国外原版教材,提高外籍教师比例,以"培养大批具有国际视野、通晓国际规则,能够参与国际事务和国际竞争的国际化人才"④。《纲要》虽然没有直接对外语教育提出明确的要求,但实际上国家所需要的就是具有很强国际竞争力的专门

---

① 王守仁:《〈大学英语教学指南〉要点解读》,《外语界》2016 年第 3 期。
② 鲍明捷:《人文体系视野下的大学英语课程价值取向研究》,《理论月刊》2017 年第 10 期。
③ 李宇明:《中国外语规划的若干思考》,《外国语(上海外国语大学学报)》2010 年第 1 期。
④ 《国家中长期教育改革和发展规划纲要(2010—2020 年)》,人民出版社 2010 年版,第 55 页。

人才,能够在国际竞争和国际事务中游刃有余地沟通、交流,能够通晓各种国际规则,使用外语处理国际事务。因此,实际上《纲要》对大学英语教学提出了很高的要求。外语教育要为国家战略服务,要从国家语言战略的高度去思考如何培养国家需要的多元化外语人才。① "我们现在的目标是把学生培养成具有国际交流能力,能够在十年、二十年之后作为国家和社会的精英活跃于国际舞台并有所作为的高素质人才。"②改革开放以来,我国和世界各国的交流合作越来越密切,也越来越走向世界的中央。改革开放初期,外语学习更多是为了学习国外的科学文化和先进技术。对于21世纪的外语教学而言,外语人才培养的目标就是要培养具有全球视野、中国情怀、人文精神、创新精神和实践能力,以及具有外语特长的卓越国际化人才。学习外语,不仅要学习先进技术,还要使用外语传播中国思想和文化,开拓国际市场,为构建人类命运共同体贡献力量。外语人才要能够担负起向世界讲好中国故事,促进中国文化"走出去"的重任,从国际视角出发,构建好对外传播中国特色社会主义的话语体系,促进国际理解和中外文化交流,提升国际影响力。外语作为国家的一种软实力,要更好地发挥中外文化交流纽带和战略资源的作用,在"一带一路""文化走出去"战略背景下,外语人才应该更好地结合国家战略需求,为国家发展和国家战略提供智力支持。大学英语教育为国家战略发展、国家安全和国际形势服务,体现了大学英语教育的政治价值。

大学英语教育的目标是培养优秀的英语人才,而培养人才的最终目的应该是满足社会发展需要,既包括满足国家和社会政治、经济、文化等各方面的需要,也包括学生个体自身发展的需要。进入21世纪以来,尤其是在第二个十年里,中国的高等教育不断推动深化改革建设,在建设高等教育强国,推进"双一流"建设的背景下,教育部出台了《高等学校本科专业类教学质量国家标准》,为我国高等教育的内涵式发展提出了新思路、新目标和新办法,强调以学生为中心,以产出为导向,持续改革中国高等教育。外语教育作为高等教育的重要组成部分,如何在教学中反映教学质量国家标准,这是中国大学外语教学面临的新挑战。2018年9月,教育部召开了加强高校大学外语教学改革

---

① 胡壮麟:《外语教育要为国家战略服务》,《语言战略研究》2019年第4期。
② 张尧学:《再接再厉　全面提高大学英语教学水平》,《中国高等教育》2008年第17期。

工作会议,要求高校大力培养"一精多会"和"一专多能"的复合型国际化人才。① 2018 年教育部国家语言文字委员会还颁布了《中国英语能力等级量表》,这是中国英语教育史上具有划时代意义的大事。这个能力量表的公布填补了我国英语教育发展中的空白,为我国英语教育提供了完整的参照标准,对大学英语教学大纲的制定、教学内容的规划、教材的遴选与开发、教学活动的设计与评价、考试开发与应用都将产生重要的影响。2019 年教育部和中组部联合召开"推动公共外语教学改革,大力培养高素质国际化专门人才"会议,重点讨论如何培养国际化复合型人才。②

三、"以人为本"理念下外语教育的应然价值

"以人为本"就是坚持人的自然属性、社会属性和精神属性的辩证统一。在教学中坚持"以人为本",就是把培养全面发展的"人"放在一切教育教学活动的中心。"育人为本"的教育理念强调教育要以学生为主体,充分发挥每一个学生的主动性,关爱每一个学生,尊重教育规律和学生身心发展规律,突出学习过程和自我价值的实现。我国大学英语教育在"以人为本"的教育理念下,坚持以学生为中心,改进教学方法,构建新型师生关系,不断推进大学英语的变革发展,不断实现其应然价值。

"以人为本"的大学英语教育在教学活动中,更加明确学生的主体地位,帮助学生学会新的学习方式。在教学目标上,将促进学生英语专业技能提高和全面发展作为目标,逐步培养学生独立思考、勇于创新的能力,使学生通过大量的语言学习和实践,交流信息,沟通思想。在教材的选择和课程设置上,了解学生的需求,重视学生的体验,引导学生学习和了解文化,通过在日常课堂教学中文化知识的渗透,提高学生对语言知识的理解及英语学习的兴趣和动机。在教学方法方面,应用多元化的教学手段和方法来调动学生外语学习积极性,充分利用现代化网络技术教学手段,为学生创建良好的学习环境和氛围,并为他们提供丰富的学习资源。在师生关系方面,应该更加注重尊重和鼓励学生,关心和理解学生,实现师生平等交流,给予学生更多的自我发展空间,教师不再是知识和真理的掌握者,而是学生学习的促进者和引导者,构建起良

---

① 蔡基刚:《十字路口的我国公共外语教学》,《中国大学教学》2019 年第 4 期。
② 蔡基刚:《十字路口的我国公共外语教学》,《中国大学教学》2019 年第 4 期。

好和谐的师生关系。①

　　要充分实现大学英语"以人为本"，就要做到"贴近学生""服务学生""发展学生"，以学生的发展为目的来考量教材。一是要做到"贴近学生"，密切关注学生的实际需求。学以致用是人类学习知识的动力之一。而学以致用、贴近学生就不能是简单的知识传授，而应该使学生产生某种感受和体验，从而实现教育的既定目标和教育效果。当前大学英语在四六级应试制度下忽视学生主体潜能的发展，在促进学生发展方面差异较大，缺乏对学生发展尤其是个性化发展的关注，导致学生独立思考和实践能力不能得到很好的发展。在应试教育的目标和压力下，有的教材甚至把四、六级考点和词汇内容放入教材中作为重点，而忽略了教材内容的整体设计以及教育效果的实现。大学英语教材的编写应该贴近学生，以主题内容为基础，以学生为中心和主体，突出实用性，将学生的个性发展作为语言教学的核心。二是要确立"服务学生"的理念，使学生成为大学英语教材的权益主体。在大学英语教育和教材编写使用的实践中，人们通常从知识的属性和工具的属性来理解和把握大学英语和英语教材的功能。对大学英语和英语教材在促进学生全面发展的价值和意义的认识不够到位，大学生正处在成长和发展的一个关键期，他们的身体和生理发展基本成熟，但是心理层面的发展还不够成熟，价值观念上容易受到所处的外部社会环境的影响。大学英语教材要重视学生的权益主体地位，服务学生的全面发展，从内容上服务于学生成长成才需要，从而促进大学英语教材育人功能的发挥。三是要"发展学生"，为学生未来和长远发展奠定基础和保证。学生的发展包括德育、智育、体育、美育、劳育等综合素质的发展，其中的任何一项素质都不应该被忽视。大学英语教育一直以来在认识上存在一定的不足，即在教学和教材使用过程中过多地关注英语知识和技能，忽视了对学生思想、价值引导、品德修养等方面的教育，没有充分地挖掘大学英语的"课程思政"功能，存在重视语言知识、重视技能发展，忽略思想观念、价值追求、道德准则和行为规范等方面的引导。大学英语教育和教材发展不能仅仅满足于解决当下语言学习的实际问题，教材的价值选择应当遵循规律性和目的性的和谐统

---

　　① 高玉兰：《基于"以人为本"的教育理念改革大学英语教学》，《中国高教研究》2004 年第 8 期。

一,应该从教材编写和使用的价值主体、价值观念、价值选择三个要素着手,关注主体的目的、需要和能力,综合性地考虑学科、知识、技能、思想、情感、学生的发展等综合性的因素,更要关心学生的思想和精神层面的发展,放眼未来、立足长远。

第三节　大学英语教材突出以人为本及 和谐共存的取向

随着进入 21 世纪以来全球化竞争与合作的日益深入,知识经济迅猛发展,社会发展对外语人才的需求越来越大,对大学英语教育的要求也越来越高。教育部在 2001 年印发了《关于"十五"期间普通高等教育教材建设与改革的意见》,要求高等教育教材建设必须快速发展,"建立具有中国特色的适应 21 世纪人才培养需要的高等教育教材体系"。[①] 各个高校实施了大学英语教学改革、基础教育课程改革、英语专业教学评估等一系列措施,极大地推动了我国外语教育以及大学英语教育的发展。这一时期大学英语教材繁荣发展,原有各套教材不断进行修订完善或再版,新教材也不断涌现,总体突出了以人为本、和谐共存的价值取向。

一、文本主题:注重"以人文本",主题配置更加均衡

本章选取了进入 21 世纪以来的 6 套教材(共计 29 册,586 篇文本)作为第三代大学英语教材进行分析。其中包括外语教学与研究出版社出版的《新编大学英语》、复旦大学出版社与高等教育出版社联合出版的《21 世纪大学英语》、上海外语教育出版社出版的《大学英语(全新版)》、上海外语教学与研究出版社出版的《新视野大学英语(读写教程)》、高等教育出版社出版的《大学体验英语》以及由外语教学与研究出版社出版的《大学英语(第三版)》。

---

① 北京市教育委员会高等教育处、高等学校教材建设工作调研组编:《共同推进北京高教精品教材建设》,首都师范大学出版社 2003 年版,"附件"第 5—11 页。

表 25　第三代大学英语教材中文名称、册数和出版社情况

中文名称	册数	出版社
《新编大学英语》	5	外语教学与研究出版社
《21 世纪大学英语》	4	复旦大学出版社、 高等教育出版社联合出版
《大学英语(全新版)》	6	上海外语教育出版社
《新视野大学英语(读写教程)》	4	上海外语教学与研究出版社
《大学体验英语》	4	高等教育出版社
《大学英语(第三版)》	6	外语教学与研究出版社

总体上看,第三代大学英语教材突出了对"人"的关注,由表 26 可以看出,第三代大学英语教材基于文本主题的个人层面价值取向的文本数量远多于其他两类。涉及到个人层面价值取向相关主题的文本有 344 篇,占第三代大学英语教材选文总数的 58.7%;涉及"社会层面""自然层面"相关主题的文本分别有 150 篇和 92 篇,占比 25.6% 和 15.7%。由此可见,第三代大学英语教材贴合了 21 世纪教育方针最显著的特点,就是突出了人的主体性,高度重视人的解放和发展,契合"以人文本"的教育理念。

表 26　第三代大学英语教材基于文本主题的价值取向篇目分布情况

价值取向类目	篇数	频率(%)
个人层面	344	58.7
社会层面	150	25.6
自然层面	92	15.7

(一)个人价值层面关注个人成长和身心发展

基于文本主题的个人层面价值取向包括"人与自我"和"人与他人"两个子类。其中,"人与自我"包括认识和接纳自我,实现自我价值,发展优秀品质,追求幸福人生,提升个人技能的方法策略,以及对未来职业生涯的规划和职业观念。"人与他人"包括个人与他人的关系,如亲情家庭、婚恋爱情以及其他社会关系。从个人层面价值取向来看,第三代大学英语教材更加突出了对"人与自我"的关注,"人与自我"层面的突出地位体现出教育的基本功能是要培养人,关注人的身心健康及能力发展。由表 27 可以看出,在 344 篇个人

层面价值取向相关文本中,对于"人与自我"关注的文本有 229 篇,在所选教材文本总数中占比 39.1%,在个人层面价值取向相关文本中占比 66.6%。"人与他人"相关主题的文本有 115 篇,在所选教材文本总数中占比 19.6%,在个人层面价值取向相关文本中占比 33.4%。由此可见,个人层面价值取向是第三代大学英语教材文本主题的主要价值取向,而对于自我价值的关注是个人层面价值取向更加突出的方面。

表 27 第三代大学英语教材基于文本主题的个人层面价值取向篇目频次统计①

价值取向类目			频次		频率(%)	
个人层面 (344 篇)	人与自我	个人品质		165	66.6	48
		个人技能	229	40		11.6
		职业发展		24		7
	人与他人	家庭亲情		37	33.4	10.8
		其他社会关系	115	52		15.1
		婚恋爱情		26		7.6

"人与自我"是进入 21 世纪以来大学英语教材价值取向突出的重点,这体现了这一代大学英语教材对于"人"本身的关注,体现了第三代大学英语教材"以人为本"的价值取向。在"人与自我"这一类目下,通过进一步的统计和分析发现,在与自我相关的"个人品质""个人技能"和"职业发展"三个类目中,与"个人品质"主题相关的文本有 165 篇,占第三代大学英语教材全部所选文本的 28.2%,占"个人层面"主题相关文本的 48%。"人与自我"类目下大部分文章是关于个人品质,一部分文章直接以自信、创造力、冒险精神、领导力、乐观等优秀品质为主题,例如《新编大学英语》第四册第四单元的三篇文章皆是围绕创造力展开,分别是 The Case for Creativity:Encouraging Children to Think,A Long March to Creativity 1,A Long March to Creativity 2。除此之外更多的文章通过对某个人物事迹的介绍间接传达其中的优秀个人品质,如丘吉尔、林肯、海伦·凯勒、比尔·盖茨、霍金、爱迪生、富兰克林、赫本、扎克伯格、杰弗

---

① 本书数据统计按照"四舍五入"原则,保留一位小数。

逊、张海迪等来自不同国家不同领域的成功人士的励志故事。例如《21世纪大学英语》第二册第一单元的三篇文章分别介绍了丘吉尔（*Winston Churchill—His Other Life*）、修女特蕾莎（*Little Sister of The Poor*）和戴安娜王妃（*Diana, Princess of Wales*）的生平经历，借此传达了这些人物热爱生活、无私奉献、仁爱宽厚等优秀个人品质，对读者起到潜移默化的感召作用。

同时，"人与自我"类目下很多文章开始关注女性群体，比如女性在工作中的不公平待遇，女性经营商业的能力，社会对女性的压迫，借助泰坦尼克号故事探讨男女平等的困局，描述独生女通过自己的努力改变父亲偏见，介绍一名成功女性的故事，高新科技领域的男女差异，对男性、女性的偏见，课堂上男生和女生受到不同的关注等相关内容，选文对女性社会地位的关注契合了当下男女平等的社会趋势。如《新编大学英语》第四册第三单元借三篇文章 *Gender Roles from a Cultural Perspective*, *Boys Are Teacher's Pets*, *What Kind of Brain Do You Have?* 探讨了性别对教育方面以及思维情感的影响；《新编大学英语》第五册第十单元的三篇文章 *Why Women Aren't Getting to The Top*, *In The Company of Women*, *Women Are Pushy, Men Ambitious* 则关注女性在工作方面的能力以及社会的不公平对待；《大学体验英语》第四册第一单元的两篇文章 *The Unsung Heroes: What About Working Dads*, *A Manifesto for Men* 描述了人们对男性和女性的偏见。上述教材将性别问题作为单元主题用大篇幅来探讨足以看出对这一问题的重视，除此之外其他教材中也常见关于女性平权的文章。

由于该套教材的目标受众是大学生，因此该类目下也有很多针对大学生的文章，如高中毕业的迷茫、大一新生如何开始新生活、大学毕业生如何踏入社会、大学生自力更生实现梦想、大学生面临的压力、大学生是否应该兼职等内容，这些选文话题与大学生的学习生活紧密相关，既可以吸引读者兴趣，又能为读者提供切实有效的指导和生活建议。例如《新编大学英语》第一册第四单元的主题就是大学生可能面临的各种问题，如 *Fresh Start* 一文描述了刚刚步入大学的陌生忐忑，*Being a Successful Student* 一文介绍了如何成为一名优秀大学生的经验和技巧，以及 *College—a New Beginning* 一文告诉大学生要认真和正确把握大学生活，开启美好的未来人生。

"个人技能"包括提升个人技能的方法策略等，比如学习策略、生活策略等，这是在《大学英语课程教学要求（试行）》（2004）制定后首次将学习策略纳入教学内容,体现了这一阶段的大学英语教育对学生语言综合应用能力的培养。文章中给出的方法策略涉及到了诸多方面,比如如何成为一名优秀的大学生、如何克服害羞、如何找工作、如何选车买车、如何阅读、如何扩大词汇量、如何演讲、如何思考等。大部分方法策略都是针对大学生群体当下面临的学业及生活中的问题。例如《21世纪大学英语》读写教程第二册第七单元的三篇文章聚焦"思考"这一个人素养,分别呈现了思考的重要性(*Thinking: A Neglected Art*),如何教会孩子思考(*How to Teach Your Child to Think*)以及什么才是真正的思考(*Developing Your Thinking*),从思想认识和实用技巧全方面指导学生思维能力的提高。

在第三代大学英语教材中,只有24篇文章涉及到"职业发展"这一主题,且大多仍是针对大学生群体,如大学生的职业规划、假期兼职、大学里的老师等。例如《新编大学英语》第三册第四单元以大学生就业为核心,包括大学生如何进行职业生涯规划(*Career Planning*),大学生如何规划暑假实习(*Summer Job Planning*)以及如何选择适合自己的工作(*What Career is the Right One for You*),可以教育和引导大学生找到合适的工作岗位,顺利走上社会。

"人与他人"方面涉及友情、亲情等人际关系,该类目下共有115篇文章,在"人与他人"类目下,所选文本对于"亲情""友情"以及"其他社会关系"的关注显得比较均衡。其中37篇关于家庭亲情,皆是关于父母与子女之间的相处。如《新视野大学英语(读写课程)》第三册主题为 *The Art of Parenting*,探讨了中国父母和西方父母在养育子女方面的理念差异。有26篇文章讨论婚恋爱情关系,其中有甜蜜的爱情故事;也有对男女相处之道探讨,包括约会时谁付钱、如何与爱人做好沟通等。例如《新编大学英语》第一册第八单元就展现了三个不同的爱情故事。*A True Love Story* 一文描述了伊丽莎白·芭蕾特·布朗宁和罗伯特·勃朗宁两个英国诗人之间的爱情故事;*Detour to Romance* 一文描述了一对情侣失联三年却彼此坚守的故事;*Appointment With Love* 一文描写了一个在初次见面时女方如何试探男方真心的故事。另有52篇涉及到其他社会关系,例如朋友、师生、医患、邻居,甚至陌生人之间的交往。

大学生正处在脱离原生家庭踏入社会、建立亲密关系或婚恋关系的时期,与家人、朋友、恋人的关系也迈入了全新的阶段,这些主题的文章有助于帮助学生做好思想和认识上的准备,进行平稳过渡。同时也体现出教材不只关注个体,同时重视人与社会各方面的和谐统一,通过协调人与人之间的纽带联结促进整个社会的和谐。"学习外语对促进人的全面发展具有极其重要的作用。""语言是促进人的心智发展的重要工具。"①大学英语教材在选材上选取关注个人成长、品格养成、技能发展、人际关系、职业发展等主题的文章,能够更好地发挥外语学习对促进人的全面发展的作用,更好地促进大学生的心智发展,使大学英语教学关注和促进学生的成长成才。

(二)自然层面:突出追求平等和可持续发展

在基于文本主题的自然层面价值取向类目下,分为世界地理、宇宙天体、自然生态、科学技术、生命科学、物理化学等内容,其在第三代大学英语教材的分布如表28所示。其中较为突出的是"自然生态""科学技术""生命科学",体现了教材对科学技术发展的关注,以及对环境问题的责任意识。自然生态类目下的文章涉及当前面临的环境问题,如气候变暖、冰川融化、资源短缺等,以及人与动物的和平相处。如《大学英语(全新版)》第五册第五单元关注环境问题,*How to Win the War On Global Warming* 一文提出战胜全球变暖的方法,*Move Over* 和 *Polar Bear* 这两篇选文探讨了北极冰川融化问题,*Going Green by Empowering Choice* 一文号召采取保护生态的有益行动。第三代大学英语教材借助这一类选文能够提高大学生的环境和生态保护意识,同时有利于培养大学生将生态环保落实到日常行动中。

表28 第三代大学英语教材基于文本主题的自然层面价值取向篇目频次统计

价值取向类目		频次	频率(%)
自然层面 (92篇)	世界地理	3	3.3
	宇宙天体	6	6.5
	自然生态	23	25
	科学技术	28	30.4
	生命科学	29	31.5
	物理化学	3	3.3

---

① 程晓堂、岳颖:《语言作为心智发展的工具——兼论外语学习的意义》,《中国外语》2011年第1期。

科学技术方面相关的文章主要介绍新兴技术,如时空旅行(*The Immortal Bard*)、机器人(*Smart Machines：Our Tireless Helpers*)、克隆(*Dolly's False Legacy*)、共享汽车(*Clearing The Roads*)、转基因食品(*Should We Embrace GMO Food*)。除此之外,还有对科技发展优劣的思考的相关选文,例如:*How to Protect Your Smartphone From Identity Theft* 一文介绍了如何保护个人手机中的信息安全,*Science And The Scientific Attitude* 一文阐述了如何看待科学的态度,*Internet Wagering：A Growing Concern* 一文关注当前科技发展带来的相关社会问题,介绍了互联网赌博现象等。这些文章既向学生展现前沿科技话题,也不忘对其可能带来的挑战保持警醒,有助于培养学生的批判性思维能力。

生命科学类选文主要涉及人的心理及生理机制等研究内容,如 *The Benefits of Forgetting* 一文介绍了健忘的心理机制,*Is There A Doctor in the Body?* 一文阐述了安慰剂的效应,*How to Jump Queue Fury* 一文则介绍和分析了人们在排队和插队时的心理状态,*Does Sleep Help You Study* 一文讲述了睡眠如何更好地帮助人们学习和记忆等。除此之外,《新编大学英语》第二册第五单元重点剖析了做梦这一生理机制,例如 *Are You A Dreamer* 一文介绍了对做梦现象的研究,*Dreams That Come True* 讲述了两个梦中的情境成真的故事,*Dreaming Up A Good Mood* 一文分析和阐释了做梦对人的情绪的影响。同一册书的第十单元则聚焦情绪问题,例如:*The Secrets of Good Health* 一文分析了精神状态对人们保持身体健康的影响,*Your Anger can Kill You* 阐述和说明了生气有损身体健康,*Labeling Emotions* 一文从心理健康角度分析了给情绪贴标签的好处。与此同时,无论选文主题描述的是做梦还是生气,教材中所选取的文章主题皆是大学生或者其他读者日常生活中常见的体验。

(三)社会层面:话题丰富多样,培养学生全面发展

相比之下,在第三代大学英语教材中基于文本主题的社会层面价值取向的相关文章在"人与人""人与社会""人与自然"三个一级类目中所占比例较小,体现出教材已经不再拘泥于为政治、经济服务,主要目的在于让学生了解社会现状,掌握丰富的人文社科知识,注意培养学生的全面素养。该类目下有150篇文章,其分布如下表所示。

表29 第三代大学英语教材基于文本主题的社会层面价值取向篇目频次统计①

价值取向类目			频次		频率(%)	
社会层面 (150篇)	政治	国家	20	13	13.3	8.7
		国际		7		4.7
	文化	文化	29	29	19.3	19.3
	经济	经济	32	32	21.3	21.3
	社会	教育	36	19	24.0	12.7
		社会规范		17		11.3
	人文社科	文学	33	17	21.9	11.3
		哲学		2		1.3
		历史		11		7.3
		艺术		3		2

政治相关主题文章篇数最多的是有关美国的内容,话题涉及种族平等、总统演讲、州长选举等。其中关于种族平等主要涉及黑人争取平等权利,有两本教材(《大学英语(第三版)》精读第五册,《大学英语(全新版)》阅读教程第三册)都收录了马丁·路德·金的演讲 *I Have a Dream*。*Conflict in Black and White* 这篇选文讲述了黑白人种冲突的历史;*The Library Card* 一文讲述了一个黑人小男孩借书被图书馆拒绝,最后他通过阅读改变命运的故事;*The Ethics of Living Jim Crow* 一文描述了黑人在社会上受到的不平等待遇;国际间政治相关的文章主要涉及战争、全球化、恐怖主义等。例如,《大学体验英语》第三册第八单元主题为"世界上的冲突"(*Conflicts in the World*),《大学体验英语》第四册第八单元主题为"全球化——一带一路"(*Globalization—One belt, One road*)。

文化相关的课文主要包括介绍不同国家地区间的宗教、文化、习俗等,包括不同文化境遇下的身体语言、饮食、禁忌、时间观念、节日、商务习惯等,着重培养学生的国际视野和跨文化交际能力。例如《新编大学英语》第一册第九单元的三篇文章分别介绍了三个西方传统节日:圣诞节(*A Merry Christmas*)、感恩节(*Why I love Thanksgiving*)和愚人节(*April Fools' Day*)。《新编大学英

---

① 本书数据统计按照"四舍五入"原则,保留一位小数。

语》第二册第七单元的三篇文章同样围绕文化差异展开。例如 *Bridging Cultural Gaps Gracefully* 一文阐述了应该如何应对文化差异，*Dining Customs in America* 一文介绍了一些美国的饮食习惯，*Specific Taboos* 一文介绍了一些不同文化的禁忌等。但是，较少文章致力于介绍中国传统文化，只有《大学体验英语》第二册第四单元主题为"中国文化"（*Chinese Culture*），介绍了传统京剧（*A Brief History of Beijing Opera*）和中国书法（*Chinese Calligraphy*）。经济主题涵盖金钱观、购物、消费、品牌、专利、贸易等，覆盖面广且皆与日常生活联系密切。《新编大学英语》第二册中有五篇文章与消费有关。例如，*Time Spent Agonizing Over Money* 一文介绍了金钱观，*Elias：A Parable* 一文讲述了一个真正的幸福与金钱无关的寓言故事，*Consumer Behavior of the Youth* 一文阐述了当下青少年的一些消费习惯，*Shopping* 一文则是关于购物的介绍，*Bargains* 一文介绍了在购物时如何讨价还价。这些选文内容都全面展示了现代人的消费观念，同时引导大学生形成正确的金钱观。

在基于文本主题的社会相关的文本内容中，教育相关文本有 19 篇，讨论了大学教育、教育理念、大学校园等。如《21 世纪大学英语》第二册第二单元的三篇文章均以"教育"为中心主题，其中 *Why They Excel* 一文探讨了为什么亚洲学生的表现优于美国学生，*Education Methods：East And West* 一文对比了中西方教育理念的不同及各自的优势，*Losing Sight of Students* 一文号召大学教育应回归以学生为本；社会规范相关主题的文章有 17 篇，涉及开车、喝酒、毒品、交通规则等，大多强调遵守规则和礼仪的重要性。如《21 世纪大学英语》第二册第八单元的三篇文章，*Unwritten Rules* 一文讨论了一些约定俗成、不言自明的社会规则，*The Traffic Light：The Brainless Machine* 一文讨论了在路口没人时是否可以闯红灯，而 *In Ourselves We Trust* 一文则强调即使路口没人仍然应该遵守交通规则。

第三代大学英语教材中人文社科相关的文学内容主要是语言研究和文学故事。语言研究相关的内容包括语言中的误解、语法、学英语的意义、母语影响等，如《大学英语（全新版）》阅读教程第二册第七单元围绕"语言"呈现了三篇文章：*Mother Tongue* 讲述了母语思维等对人的影响，*Lost in Translation* 讲述了不同语言在翻译时容易产生的误解，而 *Language：A Reflection of Life in the U.S.* 一文则强调了语言能够反映文化。文学故事类的相关选文包括了侦探小说和童话故事等文学体裁。如《新编大学英语》第三册第二单元介绍了三个童话故事,例如 *Why the Tortoise's Shell is not Smooth* 一文讲述了龟壳纹路的来历,*Beauty and the Beast* 是经典的美女与野兽的童话故事,*The Monkey King* 一文则是关于美猴王的故事。历史类目下介绍了各种事物的诞生,例如 *The Menu* 一文介绍了菜单产生的历史过程,*Better Late Than Never* 一文介绍了肯德基是如何创始的。也有一些选文是关于历史事件的讲述,例如:*Flight* 93: *What I Never Know* 一文介绍了"9·11"恐怖袭击事件,*The Mystery of the Franklin Expedition* 一文介绍了富兰克林远征失败的故事,*The Christmas Truce* 一文介绍了一战的相关历史,*But a Watch in the Night*:*A Scientific Fable* 一文介绍了地球的演变过程。艺术类目下有两篇文章分别介绍了甲壳虫乐队(*The Beatles*)和歌手 *Julio Beltzer*(*Songs of Love*)。

二、文化内容:英美文化语篇为主,贴近日常生活

根据文化圈层理论将第三代大学英语教材中的 586 篇课文文本进行分析和归类后,其整体的文化内容配置如表 30 所示。可以看出,与内圈英语国家文化相关的文本有 271 篇,占比 46.3%;与外圈英语国家文化相关的文本有 2 篇,占比仅为 0.3%;与扩展圈国家文化相关的文本有 20 篇,占比 3.4%;文化对比相关的文本有 36 篇,占比 6.1%;共同文化相关的文本有 184 篇,占比 31.4%;国别不详的文本有 73 篇,占比 12.5%。值得注意的是,内圈英语国家文化尤其是英美国家文化在第三代大学英语教材选文中的占比较前两代大学英语教材有所上升(第一代大学英语教材中内圈文化相关选文占比 19.6%,第二代大学英语教材中占比为 31.3%)。

表 30　第三代大学英语教材文本总体文化内容配置情况

文本类别　　文本总数	内圈文化		外圈文化	扩展圈文化		文化对比	共同文化	国别不详
	英美文化	加拿大、澳大利亚、新西兰等文化	印度、新加坡、牙买加等文化	中国文化	其他国家文化	对两个及两个以上国家的文化进行讨论、比较	世界共同话题	文化来源国家不明
频次	266	5	2	4	16	36	184	73
比例	45.4%	0.9%	0.3%	0.7%	2.7%	6.1%	31.4%	12.5%

（一）以英美文化为主，其他国家文化缺失

如表 30 所示，所选大学英语教材中的 586 篇文章中与英美国家文化相关的文章为 266 篇，文本比例高达 45.4%，且其内容涵盖到英美文化中的各个方面，例如英美国家的传统节日、知名人物、文学作品、知名院校以及英美国家中的突出社会问题等。

表 31　第三代大学英语教材文本的具体文化配置情况①

教材名称（文本总数） 文本类别数量及比例		《新编大学英语》	《21世纪大学英语》	《大学英语(全新版)》	《新视野大学英语（读写教程)》	《大学体验英语》	《大学英语（第三版）》
		151	**96**	**137**	**78**	**64**	**60**
内圈文化	英美文化	75	48	70	18	25	30
		49.7%	50%	51.1%	23.1%	39.1%	50%
	加拿大、澳大利亚、新西兰等文化	0	0	4	1	0	0
		0	0	2.9%	1.3%	0	0
外圈文化		0	0	0	1	0	1
		0	0	0	1.3%	0	1.7%
拓展圈文化	中国文化	1	0	0	0	3	0
		0.7%	0	0	0	4.7%	0
	其他国家文化	4	2	0	3	5	2
		2.6%	2.1%	0	3.8%	7.8%	3.3%
文化对比		11	11	7	6	1	0
		7.3%	11.5%	5.1%	7.7%	1.6%	0
共同文化		46	12	39	40	27	20
		30.5%	12.5%	28.5%	51.3%	42.2%	33.3%
国别不详		14	23	17	9	3	7
		9.3%	24%	12.4%	11.5%	4.7%	11.7%

① 本书数据统计按照"四舍五入"原则，保留一位小数，合计总数可能不会精确等于100%。

　　具体来看,第三代大学英语教材中关于内圈国家文化的介绍涵盖了西方传统节日,例如《新编大学英语》中第一册的第九单元的三篇文章全部与英美国家传统节日相关,分别介绍了圣诞节、感恩节以及愚人节;《大学英语(全新版)》的第三册和第五册中分别有两篇文章与圣诞节紧密相关。也有一些文本介绍英美国家的知名人物,第三代大学英语教材中囊括的人物来自不同领域,包括政治、艺术、科学、文学、商业等。例如美国政治家本杰明·富兰克林、美国总统柯立芝、美国发明家爱迪生、美国黑人民权运动领袖马丁·路德·金、美国首位联邦最高法院女性大法官桑德拉·戴·奥康纳、美国明星黛米·摩尔、美国导演斯皮尔伯格、肯德基创始人哈兰·山德士、美国企业家比尔盖茨、英国戏剧家莎士比亚、英国首相丘吉尔、英国戴安娜王妃、英国物理学家霍金、英国演员奥黛丽·赫本、英国历史学家彼得·弗兰科潘等。也有文学作品方面的选文,例如在《新编大学英语》的第五册第一单元中提到美国小说家斯托克顿的名篇《美女还是老虎》,在《21世纪大学英语》的第四册第八单元的文章是美国总统肯尼迪的就职演说,在《大学英语(第三版)》的第四册第七单元的文章选自英国作家毛姆的《午餐》,在其第五册的第七单元和第八单元中分别有选自海伦·凯勒的《假如给我三天光明》以及马丁·路德·金的《我有一个梦想》。也有一些文本介绍了英美国家的知名院校,最具代表性的教材是《大学体验英语》,其第一册第一单元的两篇文章分别介绍了美国的哈佛大学和英国的牛津大学,而在其第三单元中又有一篇文章是关于美国的耶鲁大学的介绍。也有部分文本以英美国家的社会问题作为主题,例如英美国家的枪支问题、毒品问题等均有被提及。在《大学体验英语》的第三册第七单元中题为 *Drug Warriors* 的文章主要讲述了打击美国毒品的问题(*Around him,White recognized state cops,special agents from the DEA,officers from the US Marshal's office,FBI special agents,and other police detectives like himself.*)短短26个单词中先后提到了美国缉毒局(DEA)、美国司法警察(US Marshal),以及美国联邦调查局(FBI)特工等带有鲜明美国文化特色的文字。由此可见第三代大学英语教材对于英美文化内容的聚焦,关于英美国家的传统节日、知名人物、文学作品、知名院校以及英美国家中的突出社会问题等内容都在所选第三代大学英语教材中有所涉及。再次分析表30所展现的数据,我们发现同是内圈国家的加拿大、澳大利亚和新西兰文化的文本比例却仅为0.9%,在《大学英语(全新版)》中收录有4篇,《新视野大学英语(读写教程)》中 1 篇,而在《新编大学英语》《21 世纪大学英语》《大学体验英语》《大学英语(第三版)》4 套教材中均未收录此类文本。可见所选第三代大学英语教材在内圈英语国家文化内部分配也存在失衡现象。

外圈英语国家文化在第三代大学英语教材的整体收录比例最低,仅有0.3%,即仅在《新视野大学英语(读写教程)》和《大学英语(第三版)》中各有一篇文章是关于外圈英语国家印度的文化,其他教材中则均未收录。而扩展圈国家文化文本在 6 套教材中整体约占 3.4%,仅高于外圈英语国家文化的0.3%和内圈国家的加拿大、澳大利亚和新西兰文化的0.9%。其中,中国文化相关文本约占 0.7%,其他国家文化相关文本占 2.7%,包括俄罗斯、法国、德国、以色列,巴勒斯坦、埃及等国家。具体在各套教材中,扩展圈国家文化的文本分布也不均衡,《大学体验英语》中比较高,约为 12.5%,而在《大学英语(全新版)》中则一篇也未收录。

(二)忽视中国本土文化

在扩展圈国家文化中,中国文化相关文本仅有 4 篇,在所选的第三代大学英语 6 套教材中比例不足 1%。具体在各套教材中,《大学体验英语》中有 3篇关于中国文化的文本,《新编大学英语》中有 1 篇,其余 4 套教材中均无涉及。《大学体验英语》中的 3 篇文章分别介绍了中国的京剧、书法以及丝绸之路文明;《新编大学英语》中 1 篇文本提及了《西游记》中孙悟空的相关内容。

据 2014 年《完善中华优秀传统文化教育指导纲要》(教社科〔2014〕3号):"加强中华优秀传统文化教育,是深化中国特色社会主义教育和中国梦宣传教育的重要组成部分;加强中华优秀传统文化教育,是构建中华优秀传统文化传承体系,推动文化传承创新的重要途径;加强中华优秀传统文化教育,是培育和践行社会主义核心价值观,落实立德树人根本任务的重要基础。大学阶段应该努力培养学生的文化创新意识,增强学生传承弘扬中华优秀传统文化的责任感和使命感。"①但在所选大学英语的 6 套 29 册 586 篇文章中关于中国本土文化的文本篇数仅有 4 篇,少之又少,且其涵盖领域狭小有限,仅仅涉及了京剧、书法、丝绸之路和四大名著中的一部。中国本土文化相关的文本

---

① 教育部思想政治工作司组编:《加强和改进大学生思想政治教育重要文献选编(1978—2014)》,知识产权出版社 2015 年版,第 669—673 页。

输入的缺少使得非英语专业大学生的中国文化意识和文化表达能力不足。而对比来看,所选大学英语的 6 套教材中关于英美国家文化的介绍却涵盖到了政治、文化、教育、科学等诸多领域。

（三）缺乏文化对比意识

文化对比相关的文本在第三代大学英语教材 586 篇文章中仅有 36 篇,约占 6.1%。这 36 篇文章中既包括像《新视野大学英语(读写教程)》第三册第八单元中关于中国与西方教育理念间的差异这种两类文化的对比,也包括多国文化对比,如在《新编大学英语》第二册第六单元中涉及印度、中国、法国三个国家的饮食文化对比。文化对比文本具体在教材中的分布情况为:《21 世纪大学英语》收录比例最高(11.5%),接下来依次为《新视野大学英语(读写教程)》(7.7%),《新编大学英语》(7.3%),《大学英语(全新版)》(5.1%)和《大学体验英语》(1.6%),而《大学英语(第三版)》中则一篇也未收录。在经济全球化的大背景下,6.1%的文化对比语篇配置难以满足大学非英语专业学生学习多元文化的需求。

语言的文化属性决定了大学英语课不仅要注重语言知识,也要传承文化内容,不能只注重工具性,还要兼具人文性。面对全球化时代的挑战,大学英语教学要使学生具有国际视野,拥有跨文化交际的能力,能够传播中国声音,讲好中国故事。① 因此,在大学英语教学过程中,不仅要展示和渗透内圈英语国家文化和中国本土文化,还要注意展现文化对比相关的内容,使学生在实际的跨文化交流和沟通中,更好地做到不同文化间的对比和理解,输出优秀的中华传统文化。此外,跨文化教育对于培养英语学科核心素养中的文化品格也是不可或缺的。文化品格指的是一定的文化在传承和发展中逐渐形成的思维方式和文化意识。英语学习中的文化品格是在语言学习过程中将文化知识内化为学习者的意识、品行和价值观念的过程,是对中外文化知识理解的意识,以及对世界优秀文化认同的自觉。语言和文化密不可分,培养学生的文化品格可以使学生加强国际认识,增强学生的民族认同感、归属感和家国情怀,学会做人做事,成长为有文化修养和有社会责任感的人。②

---

① 王守仁:《〈大学英语教学指南〉要点解读》,《外语界》2016 年第 3 期。
② 程晓堂:《英语学科核心素养及其测评》,《中国考试》2017 年第 5 期。

第三代大学英语教材共同文化类文本整体所占比例较高,为31.4%,略高于共同文化相关文本在第二代大学英语教材中的占比,但低于其在第一代大学英语教材中的占比。例如,《大学英语(全新版)》第三册第一单元的课文 *The Nutrients in Food* 一文以说明文的形式讲述了食物中的营养物质,叙述客观,无任何文化偏向,属于共同文化文本。此外,12.5%的文本的内容没有明确表明文化来源国家,如《大学英语(第三版)》第一册第三单元的课文 *The Present*,在这篇课文中,无论是通过环境、人物姓名、职业等都难以判断出其具体的文化来源。

总体上看,第三代大学英语教材收录选文在数量上以英美文化语篇为主,而其他国家文化内容的语篇较少,涉及其他内圈英语国家和外圈英语国家文化的文章极少。大学英语教材在文化设置上突出西方文化主题内容,能够满足学生学习英语语言和西方文化的需求,但却不利于学生跨文化交际能力和批判思维的培养。[①] 这对我国培养非英语专业大学生全局观念和跨文化交际能力而言是极为不利的。此外,这一时期教材文本的选取很大程度上忽视了中国的本土文化。本土文化内容输入不足,极易造成非英语专业学生文化意识薄弱及英语表述中本国文化的失语,不利于学生跨文化交际能力和文化自信的培养以及树立民族自豪感。[②] 事实上,中国人在看待世界、看待社会、看待人生时往往有和西方国家极为不同价值体系,而中国本土文化的缺失不利于我国大学生价值观的培养和塑造。教材编写者应加强中国本土文化内容,以保持教材文化设置的平衡,确保学生本土文化的输入。

(四)文化内容贴近日常生活

所选大学英语教材经过再版或修订后,选文所涉及的文化内容更加贴近生活。具体来看,所选大学英语教材更加注重实用性,强调以人为本,关注学生的实际需求。例如,第三代大学英语教材中有很多课文的选文内容直接面向了作为教材使用者之一的学生,选材内容包括学习策略、阅读的意义、网上学习、独立生活、志愿者、如何求职、身心健康等直接与大学生活、学习和社会问题等密切相关的话题。例如《大学英语(全新版)》第四册第三单元的课文

---

① 张蓓、马兰:《关于大学英语教材的文化内容的调查研究》,《外语界》2004 年第 4 期。

② 张为民、朱红梅:《大学英语教学中的中国文化》,《清华大学教育研究》2002 年第 S1 期。

How to Take a Job Interview 对大学生该如何参加面试提供了建议,作者先抛出问题,接着展开介绍了大学生该如何准备面试,面试中应如何更好地发挥等。《大学体验英语》第四册第七单元中的课文 *How can Today's College Students Future-proof Their Careers* 讲述了大学生该如何更好地融入人工智能时代。人工智能是 21 世纪科技前沿的走向,该文化选题贴合时代发展且学生通过学习此篇文章不仅能习得相关专业词汇,同时也能有所思考,从而更好地融入人工智能时代。

此外,所选大学英语教材扩大了文化内容的选材范围,紧跟当今社会热点问题,包括环保、代沟、留学、枪支、广告的滥用、网络与手机安全等问题。例如,在《大学体验英语》第二册第八单元 *How to Protect Your Smartphone From Identity Theft* 一文就是与智能手机相关的文化内容。现如今智能手机在中国的使用已较为普遍,智能手机的安全问题这个文化选题能够引起学生的兴趣。所选大学英语教材在文化内容的选材上也体现了内容的多样性,带有争议性、思辨性内容的选文文章数量有所增加。例如《大学英语(全新版)》第三册第八单元 *Dolly's False Legacy* 一文探讨了克隆技术这一带有争议性的话题;《大学体验英语》第三册第四单元 *Should We Embrace GMO Food* 一文探讨了转基因食品这一同样带有争议性的话题。《大学英语(第三版)》第一册第三单元的课文 *The Present* 主要讲述了一位老母亲过生日,但是女儿并未赶回来为她庆祝,而是寄回了一张支票的故事。可见此处呈现的女儿角色与我们一般设想的孝顺有爱的形象有些出入,略带有些阴暗色彩。

三、形象塑造:人物形象丰富多样,彰显优秀品质

改革开放以来的第三代大学英语教材中选取的人物形象丰富多样,包括科学家、国家领袖、探险家、法官、演员、服务人员等,涵盖到了文学、艺术、教育、政治、体育、航天、科学、经济、军事等诸多领域,人物形象塑造生动,与当今社会各个领域蓬勃发展的时代特点相契合。教材也通过丰富的人物形象,彰显了人物的优秀品质。

(一)人物形象总体特点:人物形象丰富多样,更加贴近学生

第三代大学英语教材中共计出现了 283 位人物形象,其中学生出现次数较多,达 41 次。由此也可体现出教材编写者在编写时对于直接受众的考虑以及对于教育领域的关注和重视。例如,《大学体验英语》中相关内容的文本主

要围绕世界各大知名大学的学生校园生活展开。如第一册第一单元的 *My First Week at Harvard* 以一名大一新生的视角介绍了她入学报到第一周的各种经历以及对于宿舍、食堂以及教室环境的介绍。第二单元的课文 *Why Study Humanities* 则以美国斯蒂文斯理工学院的一名教授的口吻探讨了学习人文学科的意义所在。虽然以上文本介绍的多为西方的高等学府,但通过了解国外大学生的校园生活可以帮助中国大学生了解其他国家教育模式和教育制度,从而对自己的学习以及未来人生规划产生一定思考。

表 32　第三代大学英语教材人物职业频次表

职业	频次	职业	频次
科学家	42	记者	2
学生	41	护士	2
作家	22	工人,洗衣工	2
国家领袖	22	飞行员	2
老师	21	罪犯	1
司机	10	驻外大使	1
运动员	9	指挥家	1
医生	6	宇航员	1
企业管理人员	6	修鞋匠	1
服务人员	6	修女	1
职员	5	王妃	1
演员,艺术家	4	模特	1
警察	4	卖报员	1
诗人	3	流浪汉	1
企业家	3	经济学家	1
农民	3	家庭妇女	1
探险家	2	歌手	1
市长	2	法官	1
律师	2	导演	1
历史人物	2	无职业者或无法判定职业者	44
军人	2		
总计			283

除此之外,如表 32 所示,科学家出现频次共 42 次,在人物形象的数量上居于第 1 位。如在《大学英语(第三版)》第二册第四单元的文章 The Professor and the Yo-yo 以一个小男孩的视角向我们介绍了他的大朋友——爱因斯坦,作者除了涉及爱因斯坦作为科学家的重大贡献,更是将爱因斯坦如普通人一般的童真、纯粹、朴实的一面展现了出来。《大学英语(第三版)》第六册第五单元的课文 Isaac Newton 以人物传记的形式全方面地介绍了牛顿的成长环境、教育背景,其在力学、光学、数学以及天文学等方面的成就,同时还描述了他对科学的严谨求真态度。由此也可间接折射出教材编写者对于科学领域所给予的关注,学生在阅读相关文本时,可以在一定程度上激发他们的学习热情和科研兴趣,激励他们刻苦钻研,报效祖国。

值得注意的是,在《新视野大学英语(读写教程)》中出现了两位历史人物,且均为中国的历史人物,分别为项羽和哲学家老子。例如在第二册第六单元 Door Closer, Are You? 一文通过项羽破釜沉舟的历史典故对如何做选择的文章主题进行论述。而在本单元的第二篇文章中作者引述老子的观点来阐述如何在纠结中作出选择。由此也可见得教材编写中对于中国文化的关注,学生通过阅读相关选文段落既能增强对中国传统文化的理解和认识,同时也能使学生学习和掌握中国传统文化的正确英文表述,有利于提高学生的跨文化交际能力。除此之外,所选大学英语教材选取的人物也包括国家领袖(22次)、老师(21 次)、作家(22 次)、服务人员(6 次)、探险家(2 次)、修鞋匠(1次)、模特(1 次)、驻外大使(1 次)等,人物呈现多元,贴合时代发展。例如《21 世纪大学英语》第一册第三单元的课文 Stevie Wonder: Sunshine in the Shadow 通过介绍美国知名盲人歌手 Stevie Wonder,将残障人士这一鲜少被关注到的社会弱势群体带入学生的视野。

(二)教材中人物形象特点:仍以男性为主,对女性的重视有所提升

由表 33、表 34 可知,第三代大学英语教材中的男性人物远远多于女性人物,分别为 152 人和 63 人,占比分别为 70.7% 和 29.3%,其余的 68 位人物教材中未明确提及其性别,男性人物与女性人物比约为 2.4∶1。男性人物形象涉及的职业范围很广,涵盖中外领袖、探险家、军人、歌手、警察、企业管理人员、律师、驻外大使等共计 29 类,而女性则涵盖到护士、老师、演员、模特、诗人等共计 19 类。无论是男性人物还是女性人物,均涉及了一些无职业者或难

以判定职业者,此类人物多见于描写家庭话题类的文章,即只在文中交代出了父亲、母亲、兄弟姐妹等身份,而其具体职业却未可知。例如,在《大学英语(全新版)》第三册第七单元 *When the Wolf was at the Door* 一文侧重于描写家庭成员间的温情故事,无法判断这一家五口的具体职业。这一代教材中,人物形象虽然仍以男性为主,但女性的形象数量有所增加,形象刻画也更加积极。

表33　第三代大学英语教材人物形象性别比例表

人物性别	男性数量	所占百分比	女性数量	所占百分比	总计
具体职业	129	75.4%	42	24.6%	171
职业不明	23	52.3%	21	47.7%	44
总计	152	70.7%	63	29.3%	215

表34　第三代大学英语教材人物形象职业分布

性别/人数	男性/152	女性/63
人物形象的职业分布	医生、老师、学生、探险家、国家领袖、诗人、职员、军人、流浪汉、农民、作家、服务人员、司机、科学家、警察、运动员、宇航员、企业管理人员、市长、历史人物、导演、律师、指挥家、企业家、歌手、飞行员、修鞋匠、驻外大使、罪犯	学生、老师、诗人、作家、科学家、医生、护士、服务人员、司机、运动员、演员、律师、法官、市长、洗衣工、家庭妇女、修女、王妃、模特

(三)教材人物的职业特点:人物职业呈现多元化

由表35可知,第三代大学英语教材男性人物与女性人物的职业都呈现出多元化的特征,男性人物形象共计涵盖到29类职业,女性人物形象涵盖到19类职业。男性人物形象多集中于以领导决策能力、科学思维能力、体能意志力等为特征的职业,如国家领袖男性有21次,科学家31次,作家15次,运动员7次,企业管理人员6次;而女性则多集中于文化、艺术、服务、教育等领域,如作家7次,服务人员4次,老师4次,演员、艺术家3次。

在女性人物形象的刻画上,所选大学英语教材将女性的不同品质都予以呈现。其中既有凸显女性慈爱善良的一面,如《21世纪大学英语》第二册第一单元 *Little Sister of the Poor* 一文描述了一个关爱他人、无私奉献的特蕾莎修女的形象。而在《新视野大学英语(读写教程)》第三册第一单元 *Never, Ever Give*

Up! 一文则介绍了一位集智慧与能力于一身的坚忍不拔的女法官,即美国首位联邦最高法院女性大法官戴·奥康纳;《新视野大学英语(读写教程)》第四册第二单元 *The Political Career of a Female Politician* 一文以肯尼亚女市长 Agatha Muthoni 为中心人物,主要讲述了她努力打破固有性别偏见,投身政治生涯,积极捍卫女性的合法权益的事迹。

表 35　第三代大学英语教材人物基于性别分类的职业统计

职业	男性	女性
医生	4	1
护士	0	2
老师	4	4
学生	5	4
探险家	2	0
国家领袖	21	0
诗人	2	1
职员	1	0
军人	2	0
农民	1	0
流浪汉	1	0
作家	15	7
服务人员	1	4
司机	5	1
科学家	31	4
警察	4	0
运动员	7	2
演员、艺术家	1	3
宇航员	1	0
企业管理人员	6	0
家庭妇女	0	0
法官	0	1
市长	1	0
历史人物	2	0
导演	1	0
律师	1	1

续表

职业	男性	女性
指挥家	1	0
企业家	3	0
歌手	1	0
洗衣工、工人	0	2
修女	0	1
王妃	0	1
飞行员	1	0
修鞋匠	1	0
驻外大使	1	0
经济学家	1	
模特	0	1
无职业者或无法判定职业者	23	21
罪犯	1	0
总计	152	63

　　虽然在第三代大学英语教材中女性人物的数量少于男性,但这并不是说女性人物被忽视,《新视野大学英语(读写教程)》的第二册第七单元以 *Women:Making a Difference* 为标题,且两篇课文均为与"女性"相关的话题,如 *Women at the Management Level* 一文探讨了处于管理层的女性的特征;*A Proud Homemaker* 则是关于家庭主妇的话题,不同于传统文章对于家庭主妇群体的蔑视,本篇文章的观点在于家庭妇女是社会分工中必不可少的一部分,同样也受到尊重与平等对待。可见所选大学英语教材对于学生的价值观引导,即无论是男性还是女性,只有社会分工的不同,没有高低贵贱之分,不同的性别不应该被戴着有色眼镜区别对待。又如《新编大学英语》中的第五册第十单元的三篇课文则全部在讲述与"女性"相关的话题,如 *Why Women Aren't Getting to the Top* 一文探讨了管理层女性人物少于男性的原因。可以说,勇于、乐于去探究这一普遍的社会现象背后的原因,也体现出了开放、包容的新时代特征;*In the Company of Women* 一文则是关于女性创业的相关内容,课文将女性人物与创业浪潮背景结合而谈,亦可体现出女性在社会中的积极融入。

第五章　大学英语教材价值取向的演变脉络、基本特点与改进方向

　　教材作为教与学的主要载体，深受社会变迁的影响，是社会变迁的缩影。教材也通过影响学生价值观的形成，从而引导和推动社会变革。教材中的内容一般是精心挑选和组织的文化知识，渗透有特定的价值取向。大学英语教材作为语言学习和文化传承的重要文本，更加鲜明地体现出时代特征，在学习和使用的过程中，能够对学生的价值观塑造产生影响。通过对改革开放以来不同代际的大学英语教材进行文本分析，我们发现大学英语教材的价值取向具有鲜明的特点，同时大学英语教材在内容选取和价值取向的呈现上仍然存在一定的不足。本章将描述改革开放以来的三代大学英语教材价值取向的演变脉络，总结大学英语教材价值取向变化的主要特点，并提出改进大学英语教材价值取向的思路与对策。

第一节　大学英语教材价值取向的演变脉络

　　教材文本的主题代表了选文的中心思想和主要内容，包含课文文本中所反映的客观事物的基本认识、理解和评价，透露出作者的观点、情感和意向。改革开放以来的大学英语教材价值取向在文本主题内容选取上涵盖了"人与人""人与社会""人与自然"三个维度的内容，三个维度的文本主题内容选择是一个完整的有机系统，帮助学生身心成长和健康发展。大学英语教材是文化传承的载体，改革开放以来的大学英语教材在文化内容篇目选取上以英美文化语篇为主，中国本土文化语篇明显不足。在人物形象塑造方面，三代大学英语教材的男性价值取向均占主导地位，人物职业形象不断增多，能够帮助学生更加全面地了解社会。

一、文本主题从关注"自然"到关注"人"

改革开放以来的大学英语教材价值取向在各个时期都呈现出鲜明的特点。"人与人"、"人与自然"、"人与社会"的价值关系是马克思主义哲学价值论的重要内容。纵向上对基于这三个维度的大学英语教材文本主题内容所呈现的价值取向进行考察,可以发现一个明显的变化趋势。其中,"人与自然"层面的自然价值取向文本主题内容在三代教材文本中均有所呈现,并且选文所占比例较高,由此可以看出自然价值取向在大学英语教材主题内容中的重要地位。"人与人"层面的个人价值取向相关选文所占比例呈现出逐渐上升的趋势,从第一代大学英语教材对个人价值取向的不重视和关注不足,发展到第三代大学英语教材的"以人为本",大学英语教材越来越重视个人价值取向的呈现,越来越重视"人"的价值和主体地位。

第一,自然价值取向在改革开放以来的三代大学英语教材的主题内容中占主导地位。"人与自然"是大学英语教材最重要的主题内容,体现在三代教材中均有人与自然相关的选文内容,并且相关选文所占比例较大,尤其是改革开放初期的第一代大学英语教材中,关于自然科学的选文数量占比达到了77.1%,在第二代大学英语教材中选文占比近50%,21世纪以来的第三代大学英语教材选文占比为15.6%。表36反映了改革开放以来的大学英语教材基于文本主题内容的自然价值取向相关选文篇目的分布情况。"人与自然"层面的自然价值取向主要探讨人和自然之间的价值关系。自然是人类赖以生存和发展的基本条件,是人类存在和发展的重要前提。在人类改造自然的过程中,自然对人类存在的价值就产生了人与自然之间的价值关系。进一步分析可以发现,"科学技术"在各代教材自然层面价值取向的文本中基本都占有最高的比例,"科学技术"相关选文在第一代大学英语教材选文中占比46.2%,在第二代教材选文占比21.7%,在第三代教材选文中占比4.8%。这充分体现了改革开放以来的大学英语教材选文主题方面对科学技术相关内容的重视,这主要源于"科学技术是第一生产力"的观点。一方面,大学英语教材要响应国家"科技兴国"的号召,展现科技发展的重要性;另一方面,人类对于自然,对于自身,以及二者之间的关系的思考也逐渐深刻。

表 36 三代大学英语教材基于文本主题内容的自然层面价值取向变化①

数量　　代际 类目	第一代大学英语教材 （文本 489 篇）	第二代大学英语教材 （文本 628 篇）	第三代大学英语教材 （文本 586 篇）
世界地理	33/6.7%	11/1.8%	3/0.5%
宇宙天体	19/3.9%	18/2.9%	6/1.0%
自然生态	17/3.5%	59/9.4%	23/3.9%
科学技术	226/46.2%	136/21.7%	28/4.8%
生命科学	13/2.7%	44/7.0%	29/4.9%
物理化学	69/14.1%	12/1.9%	3/0.5%
总计	377/77.1%	280/44.6	92/15.6%

第二,改革开放以来的大学英语教材中关于人与人的个人价值层面的选文数量呈现逐代上升的趋势。"人与人"层面的个人价值取向主要探讨个人对自我和他人的价值标准,以及实现人的成长与发展。表 37 反映了改革开放以来三代大学英语教材在个人价值取向层面的内容变化情况。个人层面价值取向相关的选文数量从改革开放初期第一代大学英语教材 12.1%的占比,到全面改革时期第二代大学英语教材的 22.9%,上升到 21 世纪以来第三代大学英语教材的 58.7%。这与当时我国社会发展的时代背景息息相关,当时国家处于国民经济恢复时期,党和国家的工作中心在经济建设上。我国的课堂教学都是围绕着知识和学习而开展的,在具体的教学活动、教材编写中都体现了以"知识教育"为主导的价值取向,缺少对"人"的价值和"人"的地位的思考与重视。② 从表 38 可以发现,三代大学英语教材在"个人层面"的文本中,体现"自我"价值的文本多于探讨"人与他人"。由此可以看出,大学英语教材更多地引导培养学生探讨对自我的认识、期待和要求,包括自己的品质和能力的认知等。而"人与他人"类目下的文章数量偏少,主题也偏向普通的人际交往,相对而言对于家庭关系和婚恋关系都不够重视,在第一代教材的选文中甚至没有一篇是关于婚恋爱情的。

———————————

① 表 36-表 39 中百分比的计算方法为:选文出现的频次/每一代教材的选文篇目总数。

② 王洋、贺成立:《改革开放以来我国课堂教学实践价值取向的历史变迁》,《东北师大学报(哲学社会科学版)》2018 年第 2 期。

表 37　三代大学英语教材基于文本主题内容的个人层面价值取向变化

数量 代际 类目	第一代大学英语教材（文本 489 篇）	第二代大学英语教材（文本 628 篇）	第三代大学英语教材（文本 586 篇）
人与自我	42/8.6%	105/16.7%	229/39.1%
人与他人	17/3.5%	39/6.2%	115/19.6%
总计	59/12.1%	144/22.9%	344/58.7%

表 38　三代大学英语教材基于文本主题内容的
个人层面价值取向二级类目变化

数量 代际 类目	第一代大学英语教材（文本 489 篇）	第二代大学英语教材（文本 628 篇）	第三代大学英语教材（文本 586 篇）
个人品质	29/5.9%	29/4.6%	165/28.2%
个人技能	11/2.2%	53/8.4%	40/6.8%
职业发展	2/0.4%	23/3.7%	24/4.1%
家庭亲情	9/1.8%	10/1.6%	37/6.3%
其他社会关系	8/1.6%	23/3.7%	52/8.9%
婚恋爱情	0/0	6/1.0%	26/4.4%

　　第三,教材中关于"人与社会"的社会层面价值取向的文本数量不多,三代大学英语教材整体上对社会价值取向的关注不足。社会层面价值取向主要探讨"人与社会"的价值标准。马克思说"人的本质是一切社会关系的总和",教育的过程是逐步实现受教育者社会化的过程。由表 39 可以看出,"人与社会"这一主题在改革开放初期的第一代大学英语教材主题内容中占比最低,仅有 10.8%;而在全面改革时期的第二代大学英语教材中占比最高,达到 32.5%;到了 21 世纪以来的第三代大学英语教材中,又下降到了 25.6%。其次发现,在第一代和第二代大学英语教材主题中关于"人文社科"的文本占比最高,而在第三代大学英语教材中各二级类目的占比分布较为平均。从具体内容上看,"人与社会"主题相关的内容经历了一个从传统到现代,逐渐发展更加丰富、更加多元化和国际化的趋势。大学英语教材主要通过国家形象、政府、总统、选举等话题让学生了解政治。在改革开放初期的第一代大学英语教材中,主要以回顾政治历史为主,通过对历史事件进行描述引导学生树立正确

的政治价值观,激发学生的爱国情怀。全面改革时期的第二代大学英语教材还涉及到了国际间政治话题,例如国际教育、战争、和平、人才流动,以及跨文化交流研究。21世纪以来的第三代大学英语教材中国际化的内容更加丰富,还注重介绍不同国家地区间的文化、习俗等,包括不同文化的身体语言、饮食、禁忌、时间观念、节日、商务习惯等,着重培养学生的国际视野和跨文化交际能力。另外一个值得关注的是关于经济话题,在三代大学英语教材中经济主题的文本数量随着时代的变化而不断增加,反映出大学英语教材中的内容逐渐贴近社会生活。这也与我国社会改革开放,市场经济蓬勃发展有密切的关系。

表39 三代大学英语教材基于文本主题内容的社会层面价值取向变化

数量 类目 代际	第一代大学英语教材（文本489篇）	第二代大学英语教材（文本628篇）	第三代大学英语教材（文本586篇）
政治	13/2.7%	28/4.5%	20/3.4%
经济	2/0.4%	14/2.2%	32/5.5%
文化	8/1.6%	36/5.7%	29/4.9%
社会	3/0.6%	48/7.6%	36/6.1%
人文社科	27/5.5%	78/12.4%	33/5.6%
总数	53/10.8%	204/32.5%	150/25.6%

总体来说,改革开放以来的三代大学英语教材基于文本主题方面的价值取向呈现了鲜明的演变脉络,从对"自然"的关注发展到对"人"的关注。第一代教材所处的时期的国家教育方针是"为社会主义建设服务",相应的外语教育方针则是培养"外语"与"科技"复合型人才,教材选文主题呈现了大量的科学技术相关的内容。第二代教材主题内容的关注仍在"人与自然"层面,与此同时课文主题对人文和社会层面的政治经济、社会习俗、体育运动、历史发展、教育环境等多个视角关注有所提升。第三代大学英语教材选文主题则更多地围绕人的价值、发展和实现以及个人成长等方面展开。基于文本主题的三代大学英语教材的价值取向和不同历史时期的时代和社会发展背景是密切相关的。三代大学英语教材的价值取向总体上与时俱

进,体现了不同时期鲜明的时代特点。虽然教材具有相对的稳定性,但是随着社会的发展变化,一些现代社会所需要的价值理念也需要在教材中有所体现,这就需要随着时代的发展变化,对教材的价值理念进行适时地更新,以便使教材更加符合改革和发展趋势,符合社会实际发展情况以及大学生的发展需求。

二、文化展示从共同文化到英美文化语篇为主

价值孕育于文化内容之中,不同的文化内容往往会形成不同的价值导向,从而支配和引导人们的行为。2007 年教育部颁布的《大学英语课程教学要求》提出在教学中要注重提高学生综合文化素养,以适应我国社会发展和国际交流对英语人才的需要。文件强调大学英语课程是一门素质教育的课程,应该帮助学生拓宽知识和了解世界文化。① 大学英语教材不仅是学生学习英语语言和技能的重要材料,也是文化知识传递和传播的重要载体。改革开放以来的三代大学英语教材的文化语篇,呈现了从以共同文化语篇为主发展到了以英美文化语篇为主的趋势,这个变化趋势非常值得关注和反思。由表 40 可以看出,在我国改革开放以来的三代大学英语教材中,共同文化在选文中所占比例较高,从第一代到第三代大学英语教材,分别占比 46.4%、27.1% 和 31.4%。在第一代大学英语教材中拓展圈文化、文化对比等内容在教材选文中也均有所涉及,但总体上共同文化的选文篇目占比最高,以共同文化语篇为主体。进一步分析可以发现,英美文化相关选文数目占比逐代上升,从第一代到第三代其文本数由 19.2% 增至 45.4%,教材选文的文化篇目配置有向英美文化语篇为主的趋势发展。而中国文化相关的选文占比却大幅下降,由改革开放初期第一代大学英语教材的 43 篇(8.8%)下降到第三代大学英语教材的 16 篇(2.7%),从总体选文比例来看,有关中国本土文化的介绍显得十分不足。大学英语教材应该使学生学会母语文化的英语表达,让学生树立民族自信心,提升民族自豪感,在跨文化交际中树立平等交际意识,培养学生输出中华文化的意识,保证文化的双向传输交流。

---

① 教育部高等教育司:《大学英语课程教学要求》,高等教育出版社 2007 年版,第 1 页。

表 40　三代大学英语教材具体文化内容配置情况①

文本类别 具体教材		内圈文化		外圈文化	扩展圈文化		文化对比	共同文化	国别不详	总计
		英美文化	加拿大、澳大利亚、新西兰等文化	印度、新加坡、牙买加等文化	其他国家文化	中国文化				
第一代大学英语教材	数量	94	2	2	24	43	23	227	74	489 篇
	比例	19.2%	0.4%	0.4%	4.9%	8.8%	4.7%	46.4%	15.1%	100%
第二代大学英语教材	数量	193	4	3	16	41	73	170	128	628 篇
	比例	30.7%	0.6%	0.5%	2.5%	6.5%	11.6%	27.1%	20.4%	100%
第三代大学英语教材	数量	266	5	2	4	16	36	184	73	586 篇
	比例	45.4%	0.9%	0.3%	0.7%	2.7%	6.1%	31.4%	12.5%	100%

　　语言不仅是交流的工具，也是一种文化的载体。英语语言学习的过程，不是英语语言语音、词汇、句型等技术层面的机械化训练，而是经由语言来对语言背后的文化进行认知、理解，从而形成更深层次的认识。大学英语教材不仅要注重英语语言知识的安排和设计，更要重视教材作为文化载体的一面，注意文化材料的选择与安排，将学习语言技能与学习文化内容统筹安排，相互融合。习近平总书记在庆祝改革开放 40 周年大会上强调，要"积极培育和践行社会主义价值观，推动中华优秀传统文化创造性转化、创新性发展，传承革命文化、发展先进文化，努力创造光耀时代、光耀世界的中华文化"②。而要做到这一点，教材编写者应首先加强中国本土文化的输入，以平衡大学英语教材选文文本的文化内容。跨文化交流是双向的交流，绝不是单向、单方面的文化学习。中华文化历史发展源远流长，具有深厚的文化根基，也是全世界共享

————————

　　①　本书数据统计按照"四舍五入"原则，保留一位小数，合计总数可能不会精确等于 100%。

　　②　习近平：《在庆祝改革开放 40 周年大会上的讲话》，人民出版社 2018 年版，第 30 页。

的一份文明成果。大学英语教材应该重视中华文化素材、内容的选择,确保一定量的中华文化元素,加强对学生中华文化英语表达的训练。大学英语教材应该承担起中国文化传承和创新的使命,把传播中华文化的任务和责任实践起来。

三、形象塑造的男性人物中心和人物职业多样化

教材中的人物形象是教材编写者传递知识、呈现教育内容的重要手段,特别是在大学英语教材中,选文中所选取和塑造的人物形象不仅是学生把握文章内涵、获取知识的基础来源,而且选文中的人物形象对学生的世界观、人生观、价值观塑造也会产生一定的影响。通过运用内容分析法对我国大学英语教材选文文本中的人物形象基于性别和职业进行统计与分析发现,改革开放以来的三代大学英语教材中的男性价值取向占主导地位,男性承担的社会角色多,女性价值形象则往往被忽视;教材中人物职业种类越来越多元化,涵盖领域更为广阔,人物职业分布呈动态变化的特点。由表41、表42可知,在三代大学英语教材中男性所占比例分别为83%、81.5%和70.7%,而女性所占比例分别为17%、18.5%和29.3%,因此,在三代大学英语教材中,男性所出现的比例远大于女性,由此可见男性在社会生活中的高参与度,这一点在人物职业分析中也会发现,男性所承担的社会形象多种多样。但是对比三代大学英语教材的数据,也可以看出男性主导地位在削弱,具体体现在所占比例的下降,从第一代到第三代大学英语教材,男性人物占总人数的比例下降了近12%。改革开放以来,女性地位逐步上升,在各行各业中担任的职务也逐渐增多。第三代大学英语教材中男女比例约为7:3,然而与当前社会男性女性地位平等的背景对比,教材中人物比例分布有滞后性、不利于向学生传达男女平等的价值观念。

表41 三代大学英语教材基于性别分类的人物统计

数量 代际 性别	第一代大学英语教材	第二代大学英语教材	第三代大学英语教材
男性	195/83%	303/81.5%	152/70.7%
女性	40/17%	69/18.5%	63/29.3%

表 42　三代大学英语教材男性女性人物形象列举

性别	男性	女性
第一代大学英语教材人物形象	哲学家、工程师、商人、医生、科学家、大学教授、邮递员、探险家、潜水员、宇航员、天气预报员、气象学家、船长、农夫、学生、驾驶员、工厂主、数学家、工人、技师、政治领袖、渔夫、警察、军人、州长、航海家、社会学家、投球手、英雄、市长、文学家、历史学家、新闻记者、教士、魔术师	科学家、宇航员、医生、魔术师、秘书、学生、店员、职业不清者(包括妻子、母亲、寡妇等家族身份,但未交待社会职业)
第二代大学英语教材人物形象	科学家、国家领袖、医生、大学教授、企业家、学生、机构管理人员、警察、作家、发明家、教师、军人、机构员工、哲学家、教育家、记者、宇航员、建筑师、政治领袖、工程师、民族英雄、艺术家、学校校长、词典编纂者、律师、服务员、运动员、神父、摄影师、电脑编程师、飞行员、火车列车长、法官、形象设计师、航海家	科学家、国家领袖、学生、作家、发明家、商人、教师、机构员工、教育家、宇航员、民族英雄、画家、学校校长、家庭主妇、空姐、诈骗犯、灯塔看守人
第三代大学英语教材人物形象	医生、老师、学生、探险家、国家领袖、诗人、职员、军人、流浪汉、农民、作家、服务人员、司机、科学家、警察、运动员、宇航员、企业管理人员、市长、历史人物、导演、律师、指挥家、企业家、歌手、飞行员、修鞋匠、驻外大使、罪犯	医生、护士、老师、学生、诗人、作家、服务人员、司机、科学家、运动员、演员、家庭妇女、法官、市长、律师、洗衣工、修女、王妃、模特

由表 43 可知,三代大学英语教材中的人物的职业种类均衡并且多元。具体来看,第一代大学英语教材中的人物所从事的职业包括科学家、大学教授、邮递员、工程师等共计 39 类;第二代大学英语教材中的人物所从事的职业包括企业家、医生、工程师、空姐等共计 40 类;第三代大学英语教材中的人物所从事的职业包括模特、探险家、导演、市长、法官等共计 38 类。从第一代到第三代大学英语教材,人物的职业种类涵盖到的领域也更为广阔。在第一代大学英语教材中,人物职业则涵盖科学、教育、工业等领域;第二代大学英语教材中的人物职业大多集中于经济、科学、政治、教育等领域;而第三代大学英语教材中的人物职业分类则对于文学、艺术、教育、政治、体育、航天、科学、经济、军事等诸多领域均有所涉及。据此不难看出,三代大学英语教材中人物的职业种类涵盖到的领域有所增长,这亦与社会各个领域不断蓬勃发展的时代特点相契合。

表 43   三代大学英语教材人物的职业种类

代际	职业种类	总计
第一代大学英语教材	哲学家、工程师、商人、医生、科学家、大学教授、邮递员、探险家、潜水员、宇航员、秘书、天气预报员、气象学家、船长、农夫、学生、驾驶员、工厂主、数学家、魔术师、工人、艺术家、技师、政治领袖、渔夫、警察、军人、州长、航海家、店员、联络员、社会学家、投球手、希腊神话英雄、市长、文学家、历史学家、新闻记者、教士	39
第二代大学英语教材	科学家、国家领袖、医生、大学教授、商人/企业家、学生、机构管理人员、发明家、作家、警察、教师、机构员工、军人、哲学家、教育家、记者、宇航员、建筑师、政治家、工程师、家庭主妇、航海家、民族英雄、艺术家、学校校长、词典编纂者、律师、服务员、运动员、神父、空姐、摄影师、电脑编程师、飞行员、诈骗犯、火车列车长、法官、灯塔看守人、形象设计师、电报员	40
第三代大学英语教材	科学家、学生、作家、国家领袖、老师、司机、运动员、医生、企业管理人员、服务人员、职员、演员/艺术家、警察、诗人、企业家、农民、探险家、市长、律师、历史人物、军人记者、护士、工人、飞行员、罪犯、驻外大使、指挥家、宇航员、修鞋匠、修女、王妃、模特、卖报员、流浪汉、经济学家、家庭妇女、歌手、法官、导演	38

第二节   大学英语教材价值取向的基本特点

改革开放以来,我国的大学英语教育经历了四十多年的发展历程,这四十多年来大学英语教材价值取向的变迁发展是在不同的时代背景和社会环境中进行的。通过对改革开放以来的大学英语教材价值取向的分析,给我们带来了丰富的启示。改革开放以来的三代大学英语教材价值取向呈现出价值取向变迁与社会发展同频共振、主导价值与多重价值共存发展、工具理性与本体价值对立统一等特点。

一、价值变迁与社会发展同频共振

改革开放四十多年来,大学英语取得了巨大进展,为国家培养了大批优秀的外语人才。大学英语教材价值取向在改革开放四十年中的变迁不仅充分体现了国家的主导作用,也体现出社会发展的推动作用。作为高等教育管理的主体,国家在外语教育规划、语言政策制定和大学英语改革发展中起着主导作用。可以说,改革开放四十多年大学英语改革发展、大学英语教材的发展变化在很大程度上直接受到社会发展因素的推动或是制约,无论是改革开放初期第一代大学英语教材以"知识教育"和"工具作用"为主导的工具理性价值取向,全面改革时期第二代大学英语教材"适应市场"和"重视素质"的工具理性向本体价值发展的逐步探索,还是进入 21 世纪以来第三代大学英语教材"以人文本"和"和谐发展"的人本价值追求,大学英语教材价值取向的每一次变化和转向,都有着明显的时代发展烙印,充分体现了国家作为教育管理主体的意志。另一方面,社会发展作为高等教育的助推力量,也在大学英语教材改革和发展中发挥着重要的作用。

大学英语教材价值取向内容体现了鲜明的时代色彩。我国历代大学英语教材所蕴含的价值理念基本上反映了国家对于教育和人才培养的要求,具有鲜明的时代特点。随着社会的发展,价值理念发生变化,国家对于教育和人才培养目标也在发生变化。第一代教材以"人与自然"为主要话题,探究人对自然的认知、对自然资源的利用,以及对客观自然的改造。教材的价值取向与时代背景相符,当时党和国家的工作重心刚转移到现代化建设上来,把解放和发展生产力作为中心任务。而党和国家的教育方针是"为社会主义建设服务",相应的外语教育方针则是"培养'外语'与'科技'复合型人才"。第二代大学英语教材关注仍在"人与自然"价值层面,但对人文和社会层面的政治经济、社会习俗、体育运动、历史发展、教育环境等多个视角的关注有所提升,重视学生素质培养。第三代大学英语教材中文本在多元内容基础上更加贴近生活,更注重学生的主体性,更关注"人"的价值,涉及文学作品、社会问题、国家传统节日、校园生活以及来自政治、艺术、科学、文学和商业等各个领域的内容,教材的编写逐步朝着自由、丰富、多元、宽阔的方向迈进。在人物价值取向上,三代大学英语教材中的人物职业形象越来越多样,职业种类数目呈上升趋势,涵盖的类别也逐渐增多。人物的职业分布也呈现了一定的特点,例如在第一代大学英语教材中工人形象出现较多,而在第二代和第三代大学英语教材中工人形象却没有出现;企业家形象在第二代和第三代大学英语教材中出现,但在第一代教材中却没有出现。这和不同历史时期的时代和社会发展背景是密切相关的。大学英语教材的价值取向总体上与时俱进,体现了鲜明的时代特点。

虽然教材具有相对的稳定性,但是随着社会的发展变化,一些现代社会所需要的价值理念也需要在教材中有所体现,这就需要随着时代的发展变化,对教材的价值理念进行适时地更新和调整,以便使教材更加符合改革和发展趋势,符合社会实际发展情况以及大学生的发展需求。

二、主导价值与多重价值共存发展

改革开放以来四十多年的大学英语教材价值取向总体上呈现强调主导价值,同时兼顾其他多重价值共存的发展轨迹。价值是客体满足主体需要的程度,大学英语教材的价值就是作为客体的大学英语教材满足不同主体需要的程度。大学英语课程的历次改革都是服务于国家战略的必然结果。① 改革开放以来,大学英语教育一直关注和围绕党和国家工作的重心,为改革开放和现代化建设提供人才、服务和支持,这充分反映出服务于国家战略和社会经济发展的主导价值取向。例如,改革开放初期和全面改革时期,大学英语教材从强调英语与科技相融合,到重视学生英语综合应用能力特别是听说能力的培养,充分体现了对语言知识与英语能力发展的重视,突出了大学英语教材为国家科技和经济发展而服务的主导价值。进入 21 世纪以来,大学英语不断进行改革,服务建设社会主义强国战略,大学英语教材开始探索培养国际化复合型外语人才。

坚持以服务国家战略和社会发展需要为主导价值,并不意味着对大学英语教材的其他价值不予以重视,而是更加寻求多重价值的和谐与统一。基于课程价值理论,根据课程的价值客体和主体的辩证关系,大学英语具有多重价值属性。其中从课程价值客体即知识价值的视角,大学英语的课程知识具有"使用价值"和"交换价值",其中使用价值强调知识或者经验对于学习者的现实生活和人格构建的价值,交换价值强调学生学习和使用知识的交换动机。从课程的价值主体之一"个人"出发,教材价值有"工具价值"和"内在价值"之分,大学英语教材实现的"工具价值"在于外部世界对学习者的英语能力的现实期待,"内在价值"体现在大学英语教材实现的是课程教材本身的价值,而不是出于功用价值或者社会需求。大学英语教材发展应实现三个并重,即学生发展与社会发展并重,服务学生个体与服务学生整体并重,塑造通才与造就专才并重,从而实现个人价值、社会价值和国家价值三者的统一。当前学界关于大学英语课程发展变化的论争也是关于大学英语课程价值的论争,是对

---

① 沈骑:《转型期大学英语课程的价值追问》,《外语电化教学》2014 年第 2 期。

大学英语应当以何种价值为主要导向的论争。改革开放四十多年来,大学英语教材价值取向随着课程价值取向的变化而变化,呈现主导价值与多重价值并存发展的基本趋势。

三、工具理性与本体价值对立统一

在价值论的讨论中,一直有"工具论"和"本体论"之争,"物"与"人","工具"与"本体"之间确实存在矛盾。"工具价值"是我们因为这些价值对于某种事物有用处而有价值。"本体价值"指我们不是因为它们对于另外某些事物有用处而有价值,而是它们本身就具有的价值。对大学英语教育和教育主体之间的价值关系的不同理解和认识,产生了不同的大学英语价值观。教育在过程中要统筹考虑教育的内在需要、人的个体需要、社会的需要等多个不同层次的需要。对这些不同的需要的满足程度体现出不同的大学英语教材的价值取向。整体上看,改革开放以来的大学英语教材价值取向的"工具理性"和"本体价值"一直在不断地冲突、融合,逐渐走向对立统一。

教育不仅有社会功能,推动社会的进步和发展,也为每一个个体提供生命发展的条件。改革开放以来大学英语不断改革发展,培养了一批又一批社会发展所需要的外语人才,大学英语也在不断调整和改革培养目标,不断发展和更新外语教育理念,使之能够更加符合社会进步和发展的需要,这充分体现了大学英语教材的"工具理性"价值。改革开放初期,确立了"教育必须为社会主义现代化建设服务"的方针,为了尽快推动国家发展,党和国家工作要以社会主要矛盾为依据实现重心的转移,集中力量发展生产力,确立了"以经济建设为中心"的基本路线。以此为指导,在改革开放初期和全面改革时期,教育政策突出强调社会工具价值,强调培养掌握外语的科技人才,大学外语教育的目的是通过外语学习掌握其他国家的先进技术。进入 21 世纪以来,不仅强调教育要为中国特色社会主义现代化服务,还要为人的全面发展服务,为人民服务。进入新时代,以人民为中心的教育思想得到了更加充分的彰显,充分重视教育的"本体价值"。

学习教育使人获得各种观点,获得各种知识和技能,影响人的情感、态度以及价值观。教育的出发点是人,大学英语教材充分体现了教育的人文价值,体现了对人的关怀,对人的生命、人格、尊严、自由的关注、理解与尊重。大学英语教学也不断教育和培养学生的人文精神,关注培养学生体现人文精神的思维方式、行为习惯和文化修养等,体现了大学英语的本体性价值。大学英语教材中不乏最能体现人文内涵的文学作品,调动学生的情感体验,充分承担价值观教育的功能。例如文学故事、侦探小说、童话故事等注重文学性,增强学生的文学艺术体验。世界各国社会文化、社会风俗、知名人物等的介绍篇目,增强学生的阅读兴趣,扩充知识面,增强学生的人文素养。各代教材中都有对于人的自我价值、人际关系的价值探讨,体现了对人以及对人的发展的关注。大学英语教材也逐步实现"以人为本"的教育理念,在关注学生语言知识与技能获得的同时,关注学生的个性化的发展,关注学生身边的事,包括大学生的自我探索、学习技巧、职业规划、师生关系等。很多内容都是针对大学生群体当下面临的学业及生活中的问题,体现了学生为中心的教学理念。未来教育应该培养有理想信念、创新思维、勇于担当、奉献精神的,全面发展与个性发展相统一的人才。[1] 在教育发展过程中,大学英语教育的"工具价值"和"本体价值"越来越走向融合,大学英语的"工具价值"和"本体价值"不是既定不变的,而是处于相互生成与彼此转化的过程性存在,最终逐步走向统一与协调。

第三节 大学英语教材价值取向的改进方向

教材在我国大学英语教学中发挥着重要作用,新时代我国高校大学英语教学迎来了新的发展契机和挑战。大学英语教材建设需要与时俱进,加强客观分析和评估,确保大学英语教材的正确价值取向和可靠质量,培养英语能力突出的社会主义建设者和接班人,为国家经济发展建设提供英语人才资源保障。明确大学英语教材的育人目标,明确大学英语到底要培养什么样的人,实现什么样的教育目标,以及如何来实现这种教育目标,是大学英语教材价值取向改进的重要方向。

一、坚持价值引领,明确教材的基本追求和育人目标

教育是带有突出的方向性与预期性色彩的实践活动。[2] 作为教育教学组织实施的基本文本,教材是蕴含方向性和预期色彩的文本,具有价值导向性和

---

① 顾明远:《再论教育本质和教育价值观——纪念改革开放40周年》,《教育研究》2018年第5期。

② 吴康宁:《我们究竟需要什么样的教育取向研究》,《教育研究》2000年第9期。

指向未来的方向性,在某种程度上代表着一个国家的主流价值观。① 大学英语不但是一门英语课程,也是一种文化和思想意识领域的活动。有学者认为,语言课程是以社会与政治价值体系为基础的,课程各环节的设置都要论述是以何种价值体系引领课程系统。② 在全球化时代,信息技术飞速发展,多元文化交错交织,尤其高校更是各种思想、思潮的汇聚之地,大学生的价值观念上容易受到所处的外部社会环境的影响,这就更加要求大学英语教材要重视价值引领,明确基本追求和育人目标,服务于学生成长成才需要,从而促进大学英语教材育人功能的充分发挥。大学英语教材应该明确定位,把握政治方向和正确的育人方向,坚持价值引导和价值传递,使学生将社会主义核心价值内化于心,从而去主动践行,帮助学生扣好人生的第一粒扣子。

在全国教育大会上,习近平总书记曾强调要"培养德智体美劳全面发展的社会主义建设者和接班人"③。这实际上是对新时代大学英语教材的基本追求和育人目标的要求。"德"属于思想政治素质方面,强调良好的道德品质和正确的政治观念。"智"体现的是科学文化素质,主要指系统的科学文化知识、技能的学习。"体"强调的是健康的体魄和意志力的培养。"美"是审美意识,注重培养高尚情操。"劳"是培养劳动观念和实践能力。其中,"德、体、美、劳"四个方面主要强调的是思想道德素质,而"智"指的是科学文化素质。落实到大学英语教学中,"智"主要包括英语语言方面的知识和文化,以及运用英语沟通和交流的能力。习近平总书记曾指出,要把立德树人"贯穿基础教育、职业教育、高等教育各领域,学科体系、教学体系、教材体系、管理体系要围绕这个目标来设计"④。在中国特色社会主义现代化建设中培养具有国际视野,通晓国际规则,熟练运用英语,精通谈判和沟通的国际化复合型人才,坚持立德树人,培养社会主义建设者和接班人,离不开蕴含正确价值导向、具有丰富英语语言和文化知识的优秀大学英语教材。大学英语教材要以培养全面

---

① 傅建明:《教科书价值取向研究——人教版小学〈语文〉教科书分析》,中国社会出版社2004 年版,第 170 页。

② R Ellis, *Regional Studies*, Language Teaching Reach, 2008, 12(2), pp.285-286.

③ 《习近平在全国教育大会上强调坚持中国特色社会主义教育发展道路培养德智体美劳全面发展的社会主义建设者和接班人》,《人民日报》2018 年 9 月 11 日。

④ 《习近平在全国教育大会上强调坚持中国特色社会主义教育发展道路培养德智体美劳全面发展的社会主义建设者和接班人》,《人民日报》2018 年 9 月 11 日。

发展的社会主义建设者和接班人的目标为指针，统筹规划整个大学英语教材建设工作，大学英语教材在内容选材、编辑出版、教学运用等各方面都应更具目的性和自觉性。

二、把握内在逻辑，实现思想性和知识性的统一

教材服务于教育教学，是教育教学组织开展的基本依据和主要遵循，但是教材所涉及的要素却不只是教育教学范围。对于教材的认识，不能就教材而论教材，而是应当从更广的范围对教材进行阐释、定位和考察。教材不仅是指导学生学习文化知识的文本，而且是传承文化和价值观教育的载体。教材作为教育教学组织开展所依据的基本文本，其蕴含的内容和问题远超越了文化知识本身。包括大学英语教材在内的各种教材，都是人为主观建构的结果，从根本上讲，都是社会文化的产物。以往，我们把关注的焦点主要放在了大学英语教材的语言和知识层面。其实不然，大学英语教材中涉及的因素非常复杂。简单来看，可以把这些因素分为思想层面与知识层面。思想层面主要指的是蕴含在教材内容之中的隐性信息，不仅涉及到文化内容、价值导向，也涉及到意识形态层面的问题。知识层面指的是大学英语教材的表象信息，是学生学习英语必须要学习和掌握的知识系统，是教师必须要处理和讲授的语言知识。坚持大学英语教材的正确价值取向，应当深化对大学英语教材的认识，把握其内在逻辑，要能够从坚持思想性与知识性统一的角度看待大学英语教材。

大学英语教材编写的品质直接关系到教学的效果和人才培养的质量，在大学英语教学中起着至关重要的作用。大学英语教材的编写不仅应该根据外语教学理论，以英语语言知识与技能、跨文化交际和语言学习策略为主要内容，以学习者为中心，充分考虑学习者的语言学习认知规律以及学习心理特点和过程。教材在选材上更应该注重经典，具备发展性，注意融会贯通中西文化的内容呈现，考虑系统性、规范性、科学性和循序渐进性的协调统一。大学英语教材不仅是有组织的英语语言知识体系，也是有组织的社会文化知识体系。大学英语教材的编审还应该对教材中思想性和知识性内容的呈现方式和占比设置进行慎重的考虑。那么，究竟各种内容在教材中应该如何呈现，其数量和比重怎么分配才是合理呢？这个问题直接关系到大学英语教育的育人目标能否实现。具体到大学英语教材，涉及到的问题更多、更复杂，需要进一步根据

对国家的人才培养目标、英语学科在学生价值观形成中的作用等进行系统的研究。大学英语教材内容呈现方式的安排以及选用文本的价值内容至少要考虑学生价值观的形成机制、学生的身心发展水平，以及大学英语的学科特点，需要符合大学英语教学的实际情况。从而把握实现大学英语教材在培养学生跨文化交际能力、提升人文素质、发展思想和心智等目标。

三、丰富文化内涵，培养学生的民族文化自信

英语不仅是一门语言，也代表了一种文化；不仅有英语自身的知识体系，也有英语的文化价值负载。大学英语教学在本质上是一种人文教育，具有人文社会科学的学科内涵。① 作为大学英语教育的主要载体和工具，大学英语教材要通过反映世界文化和人类文明的先进成果，培养学生的文化意识，帮助学生正确全面地理解文化选择、文化传承、文化交流和文化共享。改革开放以来我国发展经济和对外贸易，主动参与全球化进程，但西方文化和西方价值也通过各种途径影响人们的思想意识和文化选择，进而影响着教材的文化选择。尤其是大学英语教材作为英语语言和文化的专业教材，更是不可避免地突出和反映了西方文化与价值。本书也发现在研究所选的改革开放以来的三代大学英语教材中，英美文化相关的教材文本在选文篇目中所占的比例很高，而中国本土文化相关的教材文本占比较低。由此可见，在我国改革开放不断深化的时代背景下，大学英语教材在文化内容选择上仍然以英美文化语篇为主，对中华民族传统文化的关注不够，可能会造成非英语专业学生的中国文化意识和文化表达能力薄弱，这不符合我国高校国际化外语人才的培养目标。

我国具有独特的历史、文化和国情，中华民族传统文化是中国人精神世界的重要组成。大学英语教材要自觉坚定文化自信，融入社会主义核心价值观，引导广大学生对中华民族传统文化在思想感情上的认知认同，在学习生活中遵循践行，内化为精神追求，外化为行动自觉。实际上，学生从接受正规教育开始就已经学习和内化了中国传统文化的价值观，大学英语教学不能切断学生与中国文化的联系，在教材选材上应当重视中国传统文化内容，并让学生学

① 蒋洪新：《推动构建中国特色英语类本科专业人才培养体系——英语类专业〈教学指南〉的研制与思考》，《外语界》2019 年第 5 期。

习和熟悉其英语表述,学会用英语介绍中国文化。当前,我国正处于重要战略机遇的新时代,位于构建人类命运共同体的新的历史方位,大学英语教育应该承担起时代重任,提高学生的跨文化素养和全球胜任力,尤其教材中要注意选用传统文化、中国社会、历史等相关的语言材料,发挥英语对外宣传的价值作用,教育引导学生用流利、恰当的英语表达中国的文明和进步。教育是民族振兴、社会进步的基石。大学英语教学兼具工具性与人文性,要不断丰富教材的文化内涵,引导学生认同中华民族传统文化,讲好中国故事,为实现中国梦和推动中国参与全球治理作出应有贡献。

四、秉承"以人为本",促进学生全面而有个性的发展

在人类所进行的各类社会活动中,教育是促进人的发展的最优选择。在大学英语教育和教材编写使用的实践中,"以人为本"的理念有一个逐渐被认识和接受的过程,主要是因为长期以来我们对大学英语和英语教材的功能的认识还不够全面和完整,片面地从知识和工具属性来认识和把握大学英语和英语教材的功能,而对大学英语教材促进学生全面发展的价值和意义的认识不到位。进入 21 世纪,特别是党的十八大以来,随着社会主要矛盾的变化,教育已经成为了一项重要的民生工程,成为满足人民对美好生活需要的重要方面。"立德树人""服务人的发展""办人民满意的教育"已经成为了教育的基本价值遵循。大学英语的最终目标还是要实现教育的目的,也就是为学生的发展服务,进而促进学生的全面而有个性的发展。坚持以人为本,实现大学生的全面而有个性的发展是大学英语教材价值取向的应然选择。为了实现应然价值取向,需要从科学和人文两个向度进行考量,也就是大学英语教材不仅要遵循学生认知发展规律和语言学习自身的逻辑,也要从学生的发展需求和教材实际体验出发去考虑。只有从实现学生发展的原点出发,以学生的个性化发展为中心,才能真正实现教材价值的真正意义所在。把握教材正确的价值取向,要从根本上重视学生的发展,坚持学生立场,把学生成长成才作为各项教育活动包括教材选材、编写、出版、使用等活动的出发点和归宿。

教育的主体是"人",而"以人为本"是教育的宗旨和归属。教材应当从知识、情感、价值等多个维度去帮助学生和谐统一发展。大学英语教材应当秉承"以人为本"的教育理念,正确、合理地配置各类知识、文化,从而促进学生全面发展。"青年的价值取向决定了未来整个社会的价值取向,而青年又处在价值观形成和确立的时期,抓好这一时期的价值观养成十分重要。"①学生通过教材文本学习英语的过程就是一个发现世界、理解人生、认识自我的过程。在这一过程中,学生实现知识、经验、文化和信念的积累,从而促进个体态度、情感和价值观的形成。大学英语教材要注意引导学生学习文化,认识世界,培养心智,为全面发展打好基础。

① 中共中央文献研究室编:《十八大以来重要文献选编》(中),中央文献出版社 2016 年版,第 6 页。

结　语

改革开放四十多年来,我国大学英语教育发展迅速,在各方面都取得了显著的成绩。大学英语教材的出版也如雨后春笋一般涌现出来,教材种类更加丰富,类型更加多样,教材内部也朝着系列化、立体化的方向发展,基本适应了国家经济和社会发展对英语人才的需要。大学英语是高校的公共基础课程,也是学生受众面最广的课程之一。作为国家意志的体现和教育教学的重要依据,大学英语教材的价值定位和内容选择关系到党和国家的教育方针的落实,关系到教育整体质量的提升,更关系到外语人才的培养和未来发展,因此明确大学英语教材的价值取向至关重要。

中国特色社会主义进入了新时代,新时代的大学英语教材改革要以立德树人为导向,大学英语要把培养社会主义合格建设者和可靠接班人作为人才培养的目标,发展和提高大学生的英语核心素养能力,实现大学英语教材在把握政治方向、坚持正确价值导向、发展学科知识能力等方面的有机发展融合。在全国教育大会上,习近平总书记指出"要努力构建德智体美劳全面培养的教育体系,形成更高水平的人才培养体系"①。这为新时代的高等教育改革指明了方向,也是符合新时代要求的大学英语教学改革发展的必然方向。习近平总书记强调:"培养什么人,是教育的首要问题。"②大学英语教材是落实人才培养目标的关键环节,而大学英语教材的价值取向则是对培养什么人这一问题的关键回答。大学英语教材的价值取向问题是大学英语教学研究中的一个很重要的理论问题,也是一个关键性的实践问题。大学英语教学目标的确

---

① 教育部课题组:《深入学习习近平关于教育的重要论述》,人民出版社 2019 年版,第10页。

② 教育部课题组:《深入学习习近平关于教育的重要论述》,人民出版社 2019 年版,第72页。

定,教学内容的取舍,教学方法的选择等,都关系着教材的设计和编写,教材内容的选择与使用,而这些选择归根结底都有一个价值问题。大学英语教材从编写出版到课堂运用的实践,本质上就是一种价值创造、价值传递的活动,因此必须遵循一定的价值原则。任何教材的编写如若不能优先考虑价值取向的问题,没有正确价值导向的引领,就会陷入盲目与混乱。任何教材的使用如若不能坚持正确的价值导向,偏离国家所倡导的主流价值,就会给大学生带来不良影响,进而给社会带来危害。

　　站在新的历史方位,面对社会思想观念日趋活跃、西方社会思潮不断冲击、主流和非主流价值同时并存的影响,面对世界范围内各种思想文化交流交融交锋的新形势,如何立足当前实际,把握大学英语改革和发展的正确方向,把立德树人作为大学英语教学的根本任务,坚持和实现大学英语的价值引领责任是我们在讨论大学英语教材时不能回避的关键问题。改革开放以来大学英语教育一直受到国家的高度重视,整个社会也非常关注英语学习,但是关于大学英语教育的改革方向和发展定位,大学英语教材的编写原则和发展方向等关键问题,学界一直存在不同的看法,不同的专家也有着不同的理念和观点。党的十九大报告明确提出要"全面贯彻党的教育方针,落实立德树人根本任务"①。立德树人体现了教育本质功能的回归和价值追求的根本方向,是对新时代我国教育目标的深刻要求。《教育部关于全面深化课程改革落实立德树人根本任务的意见》提出要"明确学生应具备的适应终身发展和社会发展需要的必备品格和关键能力"②。新时代大学英语教材建设应该把立德树人作为出发点,充分把握育人为本、德育为先、能力为重、全面发展的教育理念,着重培养学生所需的必备品格和关键能力。

　　坚持和把握大学英语教材在价值层面的正确向度,一方面要体现国家意志目标和英语人才培养目标的一致性,这就是把党和国家的教育方针贯彻落实到大学英语教材中,把立德树人的根本要求融入到教材内容中。国家意志体现教材的政治方向,人才培养目标体现教材知识、素质和能力的预期。实现

---

① 习近平:《决胜全面建成小康社会　夺取新时代中国特色社会主义伟大胜利——在中国共产党第十九次全国代表大会上的报告》,人民出版社 2017 年版,第 45 页。

② 教育部思想政治工作司组编:《加强和改进大学生思想政治教育重要文献选编(1978—2014)》,知识产权出版社 2015 年版,第 674 页。

两个目标的整体协调一致,具体来说就是教材应该充分实现理想信念教育和英语知识教育的融会贯通,特别要系统地促进社会主义核心价值观融入大学英语教材,把培养公民的理想信念、国家和民族认同意识、社会责任感等纳入到大学英语教材选文内容。另一方面,要实现大学英语教材选材的标准性和系统性。标准性就是坚持大学英语教材的价值选择要符合课程标准和教学大纲的基本要求。系统性体现在教材内容要抓牢英语知识教育,符合学科逻辑和特点,精心选择能够发展学生的语言能力、文化意识、思维品质和学习能力的语言学科知识作为教材内容。从而实现大学英语教材思想性和科学性、人文性和实践性的有机结合,使教材既坚持思想性和价值引领又遵循英语学科规律,贴近学生实际,为培养新时代大学生的必备品格和关键能力提供充分的养分。与此同时,大学英语教材价值也要符合国家人才强国战略的要求,服务国家发展战略,满足构建人类命运共同体的需要,服务中华文化"走出去",培养能够参与全球治理的国际化复合型人才。当前大学英语教材中的文化内容仍以英美文化语篇为主,而中国传统文化相关的语言内容输入相对不足,这不利于对大学生文化意识和思维能力的培养。大学英语教材要注重培养学生的文化传承与文化理解意识,引导学生了解丰富多样的人类优秀文化,汲取人类思想的精华,正确认识中西社会文化差异,理解和尊重文化多样性,更要引导学生扎根中华民族优秀文化土壤,讲好中国故事,帮助学生树立和坚定"四个自信"。

教材价值取向是一个复杂的研究课题,有着广阔的研究背景和大量可以深入细致研究的不同视角。本研究以马克思主义认识论为理论基础,基于价值论的研究视角,通过对教材文本内容进行细致的结构性分析,考察了我国改革开放以来的三代大学英语教材价值取向的历史脉络和演变特征。本书是对大学英语教材内容进行价值分析的一次有益尝试,期望给教材价值研究带来启示。研究发现,大学英语教材的价值取向具有明显的代际特征,在不同的时代背景下形成了特有的价值表征。三代大学英语教材鲜明地体现了改革开放各个历史阶段的时代背景和教育政策变化,大学英语教材的价值取向具有价值变迁与社会发展同频共振、主导价值与多重价值共存发展、"工具理性"与"本体价值"对立统一的特点。本书收集了大量的教材作为研究资料,但改革开放以来的大学英语教材总量十分巨大,教材类型复杂多样,本研究涉及的时

间跨度较长,研究资料的收集可能还不够全面。研究选择了改革开放以来的
16套74册大学英语教材进行分析,确定了具有代表性的精读教材作为具体
研究对象,但未能涵盖教材内部套系的听力、光盘、语法等配套教材,因此研究
存在一定的局限性。与此同时,本书在对改革开放以来的大学英语教材文本
进行分析时,选取了最具代表性的文本主题、文化内容和形象塑造三个层面进
行较为系统的分析和阐述,形成了基本结论与观点,但是否还有更加合适、更
为准确的分析维度,是可以进一步深入研究的。理论的探索终究要付诸实践,
理论的现实意义在于践行,从教材使用、教学实施过程等角度去探讨大学英语
教材应然价值取向的实现问题是一个非常值得探究的话题,也是一个全新的
研究视角,这也是今后研究中可以继续挖掘的方面。

　　进入新时代,社会主要矛盾深刻变化,教育理念、育人模式发生深刻变革,
这些都对我国大学英语教育提出了新的、更高的要求,使得当前大学英语教学
面临新的机遇和更加严峻的挑战,催生了我国大学英语不断改革发展,这场改
革注定持久、深入、轰轰烈烈而不平凡。本书以改革开放以来大学英语教材的
价值取向为题,探究大学英语教材价值取向变化的时代背景、分析大学英语教
材价值取向发展变化的基本特点,并对其演变脉络、优化路径进行梳理和总
结,在此过程中尝试提出自己的思考和回答。在中国特色社会主义进入新时
代的历史背景下,在决胜全面建成小康社会、实现"两个一百年"奋斗目标,实
现中华民族伟大复兴中国梦和建设人类命运共同体的现实境遇下,大学英语
教材要讲好中国故事,发挥其功能,彰显其价值,坚持立德树人,合为时而著。

参考文献

一、文献、文件

1．北京市教育委员会高等教育处、高等学校教材建设工作调研组编：《共同推进北京高教精品教材建设》，首都师范大学出版社 2003 年版。

2．大学文科英语教学大纲修订组编：《大学英语教学大纲（文理科本科用）》，上海外语教育出版社 1986 年版。

3．《大学英语教学大纲》修订工作组编：《大学英语教学大纲》，高等教育出版社 1988 年版。

4．大学英语教学大纲修订工作组：《大学英语教学大纲（修订本）》，高等教育出版社 1999 年版。

5．《党的十二大至十八大以来重要文献选编（共 21 册）》，中央文献出版社 1986—2018 年版。

6．《国家中长期教育改革和发展规划纲要（2010—2020 年）》，人民出版社 2010 年版。

7．何东昌主编：《中华人民共和国重要教育文献（1976—1990）》，海南出版社 1998 年版。

8．教育部高等教育司：《深化教学改革培养适应 21 世纪需要的高质量人才——第一次全国普通高等学校教学工作会议文件和资料汇编》，高等教育出版社 1998 年版。

9．教育部高等教育司：《大学英语课程教学要求（试行）》，上海外语教育出版社 2004 年版。

10．教育部高等教育司：《大学英语课程教学要求》，高等教育出版社 2007 年版。

11．教育部思想政治工作司组编：《加强和改进大学生思想政治教育重要文献选编(1978—2014)》,知识产权出版社 2015 年版。

12.教育部课题组:《深入学习习近平关于教育的重要论述》,人民出版社 2019 年版。

13.欧少亭主编:《教育政策法规文件汇编》第一卷,延边人民出版社 2001 年版。

14.《全国科学大会文件》,人民出版社 1978 年版。

15.《三中全会以来重要文献选编》(上、下),中央文献出版社 2011 年版。

16.《十九大以来重要文献选编》(上),中央文献出版社 2019 年版。

17.四川外国语学院高等教育研究编:《中国外语教育要事录》,外语教学与研究出版社 1993 年版。

18.魏礼群主编:《当代中国社会大事典(1978—2015)》(第二卷),商务印书馆、华文出版社 2018 年版。

二、学术著作

1.阿普尔、黄忠敬:《意识形态与课程》,华东师范大学出版社 2001 年版。

2.蔡基刚:《大学英语教学:回顾、反思和研究》,复旦大学出版社 2006 年版。

3.蔡基刚:《中国大学英语教学路在何方》,上海交通大学出版社 2012 年版。

4.陈雪芬:《中国英语教育变迁研究》,浙江大学出版社 2011 年版。

5.程晓堂、孙晓慧:《英语教材分析与设计(修订版)》,外语教学与研究出版社 2011 年版。

6.戴炜栋:《高校外语专业教育发展报告(1978—2008)》,上海外语教育出版社 2008 年版。

7.戴炜栋:《中国外语教育发展研究(1949—2009)》,上海外语教育出版社 2009 年版。

8.邓如辛:《以人为本:科学发展观的价值取向研究》,吉林大学出版社 2011 年版。

9.范国睿:《2017 中国教育政策蓝皮书》,上海教育出版社 2018 年版。

10.傅建明:《教科书价值取向研究》,中国社会出版社 2004 年版。

11．傅建明:《教科书价值取向研究——人教版小学〈语文〉教科书分析》,中国社会出版社 2004 年版。

12．傅建明:《内地香港小学语文教科书价值取向比较研究》,广东教育出版社 2009 年版。

13．耿向东:《图解中国外交》,人民出版社 2011 年版。

14．何安平:《外语教学大纲·教材·课堂教学:设计与评估》,广东教育出版社 2002 年版。

15．黄政杰:《教育理想的追求》,中国台北:心理出版社 1988 年版。

16．李传松、许宝发:《中国近现代外语教育史》,上海外语教育出版社 2006 年版。

17．李传松:《新中国外语教育史》,旅游教育出版社 2009 年版。

18．李德顺:《价值学大词典》,中国人民大学出版社 1995 年版。

19．李良佑、张日升:《中国英语教学史》,上海外语教育出版社 1988 年版。

20．李鹏:《数学教学价值取向研究》,学苑出版社 2017 年版。

21．刘家顺、王永青:《政策科学研究(第二卷)政策研究方法》,人民出版社 2000 年版。

22．刘旭东:《课程的价值取向研究》,甘肃教育出版社 2002 年版。

23．孟臻:《外语教育政策制定与实施研究》,复旦大学出版社 2012 年版。

24．阮全友:《中国语境下外语教育的行动研究观与思辨能力培养》,北京语言大学出版社 2013 年版。

25．束定芳、庄智象:《现代外语教学:理论、实践与方法》,上海外语教育出版社 1996 年版。

26．苏克军:《传播学概论》,吉林大学出版社 2017 年版。

27．唐洁元、张骁勇:《大学英语教材概述》,载蔡龙权、裴正铨主编,《大学英语教学研究》,上海科学技术出版社 2006 年版。

28．王进军:《英语教材发展概论》,中山大学出版社 2010 年版。

29．王守仁:《高校大学外语教育发展报告:1978—2008》,上海外语教育出版社 2008 年版。

30．王玉柱:《21 世纪价值哲学:从自发到自觉》,人民出版社 2006 年版。

31．吴康宁:《教育社会学》,人民教育出版社 1998 年版。

32．吴遵民:《基础教育决策论》,华东师范大学出版社 2006 年版。

33．谢维和、裴娣娜:《走向明天的基础教育》,四川教育出版社 1997 年版。

34．袁贵仁:《价值学引论》,北京师范大学出版社 1991 年版。

35．张菁:《教学过程研究设计的价值趋向研究》,北京师范大学出版社 2017 年版。

36．张绍杰:《中国外语教育传统历时调查研究:传统梳理与现实反思》,高等教育出版社 2015 年版。

三、期刊论文

1．安秀梅:《〈大学英语〉"课程思政"功能研究》,《文化创新比较研究》2018 年第 11 期。

2．鲍明捷:《人文体系视野下的大学英语课程价值取向研究》,《理论月刊》2017 年第 10 期。

3．蔡基刚:《浅谈 21 世纪大学英语教材编写中有关选材的几个问题》,《外语界》1997 年第 1 期。

4．蔡基刚:《大学英语教学发展史上的两个新的突破》,《中国外语》2004 年第 1 期。

5．蔡基刚:《试论影响我国大学英语教材健康发展的外部因素》,《中国大学教学》2006 年第 6 期。

6．蔡基刚、唐敏:《新一代大学英语教材的编写原则》,《中国大学教学》2008 年第 4 期。

7．蔡基刚:《传统大学英语教材编写理念的一次新突破》,《外语电化教学》2011 年第 5 期。

8．蔡基刚:《转型时期的大学英语教材编写理念问题研究》,《外语研究》2011 年第 5 期。

9．蔡基刚、廖雷朝:《国家外语能力需求与大学外语教育规划》,《云南师范大学学报(哲学社会科学版)》2014 年第 1 期。

10．蔡基刚:《十字路口的我国公共外语教学》,《中国大学教学》2019 年第 4 期。

11．陈坚林：《大学英语教材的现状与改革——第五代教材研发构想》，《外语教学与研究》2007 年第 5 期。

12．程晓堂、岳颖：《语言作为心智发展的工具——兼论外语学习的意义》，《中国外语》2011 年第 1 期。

13．程晓堂：《英语学科核心素养及其测评》，《中国考试》2017 年第 5 期。

14．董亚芬：《〈大学英语（文理科本科用）〉试用教材的编写原则与指导思想》，《外语界》1986 年第 4 期。

15．董亚芬：《我国英语教学应始终以读写为本》，《外语界》2003 年第 1 期。

16．董泽芳、张继平：《中国高等教育价值取向 70 年变迁的历程、特点与发展思考：董泽芳教授专访》，《重庆高教研究》2019 年第 5 期。

17．付安权：《论课程价值取向研究的传统与变革》，《西北师大学报（社会科学版）》2013 年第 2 期。

18．冯德正：《英语教学中的人文道德教育：正面价值观的多模态语篇建构》，《外语界》2015 年第 5 期。

19．付克：《对当前公共外语教学的几点建议》，《高教战线》1982 年第 7 期。

20．高益：《国家教委下达〈高等学校外语教材编审委员会工作条例〉》，《外国语（上海外国语学院学报）》1987 年第 1 期。

21．高玉兰：《基于“以人为本”的教育理念改革大学英语教学》，《中国高教研究》2004 年第 8 期。

22．顾明远：《再论教育本质和教育价值观——纪念改革开放 40 周年》，《教育研究》2018 年第 5 期。

23．《关于加强外语教育的文章索引》，《外语界》1981 年第 2 期，第 11—12 页。

24．韩其顺、陆慈、董亚芬：《全面贯彻教学大纲，努力提高教学质量》，《外语界》1995 年第 1 期。

25．贺宁杉：《教育转型时期的大学英语教学改革》，《黑龙江高教研究》2007 年第 12 期。

26．胡壮麟：《外语教育要为国家战略服务》，《语言战略研究》2019 年第 4 期。

27．黄忠敬：《意识形态与课程——论阿普尔的课程文化观》，《外国教育研究》2003 年第 5 期。

28．姜锋：《我与中国改革开放后外语教育的 40 年不解之缘》，《外国语（上海外国语大学学报）》2018 年第 6 期。

29．江雪松：《大学教材建设的国际化》，《江苏高教》2002 年第 3 期。

30．蒋洪新：《推动构建中国特色英语类本科专业人才培养体系——英语类专业〈教学指南〉的研制与思考》，《外语界》2019 年第 5 期。

31．蒋妙瑞：《应运发展的中国大学英语教学——纪念改革开放三十周年》，《外语界》2008 年第 5 期。

32．柯应根：《大学英语教学融入思想政治教育探析》，《思想理论教育导刊》2015 年第 8 期。

33．李斑斑、邢菲、王海啸：《新中国成立 70 年来大学英语教育发展及研究的回顾与分析》，《河北师范大学学报（教育科学版）》2019 年第 3 期。

34．李广、马云鹏：《课程价值取向：含义、特征及其文化解析》，《东北师大学报（哲学社会科学版）》2010 年第 5 期。

35．李宇明：《中国外语规划的若干思考》，《外国语（上海外国语大学学报）》2010 年第 1 期。

36．廖承志：《为实现四个现代化加紧培养外语人才——在全国外语教育座谈会上的讲话（摘要）》，《人民教育》1978 年第 10 期。

37．刘艳红、Lawrence Jun Zhang、Stephen May：《基于国家级规划大学英语教材语料库的教材文化研究》，《外语界》2015 年第 6 期。

38．刘志军：《课程价值取向的时代走向》，《教育理论与实践》2004 年第 19 期。

39．柳华妮：《国内英语教材发展 150 年：回顾与启示》，《山东外语教学》2011 年第 6 期。

40．柳华妮：《大学英语教材研究二十年：分析与展望》，《外语电化教学》2013 年第 2 期。

41．裴霜霜：《从教育哲学角度看改革时期大学英语课程目标和教学内容的设置》,《外语教学理论与实践》2015 年第 4 期。

42．钱瑗:《介绍一份教材评估一览表》,《外语界》1995 年第 1 期。

43．任庆梅:《构建师生协同发展的大学英语课堂有效教学理论模式》,《外语界》2014 年第 3 期。

44．上海外国语学院:《加强外语教育的几点意见》,《人民教育》1978 年第 11 期。

45．沈骑:《转型期大学英语课程的价值追问》,《外语电化教学》2014 年第 2 期。

46．沈骑、鲍敏:《改革开放以来的中国外语教育规划》,《语言战略研究》2018 年第 5 期。

47．宋丽华:《大学英语"课程思政"的必要性及可行性分析》,《智库时代》2019 年第 41 期。

48．《提高外语教育水平、为实现四个现代化而奋斗——记全国外语教育座谈会》,《外语教学与研究》1978 年第 2 期。

49．王守仁、王海啸:《我国高校大学英语教学现状调查及大学英语教学改革与发展方向》,《中国外语》2011 年第 5 期。

50．王守仁:《〈大学英语教学指南〉要点解读》,《外语界》2016 年第 3 期。

51．王守仁:《转变观念 深化改革 促进大学外语教学新发展》,《中国大学教学》2017 年第 2 期。

52．王晓军:《中国石油大学使用计算机/网络辅助外语教材的调查报告》,《现代教育技术》2007 年第 7 期。

53．王洋、贺成立:《改革开放以来我国课堂教学实践价值取向的历史变迁》,《东北师大学报(哲学社会科学版)》2018 年第 2 期。

54．文秋芳:《对"国家语言能力"的再解读——兼述中国国家语言能力70 年的建设与发展》,《新疆师范大学学报(哲学社会科学版)》2019 年第 5 期。

55．吴康宁:《我们究竟需要什么样的教育取向研究》,《教育研究》2000 年第 9 期。

56．吴永军:《中国大陆、香港九年义务教育初中语文教科书价值取向的比较研究》,《教育理论与实践》1999 年第 11 期。

57．夏纪梅：《教材、学材、用材、研材——教师专业发展的宝贵资源》，《外语界》2008 年第 1 期。

58．谢丽：《大学英语教材与教师职业发展》，《疯狂英语（教师版）》2011 年第 2 期。

59．邢颖：《百余年我国大学英语教材编写的演进路线》，《出版发行研究》2015 年第 6 期。

60．许国璋：《论外语教学的方针与任务》，《外语教学与研究》1978 年第 2 期。

61．余渭深、韩萍：《〈大学体验英语〉对大学英语教师职业发展作用的问卷研究》，《中国外语》2009 年第 6 期。

62．曾天山：《论教材文化中的性别偏见》，《西北师范大学学报（社会科学版）》1995 年第 4 期。

63．张蓓、马兰：《关于大学英语教材的文化内容的调查研究》，《外语界》2004 年第 4 期。

64．张建云：《马克思主义"价值观"范畴的深层解读》，《学术论坛》2017 年第 1 期。

65．张为民、朱红梅：《大学英语教学中的中国文化》，《清华大学教育研究》2002 年第 1 期。

66．张尧学：《再接再厉 全面提高大学英语教学水平》，《中国高等教育》2008 年第 17 期。

67．赵勇、郑树棠：《几个国外英语教材评估体系的理论分析——兼谈对中国大学英语教材评估的启示》，《外语教学》2006 年第 3 期。

68．郑晓红：《论文化价值取向在大学英语教材中的呈现——以〈大学英语综合教程〉（全新版）为例》，《外语界》2009 年第 2 期。

69．钟秉林、王新凤：《迈入普及化的中国高等教育：机遇、挑战与展望》，《中国高教研究》2019 年第 8 期。

70．周雪林：《浅谈外语教材评估标准》，《外语界》1996 年第 2 期。

71．朱志勇：《适应抑或超越？——我国小学、初中语文教科书内容个体我价值取向的分析》，《上海教育科研》2000 年第 5 期。

72．庄智象、黄卫:《试论大学英语教材立体化建设的理论与实践》,《外语界》2003 年第 6 期。

73．庄智象:《关于英语专业本科生教材建设的一点思考》,《外语界》2005 年第 3 期。

四、学位论文

1．陈银心:《马来西亚国民中学初中华文教材中的价值观研究》,博士学位论文,华中师范大学,2012 年。

2．傅建明:《我国小学语文教科书价值取向研究》,博士学位论文,华东师范大学,2002 年。

3．李箭:《共和国大学英语教学研究(1949—2007)》,博士学位论文,华东师范大学,2008 年。

4．柳华妮:《基于体例演变影响因素分析的大学英语教材编写研究》,博士学位论文,上海外国语大学,2013 年。

5．时丽娜:《意识形态、价值取向与大学英语教科书选材——一种教育社会学分析》,博士学位论文,复旦大学,2013 年。

6．杨港:《大学英语立体化教材研究:以教材使用为视角》,上海外国语大学,2014 年。

7．周骞:《基于语料库的当代中国大学英语教材词汇研究》,博士学位论文,上海师范大学,2012 年。

五、中文译著

1．[美]迈克尔·W·阿普尔:《意识形态与课程》,黄忠敬译,华东师范大学出版社 2001 年版。

2．[英]斯宾塞:《教育论》,胡毅译,人民教育出版社 1997 年版。

3．[美]约翰·杜威:《民主主义与教育》,王承绪译,人民教育出版社 2001 年版。

六、外文文献

1．Cunningsworth, A., *Choosing Your Coursebooks*, Shanghai Foreign Language Educaiton Press(Original work published 1995), 2002.

2．Kachru, B. B., *WorldEnglishes*: *Approaches*, *Issues and Resources*, Language Teaching, 1992, 25(1).

3．R Ellis，*Regional Studies*，Language Teaching Reach，2008，12(2)．

4．Toshie Imada，*Cultural Narratives of Individualism and Collectivism：A Content Analysis of Textbook Stories in the United States and Japan*，Journal of Cross-Cultural Psychology，2012，43(4)．

5．Weninger C & Kiss T.，"Analyzing Culture in Foreign/Second Language Textbooks：Methodological and Conceptual Issues"［A］，in *Language，Ideology and Education：The Politics of Textbooks in Language Education*［C］，*Curdt-Christiansen X & Weninger C*(eds.)，Abingdon：Routledge，2015．

6．William Dezheng Feng，*Infusing Moral Education into English Language Teaching：an Ontogenetic Analysis of Social Values in EFL Textbooks in Hong Kong*，Discourse：Studies in the Cultural Politics of Education，DOI：10.1080/01596306.2017.1356806．

七、工具书

1．顾明远：《教育大辞典》，上海教育出版社 1998 年版。

2．王焕勋：《实用教育大词典》，北京师范大学出版社 1995 年版。

责任编辑：刘松弢

图书在版编目（CIP）数据

改革开放以来大学英语教材的价值取向研究 ／ 张新颖著. -- 北京 ：人民出版社，2024. 10. -- ISBN 978－7－01－026872－9

Ⅰ. H319

中国国家版本馆 CIP 数据核字第 2024Z421G7 号

改革开放以来大学英语教材的价值取向研究

GAIGEKAIFANG YILAI DAXUE YINGYU JIAOCAI DE JIAZHI QUXIANG YANJIU

张新颖　著

人民出版社 出版发行

（100706　北京市东城区隆福寺街 99 号）

中煤（北京）印务有限公司印刷　新华书店经销

2024 年 10 月第 1 版　2024 年 10 月北京第 1 次印刷
开本：710 毫米×1000 毫米 1/16　印张：13.25
字数：210 千字

ISBN 978－7－01－026872－9　定价：60.00 元

邮购地址 100706　北京市东城区隆福寺街 99 号
人民东方图书销售中心　电话 （010）65250042　65289539

版权所有·侵权必究
凡购买本社图书，如有印制质量问题，我社负责调换。
服务电话：（010）65250042